模索するロシア帝国

——大いなる非西欧国家の一九世紀末

竹中浩

大阪大学出版会

模索するロシア帝国――大いなる非西欧国家の一九世紀末――　目次

序論

一　対象とする時代

日露戦争は東アジアの近代史において決定的な重要性をもつ出来事である。明治維新後新しい国家建設を進めてきた日本が、国の総力を挙げてヨーロッパの大国に挑み、辛うじて勝利を得た。この勝利は、国際社会における日本の地位を上げ、日本人の自意識を大きく変えた。北米の軍港ポーツマスで、日本側全権の小村寿太郎と激しく渡り合ったロシア側全権ヴィッテの名前は、多くの日本人に知られている。しかし、これに先立つ時期において、この人物が長くロシアの蔵相を務め、経済政策を主導したことを知っているのは、ある程度近代史の知識をもつ人に限られるであろう。

日露戦争はロシアにとっても重要な出来事であった。敗戦によってヨーロッパの大国としての威信に傷がついただけではない。戦争と連動して革命が起こり、一九〇五年一〇月一七日、立法に関して協賛権をもつ国会の開設を盛り込んだ詔書が公布されるにいたった。ロシアは専制から立憲君主制へと舵を切ることになったのである(1)。一〇月一七日詔書はまた、市民的自由の実現という点でもロシアの近代史における一つの画期であった。この詔書において、良心の自由という原則が認められることになったからである。逡巡するニコライ二世を説いてこの詔書を公布させたのも、やはりヴィッテであった。

もとより、一本の詔書がロシアのすべてを変えたわけではない。詔書の意義を正しく評価するためには、そこにいたる前史を、すなわちそれ以前の時期に何がなされ、何がなされなかったのかを見なければならない。

広大な領土と多様な民族を抱え、潜在的な遠心力を宿したロシアは、国民全体を一律に取り扱う仕組みをもたなかった。この国を統治するには、多くの特別法によるしかなかったのである。すべての国民にひとしく開かれた制度を作れば、社会に対するコントロールが及ばなくなるおそれがあった。そこで、ロシアは、政治統合を可能にするために求心的な権威に基づく二つの制度を守ってきた。その一つが専制であり、もう一つがロシア正教会である。

ロシアは長くツァーリを主権者とする政治体制をとってきた。実際の政治過程においても皇帝の意向が働く余地は大きく、有力な政治家はいても、その影響力や権威は、法制度的な根拠よりもツァーリの信任に基づいていた。ツァーリの個人的権威によらずに行政の統一性を実現しようとする内閣制度や、内閣の首班としての首相職の設置は、一九〇五年革命の前には実現しなかった。同様に困難であったのが国民を代表する議会の制度化である。一九世紀を通じて、ロシアは立法機能を専有する議会と呼べるものをもたなかった。ツァーリの裁可を得ることによって、さまざまな機関がその機能を担った。

それでも、個人への権威の集中とその結果としての立法の多元化が効率的な行政にとって障害になることは、政府内の人々によっても認識されていた。さまざまな手続きによって規範が定立されるならば、その間に齟齬や矛盾が生じることを防ぐのは難しい。それは規範全体の権威を損なうであろう。政治的正当性の根拠がどこにあろうと、異なった意見や利益を調整する政治的意思決定の仕組みをもたない限り、複雑化する社会を運営することは不可能であった。一九世紀の後半、重要な立法に際しては、国家評議会が法案を審議した。国家評議会は、形式上はあくまで皇帝の諮問機関にすぎなかったが、重要な法案に関しては、そこでの審議が実質的な影響を及ぼしたのである。法治主義の重要性も徐々に認識されていった。一八六四年一一月の司法改革によって導入された司法の独立という原則と近代的な裁判制度は、徐々にロシア社会に定着していった(2)。

地方自治の制度化も試みられた。一八六四年一月、内地の県と郡に、地域の管理運営に住民を参加させる制度としてゼムストヴォ県会・郡会および県・郡参事会が設置された。一八六四年法は貴族という身分に特別な地位を与えず、財産資格が制度の基本であった。この頃は貴族が比較的同質であり、財産資格を設ければ身分としての貴族を掬うことができたのである。他方で、ゼムストヴォ郡会の議員を選出する権利は、地主や都市住民などとともに共同体農民の代表にも与えられ、ゼムストヴォ機関は名目的にはかなり広範な社会層から選出された代表によって構成されていた。それでも、ロシアでは行政単位が法人化されず、団体自治が実現しなかったから、ゼムストヴォ機関の議員は地域社会全体の代表を名乗る法的根拠をもたなかった。

このゼムストヴォ機関を基礎として、中央に臣民の代表を召集する仕組みを作る試みも、アレクサンドル二世の時代には政府の内外で繰り返し現れた。とくにロシアが困難な状況に陥り、国民の支持を取り付けることが必要になると、国家評議会に何らかの形で国民代表を参加させ、それによって政府の基盤を強化しようという立憲主義的政治改革のプランが作られた。しかしそれらは、その都度大きな抵抗に遭って頓挫していた(3)。

アレクサンドル二世時代の後半、一八七〇年代には、世界的な農業不況が始まる。欧米各国は対応を迫られ、その過程で国の形を変えていった。同時に、先進国では工業化が進み、産業構造が変化し、都市部の経済的比重が増大する。租税も地租から物品税・営業税に移り、それに伴って商工階級の政治的影響力が高まっていく。これと連動しつつ権威構造の不可避的な変容が生じていった。伝統的な君主の権威に基づく秩序が弱体化し、民衆の政治参加を広げていくことが現実の政治的課題になる。このような歴史の流れの中に、ロシアもまた置かれていた。

一八七七年から翌年にかけ、ロシアはオスマン帝国との間で露土戦争を戦った。戦争には勝利したが、戦後の社会は動揺する。それを背景に出てきた内相ロリス＝メリコフの改革案は、アレクサンドル二世時代の政府内立憲主義の最後のものであった。実施寸前まで行ったが、一八八一年三月の皇帝暗殺によって実現されないままに終わった(4)。後を継いで即位したアレクサンドル三世の治世は通常反動の時代とされる。四月二九日の詔書によって専制の護持があらためて宣言され、政治改革の可能性が公式に否定された。

アレクサンドル三世の治世を通じ、ツァーリの師父として大きな権力を手にしていたのが宗務院総監のポベドノスツェフである。四月詔書を起草したのも彼であった[5]。ポベドノスツェフにとって、専制の最も重要な統治手段と考えられたのは正教会であった[6]。ロシア帝国は、国家としての統合を、国教であるロシア正教に大きく依存していた。しかし、それとともに、ロシア帝国は、民族ではなく宗教による臣民の分類がなされる国であり、多様な信仰をもつ人々が住むことを前提として成り立つ帝国であった。それゆえ、ロシアはもともと特に宗教において非寛容だったわけではない。しかし、宗教的マイノリティは民族的マイノリティと重なり合い、ときに帝国の体制を動揺させた。それゆえそこでは、近代的な原理としての良心の自由や政教分離の実現は容易なことではなかった。ロシア正教と他宗教との間の不安定なバランスの上に、帝国の宗教秩序は成り立っていた。

一八八〇年代、ポベドノスツェフは体制の動揺を抑え、その安定化にある程度成功していた。しかしアレクサンドル三世の治世の終わりには、ポベドノスツェフはかなり政治的影響力を低下させ[7]、ツァーリに対する影響力も失っていた[8]。凍結していたものの解凍が進み、帝国が徐々に変貌していく。そのポベドノスツェフに代わって時代を牽引したのがヴィッテである。一八九二年八月以降一一年にわたって蔵相の地位にあり、ヴィッテ体制と呼ばれる経済政策を強力に推進したヴィッテは、ポベドノスツェフを尊敬していたとされる[9]。しかし彼は、意識的にせよ無意識的にせよ、ポベドノスツェフの理想とする国の形を壊していった。

ヴィッテがまだ蔵相になる前の一八九一年、シベリア横断鉄道の建設が始まった。さまざまな技術的困難を克服しつつ建設は進み、一八九七年にはウスリー鉄道（ウラジオストク―ハバロフスク間）が、一八九八年には中部シベリア線がイルクーツクまで到達した。この頃、ロシアの旅順・大連租借とともに満洲横断線（東清鉄道）の計画が具体化する。鉄道の敷設は人と物の流動性を増大させ、内地と極東の物理的・心理的距離が縮まっていく。鉄道建設の帝国統治に対する影響をどうコントロールするかという新しい行政課題が生まれ、変化した条件のもとで機能する統治制度と国家のアイデンティティが模索されることになった。

国際情勢も変わりつつあった。イギリスの優越を前提とした国際秩序、パックス・ブリタニカが終わり、激しい国家間競争の時代が始まっていた。「帝国の時代」である。それぞれの国が国際政治において独自の歩みを模索するようになり、経済的に合理的であるかどうかは別として、そこでは植民地獲得が国家の威信を示す一つの尺度となった。大衆が表舞台に登場する時代の国家統合のために、競争を避けることはきわめて困難であった。ロシアはドイツとの間に紛争の種をもっていたが、英露対立が深刻なうちはドイツに頼らざるを得ず、ビスマルクもそれを利用した。しかし、ビスマルクの退場とともに、ドイツでは対外政策が積極化し、それに対応して露仏が接近していく。ドイツがイギリスの海上覇権に対する挑戦の姿勢をあらわにするにつれ、しだいに英独の緊張も顕著になってくる。第一次世界大戦に向かって、国際関係が徐々に変動しつつあった。

そのようなとき、極東問題が現われた。日清戦争における勝利によって日本が国際社会に登場したとき、ロシアの東アジア政策を指導していたのはヴィッテであった。しかし、ロシアの東アジア政策すべてが彼によって安定的にコントロールされていたわけではない。日本だけでなく、ロシアもまた、東アジアという新しい世界における国際関係のうねりに巻き込まれていった。それがロシアを革命へと導く一因になったことは言うまでもない。ロシア帝国は、もはや以前のままではあり得なかった。

ヴィッテが蔵相を務めた一八九〇年代は体制への試練を伴う時代であった。本書は、主としてこの時代に注目し、それを一八七〇年代からのロシア史の中に位置づけるとともに、この時代が後のロシアに何を残したのかを問うための手掛かりを探ろうとするものである。

ポーツマス講和交渉第3回本会議（1905年8月14日）の様子。右側中央がヴィッテ、左側中央が小村。写真のテーブルは、現在、愛知県犬山市にある博物館明治村に展示されている。

（出典：*L'illustration*, No. 3261, 26 août 1905. 資料提供：国立国会図書館）

二　本書の視角

一八九〇年代に関して、かつてわが国では、和田春樹の「近代ロシア社会の発展構造」（一九六五年）をはじめとして、ヴィッテ体制の経済史的研究が中心であった。ヴィッテの政策がロシア資本主義に及ぼした影響に注目が集まった。思想史でも焦点が合わされたのはロシアにおける資本主義の発達をめぐるナロードニキ主義とマルクス主義の対抗であった。今から五〇年前、一九六〇年代末から七〇年代にかけて、ソ連の歴史学の摂取と批判に基づき、日本でもこのテーマの研究が花開いた。ナロードニキ主義からロシア・マルクス主義が生まれ、ロシアの資本主義化を必然として受け入れて、それを革命運動と両立させるための論理の構築が進んでいく。その過程は多くの研究者の関心を集めた。主役はストルーヴェのような合法マルクス主義者であり、「ロシア・マルクス主義の父」プレハーノフであった(10)。

これに対して、一八九〇年代の政治や政治思想に関する研究は多くない。一九八〇年代には、アメリカを中心に、行政史の分野で重要な研究が現れる。一八九〇年代はゼムストヴォの活動が活発化した時期であったこともあり、当時隆盛であった社会史の分野とともに、反改革をどのように評価するかという観点から、注目すべき成果が公表された。しかし、それらは、この時代の法や政治に日本の研究者の目を向けさせるにはいたらなかった。

一般に、法的・政治的な観点から帝政期のロシアを見るときには、ロシアがどれほど西欧モデルに近づいたかという点が関心を集めることになる。一九〇五年革命以前の議論についても、西欧を理想化し、ロシアの法や政治をそれに近づけていこうとする人々と、専制護持を掲げる人々との対立という軸で、整理されることが多かった。このような関心に立つとき、政治改革が活発に議論された時期に注目が集まるのは避けがたい。そのため、政治分野の研究は、政治制度が変わった一九〇五年以後の時期に集中した。それ以前の時期についても、立憲主義的な関心が高まる一九〇〇年以後については、政治史の分野で少なからぬ研究がなされてきた。それに比べて、一八九〇年代の政治や政治思想に関わる研究は多くない。本書はこの空白を、著者独自の観点からではあるが、埋めようとするものである。

日本でロシア資本主義の発達が研究者の関心を集めていた頃、アメリカでは、ラウエによるヴィッテ研究など、経済発展に焦点を合わせた近代化論が盛んになっていた。それによって、従来根強くあった、ロシアにおける西欧的立憲主義の可能性という問題は、多少なりとも相対化されたと言うことができる。しかし、一九八〇年代末、ペレストロイカの進展とともに、ロシアが西欧に接近する可能性が高まるように見えると、再びロシアのなかに西欧的要素を見出そうとする関心が強まった。その際、西欧を基準とする見方そのものが反省されることはなかった。一九九〇年代には、途上国に対する国際協力のありようを見ても、西欧を一つの到達目標とする見方は逆に強まったと言えよう。英米の歩みを基準として歴史を考える思考法から距離をとり、五〇年前にラウエが素朴な形で提起した、ヴィッテの政策とロシアの政治的変容という問題を、(11)その後の知見を踏まえて再検討することは、今日まで果たされていない課題である。

前著(12)と同様、本書もまたロシア自由主義研究としての一面をもつ。しかし、本書における自由主義は必ずしも狭義のそれではない。本書では、一人ひとりの個人に自由な活動領域を保障することによって社会の活力を引き出すことのできる制度の構築を目指す傾向を指して、この言葉を用いる。それは目に見える公権力の行使をできるだけ少なくする制度の在り方である。公権力のむき出しの行使は常に反作用を伴う。それを避け、社会自身の働きによって目的を達することができるならば、統治に一定のしなやかさが生まれ、政治変動に対する柔軟な対応が可能になる。本書が関心を向ける自由主義とはそのようなものである。

公権力の行使に伴うコストを削減するための自由主義的な制度の構築は、いわゆる近代化の過程で、あらゆる社会が取り組むべき課題であり、多様な問題がそれに関わる。自由主義的な制度を導入するのは必ずしも容易なことではない。人々の間に連帯感や公共精神といったエートスが形成され、それと公的な権威とが調和していることや、日常的な私の領域と、近代的な機能をもった公的組織とが連続していることが必要になる。加えて法治の確立も重要である。法治は、外から社会に法を押し付けるだけでは実現しない。生きている社会を、できるだけ生きているままに、形式的にならざるを得ない法と接合する必要がある。その役目を負わされるのが行政である。社会と調和した行政の確立は法治の前提条件となる。

それぞれの問題には、国や文化的背景によって多様な接近や処理の方法が考えられる。自由主義が西欧においてより広く受け入れられてきたとしても、西欧的な制度を採用すればそれで事足りるわけではない。それゆえ本書は必ずしも西欧の政治制度を一つの模範としてみる見方を採っていない。一九世紀末の西欧は、後発国にとって理想のモデルを提供することはできなかった。先進国も含め、それぞれの国が、始まりつつある歴史のうねりのなかで、実現可能な道を模索しなければならなかったのである。このような認識に基づき、本書は、ロシアにおいては何が容易で何が困難であったのかを問うことで、ヨーロッパとアジアにまたがったこの国に特徴的なアイデンティティを、政治思想の面から明らかにしようとする。

そのため、本書では、時代の流れに寄り添い、事象を意味づける言葉を紡ぎ出す言論人に関心を向ける。言論を展開する人たちはその言論によって何かをなそうとする。その中心にあるのは広義の思想の伝達である。時代の現実は彼らの行動に一定の枠を設ける。言論で生きる人々はその枠内で社会に働きかけ、制約との相互作用のなかで言葉によって意味あることを実現しようとする。本書ではそのような言論人の営みに注目する。

司法の独立や地方自治の実現を求めた言論人は、しばしば歴史家によって自由主義者と呼ばれ、西欧派とみなされる。それに対して、西欧で作られた制度的枠組みはロシアには合わず、それをロシアに持ち込んでもうまくいくことはありえないと主張する人々がいる。彼らは、西欧にはないロシア固有のものとして、専制や正教の文化的・歴史的価値を重視する。広義のスラヴ派と呼ばれる人々である。これまで欧米の研究者の多くは前者に共感を示し、後者を守旧派として一括りにしてきた。政治思想史研究の基本概念は西欧の歴史的経験から抽象されている。保守主義やナショナリズムといった概念についても西欧の経験に基づく議論の蓄積があり、それとの比較で精密な議論が可能になるはずである。それにも拘らず、欧米ではロシアの保守主義に対する否定的な評価が定着しているためか、彼らの思想を比較可能なものとして捉え、真剣な検討の対象とする研究は今日では必ずしも多くない。[13]

本国では事情が異なる。今から五〇年前の一九六〇年代末、ソ連邦において、スラヴ派に関心が集まった。ホミャコーフ、キレーエフスキー、アクサーコフ兄弟といった人々につき、従来の硬直したイデオロギー的評価を批判して、リベラルな改革を目指す思想運動として捉える評価が現れ、論争を惹起し、結局は肯定的な評価が定着した。[14]七〇年代末になると、スラヴ派以外の保守主義者にもまた分析の光が当てられることになった。画期的であったのは一九七八年に出たトヴァルドフスカヤのカトコーフ論である。そこには政治思想を見る際に本来あるべき矛盾への注目が示されていた。[15]翌七九年、露土戦争一〇〇年を記念して刊行された書物では、汎スラヴ主義者の活動もまたセルビア人やブルガリア人の民族解放運動を支援しようという自発的かつ広汎な社会運動の一部として評価された。[16]

二〇年の後、ソ連邦の終焉とともに歴史評価に対するイデオロギー的な制約がなくなると、それまで傍流の扱いを受けてきたロシア思想に対する関心が一挙に高まる。九〇年代の自由主義論の流行に続いて、二〇〇〇年代の初めには多くの保守思想家に注目が集まり、ソ連邦の時代には否定的な評価が確定していた人々の著作集が刊行されるようになった。[17]愛国思想への共感ゆえに、保守的言論人に対して十分な分析なしに高い評価が与えられることもしばしばであった。

本書では、西欧的立憲主義や法の支配を絶対視する人々にも、逆に専制という「固有の」政治体制を国体として物神化し、変化を拒む人々にも、特に力点を置くことはしない。典型的な西欧派やスラヴ派の思想家よりも、西欧派とスラヴ派、リベラルと保守の両面をもつ、両者を架橋するタイプの知識人に注目し、彼らにおいて、西欧派的発想、スラヴ派的発想が具体的な問題についてどのような形で現れたのかに関心を向ける。それゆえ、これまでの研究に比べ、柔軟で変化を許容する人々により多く言及される。たとえばチェーホフとの交流や演劇への関与によって知られるA・C・スヴォーリンや、指導的な法曹であると同時に、トルストイをはじめとする文学者との幅広い交友で知られるA・Φ・コーニのような人たちである。彼らは高踏的な知識人ではなく、一般の人々の意識から離れないように努めた常識人としての性格をもっていた。そのため、本書の観点からは魅力的である。

ヴィッテの視野の限界を補うように見える政治家や行政官にも注目する。たとえばИ・Л・ゴレムィキンである。ゴレムィキンはヴィッテの後の大臣会議議長として知られているが、ヴィッテが蔵相であった時期、内相として共にロシアの統治を担った。ロシアが極東に乗り出していく時代にプリアムール総督を務めたC・M・ドゥホフスコイにも目を向ける。特に目立った業績のある人ではないが、行政的課題への目配りをもった軍人出身の地方行政官の一つのタイプである。

政治家は国家を安定させ、発展させることをその使命とする。しかし、単に国家を強力にしようとするだけでは、その時代の条件に搦めとられてしまうだけであり、一九世紀末という時代の制約から出ることはできない。この時代の政治家には、実際に可能な選択肢を踏まえつつ、時代の制約を越える新たな道を見出すための努力が求められる。それには、ときに知識人の力を借りることも必要になるであろう。政治家と知識人との協力と連携の中に、この時代の行政的・政治的課題を掬うための新しい政治思想の枠組みが生まれることがあるかもしれない。その可能性を探ることにも、本書は関心を向けている。

三 本書の構成と資料

本書では、一八九〇年代を理解する上で特に重要と思われるいくつかの問題に焦点を合わせ、その検討を通じて、全体としての時代のイメージを構成する。そのために、この序論のほか、四つの章を設ける。

第一章では、一八七〇年代から九〇年代前半までの時代と思想について概観する。その際、保守的とされる人々の社会的・政治的立場に焦点を合わせ、本書の議論の政治思想的意味を理解するための枠組みを示す。

第二章では、専制という国体のもとでの地方自治と立憲主義の関係を検討する。ゼムストヴォ機関は自治機関と国家機関の両面をもつ。いずれの面を強調するかは、そしてそれをどのように評価するかは、論者によって異なっており、世紀末の新しい環境の中で、将来の政治行政秩序への展望をめぐってさまざまな議論が現れた。この章ではそれを分析し、近代化の過程で求められた官民接合の道に対する模索の過程を明らかにする。

第三章は、福音主義的な信仰をもつ人々に対する政策を素材として、国教としての正教と宗教的マイノリティの関係をめぐる政治と思想の状況を分析する。正教を管轄する行政機関である宗務院は、国教としての正教の優位が脅かされることを恐れ、正教会からの離脱を、強制力をもって抑止しようとした。しかし、時代とともにそのような在り方が困難になり、法治と信教の自由というルールに従うことが求められるようになる。この章では、そこで出てきたさまざまな問題を検討する。

第四章は東アジアに関わる政策と思想を検討する。ロシアは西欧に比べて、特に東アジアの人々に対する偏見をもっていたわけでも、軍事力の行使に積極的だったわけでもない。それでも、帝国の時代の中でガヴァナンスを維持するためには、国家の威信と領土に拘らざるを得なかった。この章では、鉄道敷設と移民の問題に焦点を合わせて、ロシアが置かれた難しい状況を分析する。

ロシアと西欧との関係を多面的に明らかにしようという関心はすべての章に共通するが、本書では西欧とロシアを殊更に対比することはない。そもそも、本書が対象とする一九世紀末において、西欧はもはや一様な世界ではなく、西欧と一括りにされる世界の多様性が顕著になっていた。ロシアもそのような状況のなかで足掻いていたのであり、決して古い体制をそのまま守り続けようとしていたのではない。そのことを、本書を通じて明らかにしたい。

時代の問題意識の言葉による定式化に焦点を合わせる以上、新聞雑誌に現れた論説等が重要な資料になる。比較的色彩や主張の明確な新聞や雑誌の論文を読むことを通じて、彼らが認識していた時代の問題をできるだけ丁寧に把握することを目指す。新聞では『ノーヴォエ・ヴレーミャ（新時代）』『モスクワ報知（Московские ведомости）』、雑誌では『ヨーロッパ通報（Вестник Европы）』『ロシア通報（Русский вестник）』『神の平安（Мир божий）』などが重要である(18)。現在、日本の学界では、それらを読み解く作業はそれほど積極的に行われておらず、海外でも主流の研究スタイルではない。著者がそれにこだわるのは、これらの論文に現れた言葉が時代のすべてを写し取っているからでも、それによって現実をいちばん正確に把握できるからでもない。当時の人々の言葉にできるだけ素直に耳を傾けることによって、時代に直面した人々の思考を浮かび上がらせたいと考えるからにすぎない。

本書は一八九〇年代に注目するが、この時代について満遍なく解説することを目指すものではない。また、当時典型的なリベラルとされた人たちの思想を分析しようとするものでもない。その点を再度確認しておきたい。

注

（1）一〇月詔書以後のロシア政治に関する日本の研究書として、加納格『ロシア帝国の民主化と国家統合―二十世紀初頭の改革と革命』（御茶の水書房、二〇〇一年）がある。

（2）大改革後の司法については、『帝政ロシア司法制度史研究―司法改革とその時代』（名古屋大学出版会、二〇〇一年）をはじめとする、高橋一彦の一連の業績がある。

（3）*Чернуха В.Г.* Внутренняя политика царизма с середины 50-х до начала 80-х гг. XIX в. Л., 1978 の第一章を参照。

（4）ロリス＝メリコフによる改革とその挫折については、和田春樹『テロルと改革―アレクサンドル二世暗殺前後』（山川出版社、二〇〇五年）を参照。

（5）ポベドノスツェフはもともと法律畑で活躍した人であり、一八五九年から六五年までモスクワ大学の民法の客員教授を務めている。一八六八年にセナート議員、一八八〇年四月に宗務院総監となる。アレクサンドル三世に対して大きな影響を及ぼした。

（6）ポベドノスツェフの祖父は村の聖職者であった。父は神学校に入ったがその後モスクワ大学でロシア文学の教授になった。

（7）Robert F. Byrnes, *Pobedonostsev: His Life and Thought* (Bloomington; London, 1968), p. 358.

（8）*Боханов А.Н.* Император Александр III. М., 2001. С. 311.

（9）Byrnes, op. cit., p. 365.

（10）この時代を代表する研究として、田中真晴『ロシア経済思想史の研究―プレハーノフとロシア資本主義論史』（ミネルヴァ書房、一九六七年）がある。

（11）Theodore H. von Laue, *Sergei Witte and the Industrialization of Russia* (New York, N.Y., 1963), pp. 305–306.

（12）竹中浩『近代ロシアへの転換―大改革時代の自由主義思想』（東京大学出版会、一九九九年）。

（13）代表的な研究書は一九五〇年代から七〇年代にかけて書かれている。Nicholas V. Riasanovsky, *Russia and the West in the Teaching of the Slavophiles: A Study of Romantic Ideology* (Cambridge, Mass., 1952); ditto, *Nicholas I and Official Nationality in Russia, 1825–1855* (Berkeley and Los Angeles, Calif., 1959); Edward C. Thaden, *Conservative Nationalism in Nineteenth-Century Russia* (Seattle, Wash., 1964); Andrzej Walicki, *The Slavophile Controversy: History of a Conservative Utopia in Nineteenth-Century Russian Thought* (Oxford, 1975).

（14）先駆的なモノグラフとして、*Цимбаев Н.И.* И.С. Аксаков в общественной жизни пореформенной России. М., 1978 がある。

（15）例えば、*Твардовская В.А.* Идеология пореформенного самодержавия: М.Н. Катков и его издания. М., 1978. С. 170.

（16）*Нарочницкая Л.И.* Россия и национально-освободительное движение на Балканах 1875–1878 гг.: к столетию русско-турецкой войны 1877–1878 гг. М., 1979. С. 22–23.

（17）研究書としては、Русский консерватизм XIX столетия: идеология и практика. М., 2000 や *Христофоров И.А.* «Аристократическая» оппозиция Великим реформам: конец 1850 – середина 1870-х гг. М., 2002 が重要である。

（18）本書は主に国内にある雑誌や新聞を利用して書かれている。関西地区では、重要な雑誌のマイクロフィルムは大阪大学の附属図書館に、重要な新聞のマイクロフィルムは京都大学東南アジア地域研究研究所に多く所蔵されている。

第一章　前提

第一節　ナショナリズムと保守的論壇

一　ロシア・ナショナリズム

帝政期のロシア・ナショナリズムは対外態度と国内問題の双方にまたがる現象であり、その現れ方は時代ごとの条件に左右される。一八六〇年代のカフカース・中央アジア併合、七〇年代後半のバルカン問題と汎スラヴ主義、八〇年代の「ロシア化」、九〇年代の極東進出ではその現れ方は自ずと異なる。もとよりその根底には、国家的一体性の正当化とナショナル・アイデンティティの明確化という、近代国民国家に共通する課題が常にあるはずである。その観点から多様な歴史的事件をめぐる議論をつなぐ糸を見出すことは不可能ではないであろう。しかし、そのためにはそれぞれの時期においてナショナリズムに基づく言論が果たした役割についての理解をより精密化しなければならない。本節ではロシア社会にナショナリズムを鼓舞したいわゆる保守的言論人に注目し、露土戦争の時期を中心に、その言論活動に現れた思想的立場について検討する。それによってナショナリズムの問題をより歴史的かつ統一的に論じることが可能になると考えるからである。

帝政期であるとその後の時期であるとを問わず、ロシア・ナショナリズムの問題を考えるうえで重要なことは、ロシア国家が、その中にロシア人をはじめ多くの民族が居住する「帝国」であるということである。多くの民族を含む広大な帝国の支配民族であるという認識は、ロシア人の民族的自意識の本質的部分を構成するものであり、それを抜きにして自民族を考えることは彼らにとって困難であった。したがって、ロシアにおいては帝国の統合という問題がそのナショナリズムのなかで重要な位置を占めることになる。それだけに、ロシア・ナショナリズムは、宗教的・文化的次元にとどまらず、政治・行政や経済、国際関係の問題が絡んだ複雑な様相を呈することになった。

ロシア・ナショナリズムには政治的な側面と文化的な側面がある。政治的なナショナリズムとは、ロシア帝国という国家形態をロシア民族の政治生活の唯一の表現形態とみなし、それを維持拡大し発展させることをナショナリズムの基本的内容と考えるものである。そこでは、文化的純粋性よりも帝国の統合と拡大という政治的要請が優先される。

こうした政治的ナショナリズムは、一般の人々に心理的な安定と満足を与える。伝統的にロシアは、その経済的後進性に見合わない大国としての国際的地位をもち、それを維持するために大規模な軍事力を保有してきた。国際的地位を維持する上での軍事力への依存度がきわめて高く、それが国民に大きな負担を強いている国においては、常にこうした大国意識を涵養することが臣民の忠誠心を喚起するうえで必要であった。ロシア・ナショナリズムは、長い歴史のなかで既に形づくられてきた大国意識と不可分のものであり、情緒的であるだけに強力であった。社会不安が高まり、臣民の忠誠が怪しくなったとき、政府はしばしばこれに依拠することになった(1)。保守的な言論人もまた、ロシアが大国としての威信を保ち続けることに強い関心を寄せることになる。

しかし政治的ナショナリズムだけで帝国の統合が可能になるわけではない。国家は単なる人間の集合ではないからである。もともと国境とは、多くの場合外的な事情によって引かれるものであり、国境によって囲まれた地域が一つの共同体として意識されるためには、それに広義の文化的な意味づけを与えなければならない。政治的統合は文化的要素を全く抜きにしては困難である。特に、イタリアやドイツで統一の動きが進み、国民国家が国家統合のモデルと考えられるようになると、何らかの形で国家に文化的一体性を与える必要がより強く感じられるようになるのは自然なことであった。帝政時代には、文化の問題は宗教、すなわちロシア帝国の国教として体制を支えるロシア正教と不可分であった。民族ごとに教会をもつことの多い東方キリスト教の世界にあって、宗教は民族意識と深く関わっていた。

こうしたロシア・ナショナリズムの二つの側面は、それが最初に定式化された時代から存在していた。ロシアにおいてナショナリズムの定式化が最初に行われたのは一九世紀の第二・四半世紀、ニコライ一世の時代である(2)。この時代にはロシア人の間でロシアの軍事的威信の上に立った大国意識が強まりつつあったが、他方で国際関係及びそれに基づくロシアの対外政策はなお伝統的なヨーロッパの国際秩序としてのウィーン体制、神聖同盟、正統主義のもとにあったから、それを越えて自国の国威を発揚しようという考えは支配層のなかには希薄であった。国家内の多元性と不安定さの自覚も現れておらず、伝統的な原理に基づく国家統合がなお可能と見えた時代であった。

こうした状況のなかで、開明的な国民教育省次官（のちに大臣）С・С・ウヴァーロフによって「正教・専制・国民性」を三本の柱とする帝国統合の理念が定式化された。これは後に「官製国民性」とよばれ、この時代のナショナリズム思想に一つの枠組みを提供した。官製国民性の理念は外敵の存在を意識した排他的なものではなく、国家の政治統合を主たる目的とした政治的ナショナリズムのイデオロギーであり、軍国主義を愛好するツァーリのもとで、民族的自覚と国家意識を政治的に高めるために用いられた。

他方で在野の知識人によって文化的ナショナリズムのイデオロギーもまた形成されつつあった。この動きを代表するのがスラヴ派とよばれる人たちである。彼らはもともと文化的な関心から出発しており、西欧の模倣を非難し、ロシアの独自性を守ることの必要を重視した。しかしその際、西欧の模倣者としての貴族とロシアの精神的伝統の保持者としての「民衆」を対置し後者を称揚したために、彼らの議論は既存の統治の枠組みに対する批判と受け取られ、その出版物は政府によってしばしば発禁処分にされた。

このように、ニコライ一世の時代というのは、政府によって官製のナショナリズムが定式化されるとともに、在野の知識人によって文化的ナショナリズムとしてのスラヴ主義の思想が形成されていくという、ナショナリズム思想の面での政府と社会の分岐の時代であった。(3) しかし原理的な文化的ナショナリズムの立場は基本的に少数の知識人やジャーナリストのものであり、(4) 政府の中でも、また社会においても、有力とはなり得ない。民衆レベルでは、文化的純粋性よりは領土や威信という実感できるものと結びつけて問題を考えるほうが容易であり、精神を鼓舞されるものだからである。多くの場合、文化的要素は政治的ナショナリズムと結びつくとき力をもつにすぎない。

それゆえ、通常政治的ナショナリズムと文化的ナショナリズムの矛盾はそれほど際立たせられない。文化的ナショナリストであったスラヴ派も、一八六〇年代に入ると政治的ナショナリズムに接近していった。スラヴ派は、ロシアとは相容れない文化的原理に立つ有力民族によって抑圧されている民族を救済するために、その民族に政府の力による支持を与えることの必要を説くようになった。(5) この場合、そうした民族は常にロシア国家との良好な関係を期待されることになる。これは彼らにとって文化的ナショナリズムと政治的ナショナリズムを結合させるための条件であった。

文化的な要素の強調は、帝国内の民族間関係に悪影響を及ぼす可能性がある。もとより、政府の側にとって、少数民族の文化的な同化が実現するならばそれがいちばんよいことである。ロシアという文化共同体への帰属意識によって帝国への帰属意識が補強されるからである。しかし、帝国内の少数民族にとって、帝国への帰属と同時にロシア文化の受容をも自らに納得させるのは必ずしも容易でない。たしかに帝国という国家形態には、政治的・軍事的・経済的な面で少数民族にとっても合理的な面がありうる。しかしそうした理由が少数民族にロシア文化の受容を常に納得させるとは限らない。それだけに、政策としての文化的同化は危険な政策であり、失敗すれば逆にきわめて困難な事態を招くことになる。それは多民族国家において重要な、民族間の良好な関係を破壊するであろう。

文化的同化に依拠することなしに帝国統合を行う方法がないわけではない。それは民族間の相違を際立たせない、より普遍主義的な思想によって、民族的・文化的多様性を超える立場で政治的統合を進めることである。普遍主義的な立場からは、民族間の政治的結合は正当化されるが、国内における一つの文化の優越を強調する文化的なナショナリズムは否定的なものとして理解される。例えば帝政期のロシアを代表する作家のトルストイや哲学者のB・C・ソロヴィヨーフは、倫理思想においてはスラヴ派と近い面をもちながら、スラヴ派のなかにあるナショナリズムの要素、ロシア民族の優越という考え方ははっきりと拒絶している(6)。

もちろん、帝国が何らかの普遍的理念の体現者として、国境を越えて理念を広げる使命を負っているという思想や言説が用意されるならば、統合のためにはさらに好都合であろう。影響力拡大が単なる覇権主義によるものではないと説くことで、国民を鼓舞し、同時に安心させることができるからである。しかし、帝政期には、普遍主義的な思想は国家統合のために十分な力をもつものとして定式化されなかった。正教信仰はもともと生活と密着したものであって、普遍主義的な力や活発な伝播力をもってはおらず、他民族の精神に対する影響力も弱かった。それ自体が単独でロシア帝国への忠誠を補強するものとはなり得なかったのである(7)。それゆえ、国家統合のためにはナショナリズムの役割が必然的に大きくならざるを得なかった。その結果、帝国内の民族間関係において、文化的同化の問題が常につきまとうことになったのである。

二　アレクサンドル二世時代の保守的言論

通常保守的ジャーナリズムとして括られるメディアには、初期スラヴ派の系譜に属する新聞雑誌とは別に、タイプを異にする二種類のものがある。一つは貴族主義的な右派の刊行物である。部数は少ないが、発行者自身が裕福な貴族である場合が多く、政府＝検閲との衝突、停刊をそれほど恐れない。一八七二年からB・П・メシチェルスキーが発行し、一時ドストエフスキーも編集者を務めた『市民（Гражданин）』がその典型である。さらに六〇年代におけるトルキスタン征服の立役者であるM・Γ・チェルニャーエフが編集・刊行した『ロシア世界（Русский мир）』も外すことはできない[8]。この雑誌は、一八七一年、それまでの『ヴェスチ（消息）』に代わり、貴族特権維持の主張を鮮明に展開する雑誌として登場した。

これらとは別に、思想的・政治的な一貫性と並んで、あるいはそれ以上に、より広汎な読者にアピールすることを目指す定期刊行物がある。このタイプの刊行物を編集するためには大衆相手に時代の流れを読む力が求められる。そのような能力に恵まれ、広汎な読者の獲得に成功した保守的言論人の代表が、『モスクワ報知』を通じて大改革後のモスクワを拠点に巨大な政治的影響力をもったカトコーフであり、世紀転換期としては非常に多くの読者を獲得した新聞『ノーヴォエ・ヴレーミャ』を発行したA・C・スヴォーリンである。このふたりは、ともに緊迫し高揚した時代の雰囲気のなかでリベラルからナショナリストへと立場を変えた言論人とみなされている。

アレクサンドル二世の時代、保守的なジャーナリズムにおいて最も重要な論点となったのは民族問題である。ロシア帝国は西部地域に、帝国の多数派と競合する文化をもつ民族を抱えていた。ポーランド人とバルト・ドイツ人がそれであり、ある意味ではユダヤ人もそのような目で見られた。彼らの文化はそれぞれの宗教と分かち難く結びついており、その存在は一九世紀後半の保守的ジャーナリズムにおいてしばしば大きく取り上げられた。それはこうした民族が、集中して居住している地域において他の民族に優越し、帝国の一体性を脅かすと考えられたからである。保守的ジャーナリズムにとって、いかにして帝国内でのこうした民族の政治的・経済的影響力を弱め、帝国の政治的統合に対する脅威を減殺するかは重大な問題であった。

一八六三年のポーランド蜂起は、西部辺境におけるポーランド人支配の問題性をあらためて認識させた。この問題ではカトコーフがとりわけ厳しい態度をとり、事件に関わるなかでリベラルな立場から国家主義的な立場への移行を果たした。カトコーフによれば、問題は一部のポーランド人による陰謀であり、下層の人々を彼らの影響から切り離せばその浸透を食い止めることができるはずであった。ロシアの一部でしかないはずの南西地方でウクライナ知識人の自立運動が活発化しつつあるのもそれと無関係ではあり得なかった。(9) もともとカトコーフは、儀礼等宗教の外面に関わることついては概して寛容であり、(10) 文化的多様性それ自体を問題視することはあまりなかったが、国家の政治統合に影響を与えるおそれがあると判断されたときには苛烈な批判を加えた。

これとの対比で興味深いのは、この時期、汎スラヴ主義者として名高いИ・С・アクサーコフがポーランドの独立を容認する発言をしていることである。(11) アクサーコフにとって、ロシアとポーランドの文化的相違は歴然としており、両者の共存は不可能であった。脅威はむしろ異文化の浸透によるロシア文化の変質にあった。その一方で、アクサーコフのユダヤ人に対する態度は厳しかった。彼はユダヤ人が搾取者であり支配者であるという考え方を次第に鮮明にし、その文化的独自性の再生産を許容しなかった。(12) 一九世紀後半において、ユダヤ人問題はリベラルなジャーナリズムと保守的なジャーナリズムを分かつ重要な争点であった。

従来、バルト海沿岸地域やフィンランドでは、優勢なルター派信徒に対して概して寛容な政策がとられていた。北方戦争によってスウェーデンから割譲されたこれらの地域は既にピョートル時代からロシア帝国の領土であり、比較的長い統合の歴史をもっていたのである。また、大改革期のロシア外交はプロイセンとの関係維持を必要としていた。クリミア戦争の結果結ばれたパリ条約によって黒海に対する支配権を失ったロシアは、ポーランド蜂起によってその国際的立場をさらに悪くした。国際的孤立を防ぐにはプロイセンとの友好的な関係を維持するほかに選択肢をもたなかったのである。

しかし、一八六〇年代後半になると状況は徐々に変化する。六六年、普墺戦争においてプロイセンが勝利し、北ドイツ連邦が結成される。さらに、普仏戦争におけるプロイセンの勝利によって、七一年にドイツ帝国が成立し、英仏を中心とするヨーロッパ諸国のロシアに対する外交的圧力は減殺された。逆に、将来独露が衝突するのではないかという考えとともに、一部の軍人を中心にドイツへの警戒が生まれてきた。たとえばヴィッテの母方の叔父でカフカース戦争に軍功のあったP・Φ・ファヂェーエフは、地政学の観点からドイツが仮想敵となることを説き、露仏接近を予言した。(13)

沿バルト地域では、プロイセンの目覚しい動きによってもたらされた空気の変化に知識人の一部が敏感に反応した。ドイツ人としての意識が強まりつつあるなかで、かつて敵対していた保守的な貴族とリベラルな市民とが接近し、それぞれを代表する知識人も協力するようになった。この動きは直ちに地域の政治的独立を求めることにはつながらなかったが、それでも文化的自立を求める風潮は高まった。カトコーフは沿バルト地域にプロイセンの影響が及ぶことを問題視し、この地域における、文化面でのドイツ化の進行が政治的自立性の強化へと進むことを警戒した。「民族」が政治的意味をもつようになり、ドイツ人意識が高まりつつある現在、帝国内のドイツ人がこれまでと同様忠良なロシア臣民でいられるであろうか。彼は強い危惧を表明した。(14)

ただカトコーフは帝国の中に多様な文化が存在すること自体には反対しなかった。ドイツ文化に高い価値を認めること自体がロシア帝国臣民であることと直ちに矛盾するとは、彼は考えなかった。あらゆる文化の価値は、それがどれだけ全人類的意義を有するかによって測られるのであるから、ドイツ文化を放棄する必要はなく、自ら範を示すことによって他の人々を啓蒙すればよいとした。(15)その点で、カトコーフは一八五〇年代に彼が展開した普遍主義的な文化観を持ち続けたと言うことができる。(16)

一八七〇年代前半には軍の在り方に関わる論争も展開された。七四年に完成をみる陸相ミリューチンの軍制改革は、六〇年代の大改革の延長上にあり、身分制的な垣根を低くすることを意図していた。その中に平等化への志向を感じ取った、皇帝直属官房第三部長官シュヴァーロフやカフカース総督バリャチンスキーを後ろ盾とする貴族主義的グループは、この改革に強く反対した。(17)チェルニャーエフは、外務省や陸軍省における官僚組織に対して強い敵意をもっていた。[18] なかでも個々の論点につき、最も詳細な議論を展開したのはファヂェーエフである。当初ファヂェーエフは軍制改革に対する直截な批判は避けていたが、軍における将校団の重要性をとりわけ強調する彼の考え方が、基本的なところでミリューチンの路線と相容れないのは明らかであった。まず予備兵力の維持の仕方について意見の対立があった。戦時に動員可能な正規軍の一部として、あらかじめ専門的訓練を受けた予備役をプールしておくという陸軍省の方針に対して、ファヂェーエフはカフカースの経験から伝統的な非常後備軍の考え方をとった。平時には通常の生活をしている国民が、一年に三週間ずつ、三年間の訓練を受け、最小限の銃器の扱い方を覚え、集団生活に慣れる。それによって戦時には大きな兵力が動員可能だというのである。[19]

ファヂェーエフの軍制改革批判は多岐にわたった。しかし何よりも重大な問題とされたのは、軍制改革が、ロシア精神の担い手である貴族を大衆のなかに埋没させるおそれを孕んでいることであった。ファヂェーエフにとって、将校団を開かれたものにし、貴族以外の者を能力によって将校にするというのは受け入れがたい考えであった。彼はそこから大改革の原理そのものに対する根本的批判へと進み、一八七四年、それまで『ロシア世界』に寄稿した論文をまとめて『現在と将来のロシア社会』として刊行した。これがスラヴ派の論客として知られるЮ・Ф・サマーリンによって「革命的保守主義」という評価を受け、両者の論争に発展したことはよく知られている。[20] ファヂェーエフら貴族主義グループにおいては、軍隊という合理主義的・機能主義的であるべき組織に対する時代錯誤的な発想が、ドイツを仮想敵とする地政学的リアリズムと共存していた。

カトコーフはある程度までこのグループと立場を共有していた。とくにカトコーフには、社会における有産者の指導的役割とその影響力の制度的保障という基本的な考え方があった。カトコーフにとって教育はエリートのための必須条件であり、その教育は、機能本位の実務教育ではなく、ギムナジアにおける古典教育（教養教育）でなければならなかった。それこそが指導層に求められるものだったのである。このような彼のエリート主義的な立場は、貴族の役割と特権に固執する人々と共鳴し合う部分をもっていた。また、兵役によって生半可な教育を受けた農民の子弟を長く農村から切り離すことは、彼らの都市への志向を強め、プロレタリアートを増大させるという危惧は彼のものでもあり、それに基づいてカトコーフは兵役期間の短縮を訴えた。[21]

しかし、基本的なところでカトコーフの立場は貴族主義グループとは異なっていた。事あるときに徴募される兵では近代的軍隊に必要な道徳的・知的水準に達することができない。彼にはそれがよくわかっていた。国民皆兵という必須の原則のために社会的なコストが生じるのは避け難いことだったのである。それゆえカトコーフは、軍制改革に関しては個別の論点につき反対派の議論に理解あるいは共感を示す程度で、原則的問題について旗幟を鮮明にしようとはしなかった。シュヴァーロフに代表される貴族主義グループはそのようなカトコーフの態度に不満であった。[22]

三　汎スラヴ主義と露土戦争

かつてスラヴという理念は、西欧に対して劣位に置かれた複数のグループが共同戦線を張るために用いられた。一九世紀前半、ハプスブルク帝国のなかでとくにハンガリーの圧迫を受けていたチェコ人・スロヴァキア人と、ヨーロッパ文明の中でしかるべき位置を占めたいとの欲求を強めつつあったロシア知識人の一部が、言語の親近性に基づくスラヴ人というアイデンティティに接点を見出したのである。しかし、もとよりそれは同床異夢であった。何よりも、初期スラヴ派のように、西欧とは異なるスラヴ的な生活様式の文化的独自性と精神的優越性に注目し、その核に正教を置こうとする人々にとって、チェコ人やスロヴァキア人が正教徒でないことは、同胞とみなすうえで無視できない欠陥であった。ただ、ロシア人の地位を高めたいと願う彼らにとって、ヨーロッパにおける第三の勢力としてのスラヴ人という統合象徴は重要であり、それを維持するために、とりあえずはその欠陥に目をつぶらざるを得なかったのである。いずれにしても、言語に注目することにより、チェコ人やスロヴァキア人と同族意識をもつ根拠について理解できる人々は限られており、当初汎スラヴ主義はモスクワ大学教授ポゴーヂンなど狭い範囲の知識人の運動でしかなかった。

アレクサンドル二世時代に入ると、汎スラヴ主義は少しずつ性格を変え始める。クリミア戦争の敗北によってロシアが味わった屈辱や、イタリアやドイツの統一への気運に端的に現れた国際秩序の流動化は、国際政治の問題抜きに汎スラヴ主義を論じることの空しさを鮮明にした[23]。西欧とは、クリミア戦争においてロシアを打ち負かし、屈辱的な条件のもとに置いた英仏であり、プロイセンの主導のもと、政治的統一に向かって歩み始めたドイツであった。一八五八年に汎スラヴ主義運動の中心であるモスクワにスラヴ慈善委員会が設立されたとき、その問題意識はもはや四〇年代と同じではありえなかったのである。さらに一八六三年のポーランド蜂起は、スラヴ人であるということのみに基づく友愛が幻想であることをはっきりと示した。

汎スラヴ主義がロシアの政治的地位を関心の中心に置く運動へと変わるにつれ、正教の比重が高まっていった[24]。それとともに、トルコ人の支配からのコンスタンティノープル解放がロシアの神聖な使命であると説く主張が庶民レベルでも受け入れられるようになった。コンスタンティノープルは東方キリスト教世界の中心として特別な宗教的意味をもつ都市だったからである。これに比べれば、知識人の運動である汎スラヴ主義に基づく南スラヴ人への支援は新しいアイデアであり、社会の中になお十分根付いていないものであった[25]。それはコンスタンティノープル解放という理念と共鳴し合うことによってはじめて力を持ちえたと言ってよいであろう。

また、正教徒であることが直ちに民族相互の友好を保証するわけではなく、民族を異にする正教徒同士が相互に敵対し合うというのはいくらもありうることであった。そもそもバルカン諸民族の独立は、トルコ人からの政治的独立だけでなくコンスタンティノープル総主教府を支配するギリシア人からの宗教的独立をも意味していた。コンスタンタンティノープルに近く、その総主教区に含められていたブルガリアでは、オスマン帝国のミッレト再編の動きの中で、一八六〇年の復活祭でブルガリア人主教がコンスタンティノープル総主教府からの独立の意思を示した。一八七〇年、オスマン帝国のスルタン、アブデュルアズィズはブルガリア総主教区の創設、すなわち独立のブルガリア正教会を承認したが、コンスタンティノープル総主教アンシモス六世はこれを認めず、一八七二年、独立した聖職者を破門した。[26] ロシアの宗務院やコンスタンティノープル駐在大使のH・П・イグナーチエフはブルガリア教会を支持したが、モスクワの高位聖職者の間では意見が分かれていた。[27] 宗教的には、ブルガリアの独立は必ずしもすべてのロシア人を喜ばせるものではなかったのである。

一八七五年夏、オスマン帝国領ヘルツェゴヴィナで暴動が起こった。この蜂起は急速にバルカン全域に波及し、同年秋と翌七六年春、ブルガリアで、ブルガリア人の殺戮に端を発する蜂起が起こった。もともと南スラヴ統一を呼びかけていたセルビア政府はこれに呼応し、六月、オスマン帝国に宣戦を布告する。チェルニャーエフやファヂェーエフはこの動きに積極的に関与しようとした。彼らはセルビア軍の指揮をとることを強く希望したが、ロシア政府は許可しなかった。[28] そこでチェルニャーエフは退役し、義勇兵を集めてセルビアに出発した。

モスクワ慈善委員会の委員長で汎スラヴ主義の指導的人物のひとりであったアクサーコフはこの企図を支持し、義捐金を募った。もともとそれほどセルビア人を当てにしていなかったアクサーコフは、チェルニャーエフの企てが成功するとは考えていなかったが、それが反オスマンの世論を喚起し、ロシアの軍事介入を引き出すための呼び水になることを期待していたのである。アクサーコフにとって、スラヴ諸民族の解放は、ロシア国家のみがよくなしうるものであった。[29] 初期スラヴ派に見られた国家への警戒心は、彼には希薄であったと言うことができる。

セルビア軍部隊を率いてオスマン帝国と戦うチェルニャーエフの行動はロシア社会の関心を強く引いた。これを報じて最も効果的に世論に訴えたのは彼自身の雑誌『ロシア世界』ではなく、創刊されて間もないスヴォーリンの新聞

『ノーヴォエ・ヴレーミャ』であった。スヴォーリン自身がチェルニャーエフに密着してその動きを仔細に伝えると同時に、ロシア社会の南スラヴ解放熱を煽り、それによって同紙は部数を伸ばした。スヴォーリンはもともと大改革を支持するリベラルとしての性格が強かったが、これを機にナショナリストとしての色彩を色濃く出すようになる。彼は自由主義的な『ゴーロス（声）』など、対立する他の新聞雑誌による攻撃に対してチェルニャーエフを熱烈に擁護した。(30) 彼にとって、「白の将軍」の異名をとったM・Д・スコーベレフやチェルニャーエフは英雄であった。ニコライ二世の時代になってからも、スヴォーリンは西アジアにおける対外的積極主義を支持した。(31) 露土戦争によって表舞台に出たスヴォーリンは、その記憶を最後まで持ち続けた言論人であったと言うことができよう。(32)

もっとも、ロシアの世論が沸騰し、南スラヴ支援の熱気が社会を覆うようになると、政府に批判的な雑誌も抑圧的なオスマン帝国の支配に対する南スラヴの「解放闘争」を支援し、義捐金の拠出を呼びかけるようになっていた。社会がはじめて自分たちの力を自覚し、高揚感に浸りつつ、これまで上から与えられていた愛国的象徴を使って政府を煽っているという事態は、リベラルなジャーナリズムにとっても、社会の活性化とその積極的な役割の拡大という基本思想に適合するものであったし、反動的なイスラム支配を敵視することにも抵抗はなかったのである。(33) 極左を除けば、ナロードニキ的なジャーナリズムも南スラヴ解放を支持していた。(34)

政府の中では、一八六〇年の北京条約締結の立役者であり、汎スラヴ主義的な志向をもつ外交官イグナーチエフが、コンスタンティノープル駐在大使として、反オスマンの気運を高めるために画策していた。帝室においても皇后や皇太子は主戦派であった。ポベドノスツェフも汎スラヴ主義的な気分の影響を受けずにはいられなかった。(35) これに対して、アレクサンドル二世や軍＝政府首脳、なかでもゴルチャコーフ外相やミリューチン陸相はオスマン帝国と事を構えてまでブルガリアを救援することに反対であった。ロシアの積極的な行動がヨーロッパにおいてロシアに対する敵意を亢進させることを恐れたのである。(36)

それにも拘らず、一八七七年四月、ついにロシアはオスマン帝国に対して宣戦を布告し、バルカン経由でコンスタンティノープルに向かって進軍を開始した。困難をきわめたプレヴナ要塞攻略もスコーベレフによって成し遂げられた。しかし、イギリスは、ロシアがコンスタンティノープルを占領した場合には参戦するとの警告を発し、地中海艦隊を黒海に入れる態勢をとった。(37) ロシアはコンスタンティノープルに迫りながら休戦協定を締結し、サン＝ステファノ条約を結んだ。この条約に基づくブルガリア自治公国の成立に対してもイギリスは強く反対し、結局ロシアはビスマルクの仲介により七八年六月から翌月にかけて開かれたベルリン会議で譲歩を余儀なくされた。

世論にとってバルカンはなお重要な意味を持ち続けていた。アクサーコフも、ブルガリアへの期待と関心を示し続けた。しかし、一八八三年の外交危機とともに、ブルガリアとロシアの関係は悪化していった。領土的欲求を満たされなかったセルビアも戦後の体制に対して強い不満をもち、一八八五年、ブルガリアがベルリン条約で失った東ルメリアを再統合すると、オーストリア＝ハンガリーの援助を受けたセルビアがブルガリアに侵攻する。汎スラヴ主義者が期待したスラヴ諸民族間の連帯などというのが一時の幻想に過ぎないことは明らかであった。(38) 皇太子アレクサンドルやポベドノスツェフをはじめ、多くの人々はスラヴ解放という理念に対する興味を失った。(39)

露土戦争の経験は、ポベドノスツェフの政治的態度にも大きな影響を及ぼした。これによってポベドノスツェフは、社会が政府のコントロールできない熱狂に巻き込まれることの危険を認識し、以後戦争を忌避した。その一方で、彼は正教に基づく宗教的統一と信教国家の維持に固執し、国内の宗教的少数者への抑圧を強めた。(40) 彼にとって宗教の目的は社会の動員ではなく、国家体制を堅固にすることであった。

露土戦争は汎スラヴ主義的信念が世論の支持を得、社会的高揚を作り出すことによって起こった。しかし、ロシア・ナショナリズムの歴史において、スラヴという理念が常に力をもっていたわけでもなければ、スラヴ諸民族とロシアが常によい関係にあったわけでもない。スラヴ人の政治活動家は、他の有力勢力に対抗する必要があるときにはスラヴの理念に訴えてロシアとの結びつきを利用しようとしたが、ロシアの存在が疎ましくなったときには簡単にそれを忘れた。ロシアにとっても事情は似たようなものであった。ロシア外交にとってバルカンがもつ重要性はなくならなかったが、七〇年代末の汎スラヴ的熱狂は長くは続かなかった。

それでも、その意義を過小に評価することはできない。一九世紀半ば、ロシア帝国がカフカースや中央アジアへと版図を拡大したとき、国民国家に不可欠の文化的一体性という要件は自覚されていなかった。拡大の理由は国家の威信と文明の伝播だけで十分であった。文化への関心の高まりのなかで現れてきた汎スラヴ主義は、ロシアの新しいアイデンティティの形成に寄与すると同時に、ヨーロッパの中の多元性、西欧の相対化に注目することにより、アジアに対するロシアの眼差しにも影響を及ぼした。それはまた社会の活性化とその声の中央への伝達を求める意見とも共鳴するものをもっていた。

もとより、汎スラヴ主義に惹かれる度合は人によって異なっており、それとロシア・ナショナリズム一般を同一視することはできない。エリート主義の立場から迫りくる平準化の流れに対応するために、歴史や文化、伝統への湿潤なこだわりから距離をとり、国家という枠そのものの強固な維持を何よりも重視したカトコーフ、信教国家からの離脱という時代の趨勢に抗し、正教による帝国の統合をあくまで守ろうとしたポベドノスツェフは、その流れとは一線を画する人たちであり、アレクサンドル三世の時代は彼らが力をもった時代であった。

注

（1）Richard Pipes, *The Formation of the Soviet Union: Communism and Nationalism, 1917–1923*. Rev. ed.（Cambridge, Mass., 1964）, p. 6.

（2）Ibid., pp. 19–20; Nicholas V. Riasanovsky, *A Parting of Ways: Government and the Educated Public in Russia, 1801–1855*（Oxford, 1976）, pp. 107–109.

（3）Ibid., pp. 291–297.

（4）純粋性を志向する文化的ナショナリズムの典型は、ソヴィエト期については例えばソルジェニーツィンの主張である。Hugh Seton-Watson, "Russian Nationalism in the Historical Perspective," in: Robert Conquest (ed.), *The Last Empire: Nationality and the Soviet Future*（Stanford, Calif., 1986）p. 26.

（5）それはユートピアと現実主義の対比や「スラヴ派の思想の通俗化と改革後の具体的な諸問題への適用」として説明されている。Andrzej Walicki, *The Slavophile Controversy: History of a Conservative Utopia in Nineteenth-Century Russian Thought*（Oxford, 1975）, pp. 489–490; Edward C. Thaden, *Conservative Nationalism in Nineteenth-Century Russia*（Seattle, Wash., 1964）, p. 145.

（6）ダニレーフスキーの『ロシアとヨーロッパ』や、これを雑誌『ザリャー（曙）』に掲載し支持したH・H・ストラーホフに対する彼らの態度を見よ。Thaden, op. cit., pp. 89–90; Walicki, op. cit., pp. 279–283, 559–575.

（7）S. Frederick Starr, "Tsarist Government: The Imperial Dimension," in: Jeremy R. Azrael（ed.）, *Soviet Nationality Policies and Practices*（New York, N.Y., 1978）, pp. 16–18.

（8）ファヂェーエフは、『市民』と『ロシア世界』の近さを指摘している。*Фадеев Р.А.* Собранiе сочиненiй. Т. 3. СПб., 1889. С. 211–213.

（9）*Катков М.Н.* Империя и крамола. М., 2007. С. 44–45.

（10）Там же. С. 64–66; *Катков М.Н.* Имперское слово. М., 2002. С. 218–219.

（11）Stephen Lukashevich, *Ivan Aksakov, 1823–1886: A Study in Russian Thought and Politics*（Cambridge, Mass., 1965）, pp. 85–86.

（12）Ibid., pp. 96–98, 109.

（13）*Морозов Е.Ф., Сергеев С.М.* Опоздавший Потемкин // *Фадеев Р.А.* Кавказская война. М., 2003. С. 25.

（14）*Катков.* Империя и крамола. С. 118–119.

（15）Там же. С. 120–122.

（16）Там же. С. 147. 竹中浩「ロシア自由主義の形成過程—『大改革』における社会認識と制度論」『国家学会雑誌』第九九巻第五・六号（一九八六年六月）、三四一、三四五、三四七頁も参照。

（17）シュヴァーロフやファヂェーエフの人となりや思考様式については以下を参照。*Христофоров И.А.* «Аристократическая» оппозиция Великим реформам: конец 1850 – середина 1870-х гг. М., 2002. С. 283–284.

（18）Энциклопедический словарь. Под ред. Ф. А. Брокгауса и И. А. Ефрона. Т. 76. СПб., 1903. С. 694–695.

（19）Forrestt A. Miller, *Dmitrii Miliutin and the Reform Era in Russia*（Charlotte, N.C., 1968）, pp. 202–204; *Твардовская В.А.* Идеология пореформенного самодержавия: М.Н. Катков и его издания. М., 1978. С. 163–164.

（20）*Христофоров.* Указ. соч. С. 294. 竹中浩『近代ロシアへの転換—大改革時代の自由主義思想』（東京大学出版会、一九九九年）二三三頁。

（21） Miller, op. cit., pp. 200–201; *Твардовская.* Указ. соч. С. 166.

（22） Там же. С. 167–168.

（23） アクサーコフはスラヴ世界の統一をドイツの統一に対応するものとして考えていた。M. B. Petrovich, *The Emergence of Russian Panslavism, 1856–1870* (New York, N.Y., 1956), pp. 254–255. カトコーフにおける同様の発想について、以下を参照。Hans Kohn, *Pan-Slavism: Its History and Ideology* (Notre Dame, Ind., 1953), p. 179.

（24） ロシア正教会も宗務院もモスクワのスラヴ慈善委員会を支援していた。Petrovich, op. cit., p. 139.

（25） *Пыпин А.Н.* Панславизм в прошлом и настоящем. М., 2002. С. 185–186.

（26） マリン・V・ブンデフ「ブルガリアのナショナリズム」『東欧のナショナリズム―歴史と現在』（刀水書房、一九八一年）三〇七頁、森安達也『キリスト教史Ⅲ』（山川出版社、一九七八年）四二二―四二三頁。

（27） [Julius Wilhelm Albert von Eckardt,] Edward Fairfax Taylor (tr.), *Russia before and after the War* (London, 1880), pp. 290–291.

（28） *Морозов и Сергеев.* Указ. соч. С. 10.

（29） Lukashevich, op. cit., p. 137.

（30） Effie Ambler, *Russian Journalism and Politics: The Career of Aleksei S. Suvolin, 1861–1881* (Detroit, Mich., 1972), p. 139. 一八七七年には『ゴーロス』は部数を創刊時の四〇〇〇から二万三〇〇〇に伸ばしていた（高田和夫「露土戦争とロシア・ナショナリズム」『法政研究』第六八巻第三号、二〇〇一年一二月、七一四頁）。

（31） *Суворин А.С.* В ожидании века XX: маленькие письма 1889–1903 гг. М., 2005. С. 449; *Динерштейн Е.А.* А.С. Суворин: человек, сделавший карьеру. М., 1998.

（32） 一八九六年二月二九日に『ノーヴォエ・ヴレーミャ』の編集開始二〇周年を祝ったとき、スヴォーリンは出席していたチェルニャーエフに感謝の意を表している。*Суворин А.С.* Дневник Алексея Сергеевича Суворина. М., 1999. С. 206.

（33） *Russia before and after the War*, p. 292.

（34） Ibid., p. 298; Lukashevich, op. cit., pp. 135, 140; *Нарочницкая Л.И.* Россия и национально-освободительное движение на Балканах 1875–1878 гг.: к столетию русско-турецкой войны 1877–1878 гг. М., 1979. С. 27–28.

（35） Robert F. Byrnes, *Pobedonostsev: His Life and Thought* (Bloomington; London, 1968), pp. 104–105. しかしその態度は典型的な汎スラヴ主義者とは異なり、特別な使命感によるものではなかった。Ibid., p. 123.

（36） *Russia before and after the War*, pp. 310–311.

（37）Michael T. Florinsky, *Russia: A History and an Interpretation*, vol. 2 (New York, N.Y., 1953), pp. 1006–1007.

（38）チェルニャーエフやファヂェーエフもセルビア人やブルガリア人に幻滅していた。以下を参照。*Суворин.* В ожидании века XX. С. 968; *Морозов и Сергеев.* Указ. соч. С. 10.

（39）Byrnes, op. cit., p. 129; Kohn, op. cit., p. 218.

（40）Byrnes, op. cit., p. 130.

第二節　アレクサンドル三世の時代

一　アレクサンドル三世とロシアの対外関係

クリュチェフスキーによる称賛などの例外を別にすれば、アレクサンドル三世は、従来歴史家の間でそれほど評判のよい君主ではなかった。彼の時代には、先帝のもとで進みかけていた政治改革が完全に停止させられ、また、司法改革をはじめとする大改革の原則を修正しようとする制度変更、いわゆる反改革が行われた。このことは、西欧的な政治行政制度の実現に重きを置く人々、当時の自由主義的知識人や現代欧米の歴史家にとって、明らかに否定的に評価されるべき事柄であった。加えて、この時代にナショナリズムの高まりが見られ、帝国統治においていわゆるロシア化が進められたことも、民族的な敵対や戦争を煽るものとしてナショナリズムを嫌う知識人や歴史家に、肯定的には捉えられていない。そのような時代に対する評価の影響もあって、君主としてのアレクサンドル三世に対する評価は、少なくとも日本や欧米では、必ずしも芳しいものではなかったのである。

他方、本国のロシアでは、今世紀に入ってから、アレクサンドル三世に対する関心も、また評価も高まっている。(1) これは、いわゆる保守主義及びそれが優位を占めたアレクサンドル三世の時代に対する再評価と軌を一にしていると言うことができよう。アレクサンドル三世時代にとられた政策がどこまでアレクサンドル自身の考えと一致していたかについては注意深く検討する必要がある。それでも、この時代を、君主としてのアレクサンドル三世の資質や態度と切り離して論じることは困難であり、彼の個性がすべてに影響を及ぼしていることについては疑いを容れないであろう。

アレクサンドル三世は堂々とした体躯の持ち主であり、力強く尊大な印象を与えたが、実際の彼は、どちらかと言えば内気で遠慮がちな性格であったとされる。臆病で慎重であり、それだけに他人から影響を受けることを恐れた。彼は卓越した知性の持ち主ではなく、それゆえ知識人には評価されなかった。しかし他方で彼は、疑いなく人間的な魅力をもつ人であった。皇太子であった兄ニコライが死に、自らが皇太子になったとき、アレクサンドルはM・E・メシチェルスカヤという女性を愛していた。しかし彼女は皇太子が結婚すべき相手ではなかった。苦しんだ後、アレクサンドルは彼女との恋を諦め、兄の婚約者であったデンマーク王女ダウマー(2)と結婚する。ダウマーは正教に改宗し、マリヤ・フョードロヴナと名乗った。アレクサンドルにとって、運命に強いられた結婚であったが、結局それは彼に幸福をもたらした。マリヤ・フョードロヴナは夫と臣民に愛される皇后になった。アレクサンドルの治世において彼女の存在は大きな比重を占める(3)。

アレクサンドルは信じられると考えたら最後まで信じ、信じられないと考えた人ははっきりと遠ざけた。治世の前半において、アレクサンドル三世に最も大きな影響を与えたのは、自分が本能的に警戒する自由主義の危険を思想的に説明してくれるポベドノスツェフであった(4)。一八八〇年四月以来宗務院総監を務め、アレクサンドルの師父として大きな権威をもったポベドノスツェフは、他人に明るい印象を与える人ではなかった。彼の醸し出す重苦しい雰囲気がアレクサンドル三世時代の基調を決めてしまっていると言っても過言ではないであろう。

逆にアレクサンドル三世と反りが合わなかった代表的な政治家としてヴァルーエフがいる。ヴァルーエフは、知的ではあったが、アレクサンドル三世好みの「真のロシア人」ではなく、また果断な政策の執行者でもなかった(5)。彼が内相であったときに起こった一八六八年の飢饉への対応は、当時皇太子であったアレクサンドルには不満であった。アレクサンドルは飢餓に苦しむ農民への同情をもっており、実際に彼らに穀物が供給されることを求め、そのために自ら活動した。皇太子の介入は、ヴァルーエフの面子をつぶし、侮辱を感じた彼は内相の職を辞した。(6) 両者の不和はその後も続き、アレクサンドルはその治世においてヴァルーエフを重用することはなかった。

アレクサンドル三世は、皇太子時代から心情的にナショナリズムに共感しており、ロシアの過去、なかんずくモスクワ・ルーシを理想化する点で、スラヴ派と共通する面をもっていた。そのような傾向は皇太子時代にスラヴ問題をめぐって現れる。一八七七年、南スラヴでの蜂起に伴って汎スラヴ主義の論客が社会を煽り、支援の熱気が社会を覆った。消極的なアレクサンドル二世や政府首脳に対し、皇太子アレクサンドルは母である皇后とともに主戦派の側に立った。アレクサンドルはそこに自らのナショナリズムの発露を見出し、高揚感を味わったのである。

しかし、露土戦争の後、汎スラヴ主義者が期待したスラヴ諸民族間の連帯などというものが一時の幻想に過ぎないことが明らかになると、多くの人々と同様、皇太子アレクサンドルもスラヴ解放という理念に対する興味を失っていく。(7) 彼のナショナリズムから情緒的な色彩が失われ、汎スラヴ主義的な主張と距離をとるようになり、国家主義的な立場に移行していくのである。露土戦争の際の戦場での経験及び戦後の財政逼迫は、アレクサンドルに、時代の気分に流されて戦争を行うことの危険や、戦争の生じさせるコストの大きさを教えた。もともと、スラヴ派のモスクワ・ルーシや民衆に対する賛美と、それと直接の関わりをもたないロマノフ家との関係は微妙だったのである。露土戦争の経験はポベドノスツェフの政治的態度にも大きな影響を及ぼした。これによってポベドノスツェフは、社会が政府のコントロールできない熱狂に巻き込まれることの危険を認識した。もともとロシアにとっての積極的な世界的使命（例えば「第三ローマ」というような）という考えは彼には無縁であり、そのために戦争をするなどというのは愚かなことであった。彼は一貫して戦争を忌避した。(8)

一八八二年三月、ゴルチャコーフ外相の後任として、手堅い外交手腕の持ち主であるギールスが任命された。アレクサンドル三世の治世の間、ギールスはずっと外相の職にあった。皇太子時代に、オスマン帝国との戦争において主戦派であったアレクサンドルが、即位後は安易に戦争という手段を選ばず、勢力均衡による平和維持を重視するギールスを一貫して外相のポストにとどめたことは注目される。アレクサンドルの治世は、当時の国際的緊張にも拘らず、近代ロシア史においては例外的な、戦争のない時代となったが、その功績の少なくとも一部はギールスに帰せられるべきであろう。

もっとも、戦争の危機がなかったわけではない。この時代、ロシアとの具体的な利害対立が深刻であったのは、アフガニスタンを保護国化し、中央アジアにおいてロシアとの間で「グレートゲーム」を繰り広げ、政府と世論のなかに根強い反露感情のあるイギリスであった。一八八五年、アフガニスタンとの国境をめぐる紛争で、英露両国は戦争の一歩手前まで行った。しかし、アジアをめぐる対英関係の諸問題は、一般の人々から遠いところで、軍人や外交官など、玄人によって処理される事柄でしかなかった。世論にはアジアへの直接の関心は希薄であり、イギリスに対する敵意の強さは、バルカンをめぐって対立するオーストリアへのそれには遠く及ばなかった。具体的な国益をめぐる競争者と、論壇で関心を集める仮想敵との間には、顕著な食い違いがあったのである。それもあって、戦争は回避された。(9)

一八七八年のベルリン会議以後、一時の汎スラヴ的情熱が冷めていく一方で、オーストリアがバルカンに対する影響力を強めたことは、ロシアのこの国に対する感情を著しく悪化させた。アクサーコフのような信念をもった汎スラヴ主義者がオーストリアを敵視したことは言うまでもない。(10)ポベドノスツェフの場合も、ガリツィアに住むルテニア人のウニアト（ローマの権威を受け入れながら、東方教会の典礼等を保持する人々）を迫害するオーストリアに対する感情は好ましいものではなかった。(11)

オーストリアへの敵意は、ビスマルクの提案により一八八一年に結ばれ、八四年に更新される三帝同盟に向けられた。一八八七年、三帝同盟を再度更新するかどうかが、ロシアの対外政策において大きな争点となったとき、ギールス外相は、イギリスとの対立を考慮して三帝同盟を維持しようとした。カトコーフは、イギリスをロシアの主敵とみなし三帝同盟を維持しようとするギールス外相を攻撃するとともに、フランスとの防衛同盟の締結を説き、三月八日の論文で、秘密にされていた三帝同盟の存在を明かすという大胆な行動に出た(12)。ポベドノスツェフもこの同盟に反対であり、一八八七年一月にはアレクサンドル三世も更新に反対した。結局三帝同盟は更新されず、六月、ドイツとの間に再保障条約が結ばれた(13)。

ドイツとの関係も怪しくなっていく。先帝時代の一八七一年、普仏戦争におけるプロイセンの勝利によってドイツ帝国が成立したことにより、将来独露が衝突するのではないかという考えとともに、一部の軍人やナショナリストを中心にドイツへの警戒が生まれ(14)、露土戦争後、それはいっそう強まっていった。もともとナショナリストであるアレクサンドル三世も、その血からすればほとんどドイツ人であったにも拘らず、反ドイツ的な感情をもっていたとされる。ただ、彼のそのような感情や信念とロシアの外交政策を単純に結びつけるべきではない(15)。彼は冒険主義的な外交の支持者ではなかった。プレヴナ攻略の英雄であり、露骨な反ドイツ的言動で物議を醸していたスコーベレフに対しても、信頼を寄せていなかったといわれる。それでも、アレクサンドル三世の時代、反オーストリア的、反ドイツ的な気分は社会のなかに定着した。

一八九〇年にビスマルクが帝国宰相の地位を去ると、ヴィルヘルム二世のもとで、ドイツはそれまでのロシアとの関係を見直すことになる。一八八七年六月に結ばれた再保障条約の期間満了によって独露両国をつないでいた絆が失われるとともに、露仏提携の気運が高まり、一八九一年八月から九四年一月にかけて、露仏間に同盟関係が漸次構築された。ビスマルクの予想に反し、アレクサンドルも、国益のために革命や共和主義の祖国との同盟を冷静に受け入れた。ここにいたって、一八八二年に分裂した汎スラヴ主義と国家主義は再統合された(16)。

アレクサンドル三世の治世において、彼の統治を最も強力に支援したメディアがカトコーフの『モスクワ報知』であることは疑いを容れない。この新聞は、反改革支持の立場に立って国家評議会を批判するとともに、ときには彼の意に反する政府の政策に対して（特にブンゲ蔵相やギールス外相の政策に対して）激しい攻撃を加えた。部数においてはリベラルな新聞『ゴーロス』に遠く及ばない『モスクワ報知』にそれが可能であったのは、カトコーフのもっていた、アレクサンドルとの互恵的な関係に基づく巨大な政治力ゆえであった。

アレクサンドルを支援したもう一つの重要なメディアが、アレクサンドルの近しい友人であるメシチェルスキーによって一八七二年から発行されていた雑誌『市民』である。メシチェルスキーは多くの言論人から敬遠されていた。彼の反動的なスタンスが嫌われていたというより、その性的志向もあり、いかがわしい人物として疎まれていたと言ったほうがよいであろう。それにも拘らず、アレクサンドルは彼と交友を続け、特にカトコーフが死んだ一八八七年以降、メシチェルスキーはアレクサンドルに対して最も強い個人的影響力をもつ言論人となった。[17] メシチェルスキーはカトコーフ亡き後の『モスクワ報知』紙に対して好意的ではなかった。後年この新聞を編集するようになるグリーングムトに対しても、彼はアレクサンドル三世への手紙の中で、昨日までユダヤ人であった者として嫌悪を示した。[18] 専制のイデオロギーとして一括されるものの中にある多様性の一例である。

カトコーフともメシチェルスキーとも異なったスタイルでアレクサンドル三世の時代を生き延び、力を蓄えていったのがスヴォーリンである。[19] 国有地農民の子として生まれたスヴォーリンは、カトコーフのような高踏的知識人ではなかった。彼は革命家のテロルに対しては厳しい姿勢を崩さなかったが、警察的手段による事態収拾を支持する『モスクワ報知』とは異なって、ゼムストヴォや自由な言論の積極的役割を認めており、カトコーフの厳格な古典教育一本槍に対して広汎な人々に開かれた自由な教育を主張した。[20] スヴォーリンはカトコーフとは明らかに肌合いの異なる人物だったのであり、両者の関係は決してよくなかった。[21] スヴォーリンのナショナリズムは、カトコーフのそれのようなエリート臭や乾いた普遍主義とは無縁であり、庶民の反ユダヤ主義的心情に訴えることもためらわなかった。[22] 一八八七年七月のカトコーフの死後、スヴォーリンはロシアで最も影響力の大きなジャーナリストのひとりになった。[23]

二　ヴィッテの登用

ロシア国内の工業発展とともに、外交と深く関わることになる財政に関しては、アレクサンドル三世は途中で担当者を交代させた。治世の前半はリベラルと言われたブンゲを蔵相にしたが、後半はカトコーフやポベドノスツェフと対立したブンゲに代えて、保護主義の立場をとるヴィシネグラツキーを登用した。[24] ヴィシネグラツキーはドイツに対する高率関税政策をとり、ドイツとの間の関税競争を加熱させた。

さらに一八九二年八月、アレクサンドルはヴィシネグラツキーに代えてヴィッテを蔵相に任命する。一八八〇年代、ヴィッテは、ポベドノスツェフという、アレクサンドル三世の治世において最も影響力をもっていた人物と良好な関係を維持することで、政治的に上昇していった。しかし、後年、回想の中で、ヴィッテはポベドノスツェフの退嬰的な姿勢を批判し、蔵相就任当時、工場での労災に対する責任を企業家に負わせる案を出した際、ポベドノスツェフから社会主義者呼ばわりされたが、アレクサンドルに励まされたという出来事を紹介している。晩年には、アレクサンドル三世自身も、新しい時代への適応の必要を認識しており、ポベドノスツェフの頑なさに幾分辟易していたようである。[25]

ヴィッテとポベドノスツェフの関係は、アレクサンドル三世時代を全体として評価する上で重要な点である。彼らはともに伝統的なエリート社会の外から来た存在であり、能力主義という信条において共通していた。ヴィッテもポベドノスツェフと同様、土地貴族という身分の維持に対する関心は希薄であり、農産物を輸出し農業機械を購入する彼らが関税戦争によってこうむる被害など、その利害を犠牲にすることに対しても躊躇しなかった。安易に戦争という手段を選ぶことを好まなかった点でも、二人は共通している。また彼らは、ともに専制に対する固い支持者であった。
しかし、ヴィッテは、一九〇五年にはニコライ二世に対して専制の軌道修正を求める柔軟さを備えていた。当初ヴィッテがポベドノスツェフに対して高い評価を与え、経済発展は正教信仰に基づくべきであるとしたことには、[26]生来のスラヴ主義的な信条に加えて、権力の中枢に食い込んでいくための政治的計算の面もあったであろう。また、ロシア人と正教徒を同一視し、マイノリティに対する排他的態度を崩さないポベドノスツェフの姿勢は、[27]帝国全体を視野に入れるヴィッテには縁遠いものであった。この点では、アレクサンドルも必ずしもポベドノスツェフに同調はしていなかったようである。[28]ポベドノスツェフの敵意にも拘らず、アレクサンドル三世自身は古儀式派に対して比較的好意的であったといわれるし、ヴィッテによれば、晩年には、彼はポベドノスツェフの影響を脱して、辺境に対する関心と異族人に対する好意を強めていった。[29]
アレクサンドルがシベリア横断鉄道の建設に支持を与えたことも、この延長線上にあると言ってよいであろう。一八八四年、ハバロフスクに置かれたプリアムール総督府の初代総督コルフは、一八八六年、上奏文の中でこの地域の軍事的脆弱性を説き、鉄道建設の必要を訴えた。しかし蔵相ヴィシネグラツキーが財政的事情から難色を示すなど、これは政府の中で少なからぬ異論のある案であった。アレクサンドル三世がこの構想に基づき、ウラジオストク―ハバロフスク間のウスリー鉄道の建設を支持し、その着工の次の年である一八九二年、政府の鉄道政策を指導してきたヴィッテを蔵相に起用したことは、シベリア開発と極東の安全保障、国家の一体性強化に対するアレクサンドルの強い関心を示している。[30]
ヴィッテはアレクサンドル三世を尊敬し、回想の中でその統治者としての資質を高く評価している。それは、あながち自分を信任してくれた人への単なる讃辞（及び自分を排除した人へのあてつけ）とばかりは言えない。アレクサンドルは君主にとって最も重要な資質であるバランス感覚や人物鑑識眼をもっていた。最も典型的な専制君主とみな

アレクサンドル3世と家族。左端が皇太子ニコライ。静養先であるクリミアのリヴァディア宮殿で、1893年5月に撮影された。翌94年11月、アレクサンドル3世はこの宮殿で、皇后マリヤ・フョードロヴナに看取られて世を去った。

された彼が、冒険を避け、（大津事件の際の対応に見られるように）感情に走らず、たとえ考え方が多少自分と異なっていても、実務能力のある手堅い行政のプロに任せる君主であったことは疑い得ないであろう。

アレクサンドル三世は、実務的な判断力に優れた、勤勉な常識家であった。自分の役割をよく知っており、それに対する強い責任感をもっていた。彼が与える力強く尊大な印象は、専制君主としての自己演出による部分が少なくない。アレクサンドルはそのように自分を見せなければならないと信じていた。専制という政治体制が時代遅れと感じられるようになりつつあった時代に、専制君主であることを自らの使命と感じ、その役割を演じ続けた人であった。(31) 周囲にあった、敬愛する兄への大きな期待と彼が亡くなったときの失望を経験し、その中で君主としての役割を引き受けた。落胆している兄の婚約者と結婚し、その愛情を得、幸福な家庭生活を実現した。社交や儀礼を嫌い、家族とともに過ごす時間を愛した。倹約家であり、継ぎの当たった衣服を着たこともあったという。

体制転換の前提となる制度インフラの整備と成熟には時間がかかる。近代ロシアにおいて、それが可能な時代を探すとすれば、体制を動揺させる危険な戦争がなく、政治的に安定していたアレクサンドル三世の治世こそが候補に挙げられるべきであろう。もとより、アレクサンドル三世時代の政治的安定は、アレクサンドル三世という君主の資質のみによるものではない。それを説明するためには、政治行政、社会経済、国際関係等、すべての面についての歴史的、理論的な検討が必要である。しかし、彼の資質があのようなものでなかったら、その安定は容易に崩れていたであろう。

一八九四年一〇月二〇日、クリミアのリヴァディア宮殿で、まだ帝位継承の準備ができていないと考えられた二〇代半ばの皇太子ニコライを残して世を去ったとき、アレクサンドル三世はまだ五〇前であった。最も専制君主らしい専制君主を失ったロシアは、若いニコライ二世とともに、世紀末の試練に立ち向かうことになるのである。

注

（1）アレクサンドル三世についての比較的新しい文献には以下のようなものがある。*Твардовская В.А.* Александр III // Российские самодержцы. 1801–1917. М., 1993. С. 216–306; *Чернуха В.Г.* Александр III // Александр Третий: воспоминания, дневники, письма. СПб., 2001. С. 5–40; *Боханов А.Н.* Император Александр III. М., 2001; *Боханов А.Н., Кудрина Ю.В.* Император Александр III и императрица Мария Федоровна: переписка. 1884–1894 годы. М., 2001; *Дронов И.Е.* Сильный, державный: жизнь и царствование Александра III. 3-е изд., испр. и доп. М., 2012.

（2）ダウマーの父はプロイセンとの戦争で係争地シュレスヴィヒ＝ホルシュタイン公国を失ったデンマーク国王クリスチャン九世である。兄はギリシア国王ゲオルギオス一世となり、大津事件のときに皇太子ニコライに同行していたゲオルギオスはその子でダウマーの甥に当たる。姉のアレクサンドラはイギリス皇太子のエドワード（ヴィクトリア女王の子で後のエドワード七世）と結婚した。その子のジョージ五世は、ロシア革命の時に軍艦を出して叔母のマリヤ・フョードロヴナ皇太后を救出している。

（3）皇后マリヤ・フォードロヴナについては英文の評伝がある。Coryne Hall, *Little Mother of Russia: A Biography of Empress Marie Feodorovna*（1847–1928）（Teaneck, N.J., 2006）.

（4）*Боханов.* Император Александр III. С. 310.

（5）Там же. С. 260.

（6）*Чернуха.* Указ. соч. С. 16.

（7）Hans Kohn, *Pan-Slavism: Its History and Ideology*（Notre Dame, Ind., 1953）, p. 218.

（8）ポベドノスツェフは、ニコライ時代に入ってからも、世紀末のハーグ平和会議を推進し、極東で日本との緊張を高める政策に反対した。Robert F. Byrnes, *Pobedonostsev: His Life and Thought*（Bloomington; London, 1968）, p. 131.

（9）ビスマルクは戦争回避に協力を惜しまなかった。三帝同盟が戦争回避に役立ったのである。*Боханов.* Император Александр III. С. 401–402.

（10）Stephen Lukashevich, *Ivan Aksakov, 1823–1886: A Study in Russian Thought and Politics*（Cambridge, Mass., 1965）, pp. 158, 160–161.

（11）Byrnes, *Pobedonostsev*, pp. 223–224.

（12）*Катков М.Н.* Империя и крамола. М., 2007. С. 320.

（13）Michael T. Florinsky, *Russia: A History and an Interpretation*, vol. 2（New York, N.Y., 1953）, pp. 1134–1135.

（14）そのひとりがファヂェーエフである。*Морозов Е.Ф., Сергеев С.М.* Опоздавший Потемкин // *Фадеев Р.А.* Кавказская война. М., 2003. С. 25.

（15）ウォートマンはアレクサンドルの反ドイツ感情とロシアの対外政策を比較的簡単に結びつけている。Richard S. Wortman, *Scenarios of Powers: Myth and Ceremony in Russian Monarchy from Peter the Great to the Abdication of Nicholas II*（Princeton, N.J., 2006）, p. 298.

（16）*Дронов*. Указ. соч. С. 554.

（17）Там же. С. 141. 農民監督官制度の導入に関しては彼の論文が影響を与えた。Heide W. Whelan, *Alexander III and the State Council: Bureaucracy and Counter-Reform in Late Imperial Russia*（New Brunswick, N.J., 1982）, p. 77.

（18）Мещерский *В.П.* Письма к императору Александру III. 1881–1894. М., 2018. С. 661.

（19）スヴォーリンがカトコーフに対抗できる唯一のジャーナリストであることは衆目の一致するところであった。*Динерштейн Е.А.* А.С. Суворин: человек, сделавший карьеру. М., 1998. С. 126.

（20）Effie Ambler, *Russian Journalism and Politics: The Career of Aleksei S. Suvorin, 1861–1881*（Detroit, Mich., 1972）, pp. 163–165, 168.

（21）Ibid., p. 78. 一八九六年二月、スヴォーリンは作家レフ・トルストイに対して、カトコーフとはほとんど交渉がなかったと述べている。*Суворин А.С.* Дневник Алексея Сергеевича Суворина. М., 1999. С. 206.

（22）露土戦争のとき、既にスヴォーリンは反ユダヤ主義的な姿勢を示していた。Ambler, op. cit., p. 158. 一八七八年に一五六二だった『ノーヴォエ・ヴレーミャ』の購読者数は、一九〇九年には三万六九〇〇と、実に二三倍になった。*Романенко А.Д.* Несколько слов о жизни и судьбе Алексея Суворина // *Суворин А.С.* В ожидании века XX: маленькие письма 1889–1903 гг. М., 2005. С. 16.

（23）一九〇五年革命に際して、ゴーリキーはスヴォーリンを評し、彼が典型的な保守派の言論人に比べてはるかに知的であるだけにいっそう有害であるとしている。Ambler, op. cit., p. 10.

（24）ヴィシネグラツキーの任用にはメシチェルスキーの影響があったとされる。Whelan, op. cit., p. 76.

（25）*Витте С.Ю.* Сергей Витте. Воспоминания. Полное издание в одном томе. М., 2010. С. 578.

（26）Wortman, op. cit., pp. 300–301. ウォートマンはカトコーフとヴィッテの近さも強調する。

（27）Robert F. Byrnes, "Pobedonostsev on the Instruments of Russian Government," in: Ernest J. Simmons（ed.）, *Continuity and Change in Russian and Soviet Thought*（Cambridge, Mass., 1955）, pp. 124–125.

（28）Byrnes, *Pobedonostsev*, p. 180.

（29）*Витте.* Указ. соч. С. 577.

（30）Steven G. Marks, *Road to Power: The Trans-Siberian Railroad and the Colonization of Asian Russia, 1850–1917*（Ithaca, N.Y., 1991）, p. 54.

（31）アレクサンドル三世の人となりについては、Hermann Von Samson-Himmelstjerna, *Russia under Alexander III: And in the Preceding Period*, tr. by J. Morrison（New York, N.Y., 1893）の最初の二章を参照。

第二章　地方自治と立憲主義

ロシアにおいて立憲主義と言うとき、それは国民の代表が参集する機関、すなわち議会を求める運動ないしイデオロギーを意味することが多い。公式に国民を代表する制度をもたなかったロシアにとって、西欧に存在する議会制は、先進的な政治制度として目指すべき目標であり、社会の側からの政治的要求の対象となる。西欧の影響に晒されていた一九世紀のロシアにおいて、立憲主義的な要求や運動が生じてくるのはほとんど必然であった。既に一九世紀前半、アレクサンドル一世時代のスペランスキー改革において、またデカブリストの政治的プログラムにおいて、立憲主義的な理念はしばしば政治の舞台に現れ、その都度専制の厚い壁の前に消えていった。

議会が必要なのは、それが先進西欧の制度だからではない。多様な政治的要求を吸収し、利害調整を行うには、そこでの決定が正当性を付与されるだけの権威をもつ、制度化された場が必要だからである。特に政治的な諸勢力が再編されつつある社会では、ある段階で相対的に低い階層に属する多数者（あるいは彼らを背景とした政治活動家）による既存の体制への異議申し立てが生じ、これにどう対処するかがその後の政治発展を大きく左右することになる。一九六〇年代に政治発展論の分野で顕著な業績を残したアメリカの政治学者リッグズによれば、政治発展には統治能力と平等という要素がある。一般にエリートは統治能力の高度化のみを政治発展の目標と考え、そのためには政治的平等が犠牲にされることを厭わない傾向がある。他方、より下のランクのエリートは、たとえその政治システムの管理能力を引き下げてでも参加を拡大し、平等が増大することを要求する傾向があり、両者の対抗が政治変動を生じさせる。目標の選択をめぐる対立が弁証法的な過程を形成すれば、政治体の構造分化が進み政治発展がもたらされる。しかしどちらかの方向に行き過ぎ、右翼勢力か左翼勢力によって政治体が独占的に支配される場合、政府は、社会の変化や必要を処理できない状態に陥るとされる。(1)

このような状態を避け、持続的な政治発展を維持するためには、民主化要求の大きな波が来る前に、その衝撃を吸収できる政治制度を作っておかなければならない。そこで求められるのが議会制の導入である。社会のなかの利害を調整する能力をもった議会は参加の安定的拡大を可能にする。民主化の衝撃に議会なしで対応することは、不可能ではないにしても、かなり難しいと言わなければならない。しかしロシアで議会を制度化するということは、それまでツァーリに集中していた権威の拡散と正統性の移動を伴う重大な政治体制の変更であり、それは容易に果たされることではなかった。一九世紀の後半になっても、その事情は変わらなかった。

ところで、西欧において当初議員となったのは、地域社会を代表し有効に統制する能力をもった人々であった。地域社会が農業に基礎を置いているとき、それを有効に統制できるのは、多くの場合地主を中心とした地方名望家である。議会制を導入するためには、まず彼らを体制に繋ぎとめ、組織化しなければならない。それゆえ多くの場合、名望家自治の制度化は議会制と深く関わっている。もともと貴族自治の歴史をもつロシアは、一八六四年にゼムストヴォ機関（以下「ゼムストヴォ」と呼ぶ）を設置した。日本で三新法によって地方自治の制度化が行われるのは一八七八年のことであるから、それに比べればずっと早い。しかし日本では三新法体制導入から一〇年余りで憲法制定と議会の開設が実現されたのに対して、ロシアにおいて国家基本法が公布され国会が開設されるのは、ゼムストヴォの設置から四〇年を経た一九〇五年革命後のことであった。ロシアにおける地方自治と立憲主義との関係は、日本とは明らかに異なっていたのである。

本章では、一九世紀末の地方自治と立憲主義の関わりについて検討し、両者の複雑な関係を明らかにする。

注

（1）　フレッド・W・リッグズ「政治発展の理論」J・C・チャールスワース編『現代政治分析Ⅲ』岩波書店、一九七一年（原著は一九六七年刊）、一五九―一六〇、一六四―一六五頁。

第一節　アレクサンドル二世時代のゼムストヴォと立憲主義

一　ゼムストヴォ開設と首都の立憲主義

ゼムストヴォが開設されようとしているとき、政府には、ゼムストヴォ会議が政治的請願を行うのではないかという危惧があった。各県知事はゼムストヴォ開会に際し、議員に法の定める範囲を逸脱しないよう警告を発した。ペテルブルクでは総督のＡ・Ａ・スヴォーロフ＝ルィムニクスキーが、一八六五年一一月二七日の県ゼムストヴォ開設時にこの旨を述べた。それにも拘らず、同年一二月、ツァールスコエ・セロー貴族団長のＡ・Π・プラトーノフはペテルブルク県ゼムストヴォ会議に、中央ゼムストヴォ会議召集請願の意見書を提出した(1)。その中でプラトーノフは次のように説いた。新しい手続きによれば、ゼムストヴォ事務は国家行政機関の監督の下で行われることになっている。加えて国の事務に係る支出の監査はゼムストヴォの権限外に置かれている。このような状態ではゼムストヴォは自らにふさわしい役割を果たすことができない。それゆえプラトーノフは、国家の必要を満たすために各県に賦課される国家地方税の管轄をゼムストヴォに移し、その県ごとの割当は選挙原理に基づく独立の中央ゼムストヴォ会議が行うよう請願すべきことを提案した。この会議は純粋に経済的な機関であるから政治的な面からの心配は不要であるとされた。

ゼムストヴォ会議はほとんど満場一致でプラトーノフ提案の趣旨に賛同した。しかしそのとおりの請願を行うことには、官職をもつ議員を中心にためらう空気が強かった。そこでペテルブルク県ゼムストヴォ会議は、プラトーノフ提案に共鳴しながらもこれを時期尚早と見て、ヤムブルク郡及びペテルゴフ郡ゼムストヴォの意見に従って、ゼムストヴォにしかるべき独立性と行政権力からの抑圧の除去を保障し、ゼムストヴォの資金不足のような困難を除去するなど、ゼムストヴォ機関設置法の一部条文の修正を求める請願を行うことを決定した。

総じて発足当初のゼムストヴォ会議は法の定める範囲を逸脱しようとはしなかった。たしかに中央ゼムストヴォ会議の考えは当時のゼムストヴォにかなり広まっていた。しかし同時に、ゼムストヴォは政治的要求を行うべきではないという信念もあまねく支配していた。政治的請願を行ったゼムストヴォ会議がなかっただけでなく、ペテルブルク県ゼムストヴォのようにゼムストヴォの独立性拡大の請願を行ったゼムストヴォ会議も少数であった。

このことは当時関心の焦点が下降しつつあったこととも関係があるであろう。大改革期というのは上からの改革による自由化に期待がもたれた時期であった。重要なのは政府の立法であり政策であって、それがどのようなものであるかによってロシアの運命は大きく変わると考えられていた。そのとき、それを決定すべき中央政府の立法機関の形態に関心が向くのは当然であった。中央の問題を重視するという点では、改革を推進したいわゆる開明官僚や自由主義的知識人だけでなく、これに対立し開明官僚の政治的影響力を殺ごうとする貴族主義的立憲主義者のグループも同様であった。そこで当然中央政府の形態の問題が大きく浮かび上がることになる。立憲主義は中央レヴェルでの意思決定に対する大きな意味付与の産物であった。しかし農奴制廃止の帰結が見えてくるにつれて、大改革期を特徴づける中央への期待は薄れていった。中央レヴェルでの貴族利益の擁護という幻想がなくなるとともに、貴族主義的立憲主義の立場は影をひそめることになった。

現代ロシアの歴史家であるピルーモヴァは、帝政末期における代表的なゼムストヴォ史家ヴェセローフスキーがプラトーノフの立場を貴族主義的なものと見ていることを批判している(2)。しかしこの時点で貴族主義とリベラルとを無理に対比させるのはあまり意味がないように思われる。中央ゼムストヴォ会議要求がリベラルな主張であったにしても、貴族主義的なグループ以外にその要求を支持するような社会的・政治的基盤はなかったからである。重要なのはむしろ、ペテルブルク県貴族の動きが早くにゼムストヴォを前提とするものへと移行したことであった。ペテルブルク県貴族は地域社会の中で既存のエリートである貴族が、ゼムストヴォを道具としていかに優越的地住と経済的利益を確保していくかということに関心を向けた。それは一八六三年のゼムストヴォ法案審議過程での論議や、六七年にゼムストヴォ活動に対する内務省の規制に対してペテルブルク県ゼムストヴォが抗議し、閉会を命じられた事件[3]、さらには七三年の全身分的郷をめぐる論議にも現れている。こうした身近な問題に比べれば、国家体制の問題はさし当り後回しにしてよいことであった。

二　租税問題と立憲主義

一般に議会の存在理由が最も明確になるのは課税に対する承認権との関係においてである。担税力に相応した公平な税制への移行は近代化のための普遍的要請である。しかしこれに答えるためには、それまで貴族その他が有してきた直接税に関する免税特権を見直さなければならない。このとき、これに伴って財政に対する負担と発言権をどのように釣り合わせるのかという問題、すなわち代表制の問題が生じることになる。

近代ロシアの場合この問題は大改革期に直接税の一形態である人頭税の改革論議に関して現れた。人頭税はピョートル一世によって導入された税制である。その際ピョートルは貴族に対して人頭税の納付義務を免じ、その代わりに軍人あるいは文官としての国家勤務を義務づけた。その後一七六二年に貴族がこの義務から解放されても人頭税に関する免税特権は存続し続け、貴族詔書によって貴族の身分的特権となっていた[4]。しかし農民の税負担の過重さが認識されるとき、直接税の課税対象の移行が検討の対象となるのは自然な流れであった。一八五九年七月一〇日に設けられた大蔵省の税制再検討委員会は、税負担を個人の労働と資本に分散する方法について検討した[5]。

個人の労働と資本に課税しようとするとき、理論的にはイギリス型の所得税が理想的であった。しかしそのロシアへの導入に関しては、課税対象となる所得の、把捉に要する費用に比しての乏しさということからいっても、また把捉技術の未発達ということからいっても非現実的であるという意見が強かった[6]。

労働への課税としては、他に、プロイセンで行われているような、税額にいくつかの等級を設ける階級税があった。しかし国民を階級に分ける資料を欠いているばかりでなく、階級税は納税者個々の監督を必要とするために、必然的に個人の自由を抑圧することになると考えられた[7]。それゆえ直接税の新しい形態としては資本への課税、すなわち財産税の可能性が探られることになった。

人頭税を負担していたのは町人と農民である。都市住民である町人は農民と違って全く生産手段をもたない人々であり、滞納率も農民が三パーセント以下であったのに対して二一パーセントと高かった。そこで一八六三年一月一日の勅令によって、同年七月一日をもって町人に対する人頭税の賦課を廃止し、都市住民一般の不動産に対する課税へと切り替えることになった[8]。

残ったのは農民である。農民の場合、資本＝財産に対する課税の方法として考えられるのは土地への課税である。それまでロシアにおいては歳入源として土地からの税収が占める割合というのは人頭税に比べて小さかった[9]。担税身分である農民は土地の所有者ではなく、地主である貴族に対しては直接税に関する免税特権があったからである。人頭税を地租に切り替える可能性が生じることになったのは、農奴制の廃止に伴って共同体農民の分与地に対する権利（利用権）が確定し、分与地と領主直営地との区別が明確になったことの結果であった[10]。

とは言え、人頭税の地租への切り替えには大きな問題があった。土地の生産性や農外収入の可能性に著しい格差がある以上、土地の面積のみを基準とした課税によって負担を平準化し収入に応じた所得の再分配を行うことは難しい[11]。また、土地評価という客観的基準に基づいた課税のためにはその前提として土地台帳の整備が必要になるが、共同体的土地保有を行っているところにこれを導入するには技術的な困難があった。可能な方式として、諸条件を考慮した上での地域ごとの基準税額設定が考えられた。労働賃金獲得の機会を地租に反映させ、土地の狭小な工業地帯の税負担が不当に軽減されることを防ぐのである。しかしこの場合には、課税対象を分化させるのでなく、一つの課税対象に、諸条件に対する考慮を加味することになるという難点があった[12]。

もう一つの問題は地主の免税特権の扱いであった。土地への課税ということになれば、これまでのように地主の土地と農民の土地を区別する積極的理由はもはや見出し難い。しかし既得権の壁があることに加えて、新しい経済環境への適応を迫られている地主層に対して新たに地租という税負担を課することは困難であると考えられた[13]。それは地主の農業離れ、ひいては土地離れを加速するおそれがあった。地主が農業から手を引くことはロシアの農業生産を全面的に小規模な農民経営に依存させることになり、生産性の低下をもたらしかねない。その結果西欧諸国が穀物の調達先を他に求めるようなことになれば、ロシアの農業が国外の販路を失って衰退するばかりでなく、商業もまた大きな打撃を受けるであろうと懸念された[14]。

結局このとき税制委員会は、直接税改革に関して、これまで人頭税として徴収してきたものを、地租、世帯別税、家屋税に分けることを提案するにとどまった[15]。世帯別税というのは、課税を生産単位である世帯（農戸）ごとに行うというやり方である。結局農村に係る税制の抜本的な改革は先送りとなり、六〇年代には農民に対する人頭税の賦課は廃止されることなくむしろ強化された[16]。その結果農村の租税問題はますます深刻なものになっていった。

この問題が再度関心を集めることになったのは、ゼムストヴォ発足後五年を経た一八六九年の終わりに、税制委員会が新たに人頭税制度の手直しを骨子とする税制改革案を発表したときである。税制委員会はこのときも、国富の水準の低さ、財政監督機関の必要などの理由から全身分的な所得税あるいは地租の導入を尚早と考え、依然として主要な直接税負担者を農民に限定し、彼らの負担を減じようとはしなかった[17]。

しかしながら農民の税負担の過重さは多くの地方で深刻な問題を引き起こしていたから[18]、この改革案の不十分さが政府部内でも意識され、内務省及び国有財産省は、この改革案が地方の事情を直接知るゼムストヴォにおいて審議されるべきことを提案した。これを受けて蔵相レイテルンが一二月四日の大臣会議で同趣旨の提案を行い採択された[19]。さらに一八七〇年六月一〇日の通達により、各県ゼムストヴォ会議に改革案審議のための委員会が設けられ、そこで出た結論が臨時の県ゼムストヴォ会議で検討されることになった[20]。

ゼムストヴォの審議に委ねられたのは以下の問題である。第一に、地域的条件を考慮して、改革案に対していかなる修正が施されるべきか。第二に、人頭税を地租に切り替える場合、両者の関係はどうあるべきか。第三に、郡及び郷への世帯別税の配分を平等に行うにはどうすべきか。政府が期待したのはこれらに対する回答のみであった[21]。しかしゼムストヴォは、政府によって与えられた枠の中に留まることはなかった。委員会は問題を拡張し、改革案に根本的な批判を加え始めたのである。彼らは全身分的な所得税制度を導入する方向での、税制の抜本的改革を主張するにいたった[22]。さらに一八六七年六月一三日法（国家評議会意見）で禁じられているはずの、異なった県のゼムストヴォ活動家の会合も、三回にわたって開催された[23]。

モスクワ県の委員会はとりわけ積極的であった。この委員会において委員長としてイニシアティヴをとっていたのがサマーリンである。財政問題に一貫して関心を寄せるサマーリンは、累進性をもつ税制の導入による、担税能力に応じた公平な税負担の実現を考えていた。サマーリンは既に農民法の起草過程において、租税負担を地主にも拡大しようと試みていた。当然に彼はこの委員会においても、すべての身分に租税を負担させ、社会的不平等を解消することを目指した[24]。やはりスラヴ派の代表的な論客であったA・И・コシェリョーフもリャザーニ県での審議に参加しており[25]、彼らにとってこの改革は農民改革の延長線上に位置づけられる重要課題であった。

モスクワ県ゼムストヴォに限らず、ほとんどのゼムストヴォは全身分的な所得税を支持した[26]。フランス革命前に政府が税の平等化によって人民の不満を除去しようとしたとき、フランス貴族は、それぞれの身分は異なったものによって国家に貢献しており、剣で貢献している貴族には財産による貢献、すなわち納税の義務はないと答えた。これに対して今回ロシアの貴族はそのような主張を行っていない。リベラルな新聞『ゴーロス』は論説でこのように述べ、ゼムストヴォの態度を好意的に評している[27]。数年後貴族主義的な論客ファヂェーエフはこれを貴族の自己犠牲と考え、サマーリンは全身分的なゼムストヴォが農民の要望を請願に反映させたものとして、現行ゼムストヴォの成果であるとしていた[28]。

しかしこれはゼムストヴォに依拠した地主たちの犠牲的精神の発露というよりもむしろ、税負担を他に転嫁しようとする態度の一つの現れと見るべき面をもっている。地主と農民は必ずしも常に相反する利益をもっていたわけではない。農民からの収奪強化は地主にとってマイナスの面もあった。また地主自身は、貴族という身分的原理よりはむしろゼムストヴォに、自己の利益を正当化する根拠を移行させていた。ゼムストヴォは一般に商工階級への課税に積極的であった。新たにゼムストヴォに引き込まれた都市住民というのは格好の地方税負担者だったのである[29]。所得税もまた、政府の保護下にある商工階級に負担を転嫁する税制という面をもっていた[30]。所得税の導入に対するヴァルーエフの支持もこのこととの関係において考える必要があろう。彼は農業と農村の将来に強い関心をもっていたからである。

しかし税制改革の問題は法的な面では貴族の免税特権の否定につながりかねず、それだけに本来強い政治的性格を帯びるはずのものであった[31]。租税問題がもつこのような政治的性格に最も敏感に反応したのはБ・Н・チチェーリンである。大改革期に改革派の論客として活躍した後、一八六八年にモスクワ大学教授を辞しタンボフ県での生活を始めていたチチェーリンは、同県委員会での審議に参加し、議論を総括する報告を作成した[32]。この報告においてチチェーリンは、かつて人頭税制が採用された理由を土地の過剰に求める。土地が過剰で税負担に耐え得なかったために、相対的に少ない人間が課税対象になったのである。したがって状況が変化した現在ではこの税制は不適当である。そこで直接税の課税対象を土地、労働、資産という三本立てにしたうえで、現在の納税身分と免税身分との区別をなくし、全身分に課税することを提案した。

チチェーリンはさらに、この報告に租税問題と憲法問題の関係を盛り込むことを希望したが、議長の旧軍人В・И・ヴァシーリチコフはこれを認めなかった(33)。結局チチェーリンは自らの意見を特別意見の形で述べることになり、その中で、税負担の平等化が、自発的な同意によって納めるというゼムストヴォや身分団体で現在とられている原理に立ってなされねばならないという信念を表明した。チチェーリンの見解を要約すれば次のごとくである。義務の平等が真に公正なものとなるのは義務に権利が対応するときのみである。改革は権利を削減するのでなく増大させなければならない。特権がただ廃止されるだけでは改革とは言いがたい。特権は、それが一般的権利に席を譲るときにこそ廃止されるべきである。上層諸身分が万人のために何物も得ずしてその高い地位を去るならば、彼らはその歴史的使命を果たさないことになる。加えて課税に対する歯止めの問題がある。租税が貧困階級にのみ課されている間は、彼らの担税力の低さによっておのずと課税は一定の限界をもつ。しかし富裕階級にも課税が行われることになればこの限界は消失し、無制限に課税が行われる危険が生じる。また上層身分自身が、自らの納めた租税の使途を知りたいという希望をもつようになるのは当然である。事実上財政協議権を要求するがごときこのような意見は、政府には好意的に受け取られなかった。内相チマーシェフはチチェーリンの主張を憲法の要求と理解した(34)。

さらにチチェーリンはモスクワで聞かれた他県代表との会合にも参加した。そこでも検討されたのは所得税制や階級税制の租税制度としての長短であり、政治問題をこれに絡めようという発想は乏しかった。わずかに国家地方税の割当に対する監督のために税制委員会に代議員を送ることが検討された程度であった(35)。チチェーリンはこれに対して不満であった。チチェーリンの立場からは、まず公正さを優先させ保障を後回しにするのは正しくないと考えられたのである。[36] しかし六〇年代末から七〇年代初頭にかけてのゼムストヴォの一般的傾向の中では、チチェーリンの立場はかなり特異なものであった。

かつてチチェーリンが貴族主義的な立憲主義の主張を時期尚早として斥けたとき、彼は貴族主義的立憲主義に対立しスラヴ派に与していた。[37] しかし今や、彼は限定的にではあるが立憲主義に接近しつつあった。チチェーリンにとって租税問題と憲法問題とは不可分であると考えられた。両者の関係を顧慮しないで専制権力のもとにすべての身分に税負担を広げることは「民主政的絶対主義」であり、それは有害なスラヴ主義的傾向の現れに他ならなかった。[38] 民主政的絶対主義を批判するチチェーリンは、租税問題を契機として立憲主義の方向に明確に一歩を踏み出していた。

チチェーリンの立憲主義への移行は、彼が一八七八年に、露土戦争後の時代を背景として「ロシアにおける憲法問題について」と題する論文を書いたとき、さらに鮮明になった。チチェーリンによれば、露土戦争は財政破綻の危機を生じさせ、近い将来に税制の抜本的改革が必要となるにいたった。貴族が有している税制上の特権の廃止は不可避である。しかし特権の廃止は機の熟するのを待って、それを政治的権利に置き換える形で行わなければならない。税負担の平等を権利なき平等、自由なき平等という形で実現するのでは、行き着く先は「民主政的独裁主義」にほかならない。われわれがその道を選ばないのであれば、残された選択肢は立憲君主制しかない。こうして現在潜在的能力を有する上層身分に政治参加の道を開く国民代表制が求められることになる。[39]

一八七〇年代の末というのは、ロシアにおいて一五年ぶりに立憲主義の動きが目立った時期である。そのきっかけになったのは露土戦争に絡む対外的緊張とそれが引き起こした国内的危機、かつて第二次革命情勢とよばれたものであった。[40] この頃ペトルンケーヴィチのような指導者のもとでゼムストヴォ・リベラル左派の政治的活動が活発化した。いわゆるゼムストヴォ自由主義が開花したのである。七八年から七九年にかけて、ハリコフ、ポルタワ、サマラの各県、さらにペトルンケーヴィチが指導したチェルニゴフ県やトヴェーリ県のゼムストヴォで、立憲主義的な請願の動きが見られた(41)。

ヴァルーエフやロリス＝メリコフにおいて見られるように、この時期国民代表制の案は政府の必要によっても生み出された(42)。しかしそうした政府の側からの呼掛けに対して、社会はほとんど反応しなかった(43)。たしかにロリス＝メリコフ時代の一八八〇年から翌年にかけては、それまでに請願を行っていたゼムストヴォの他に、ノヴゴロト、リャザーニ、タヴリーダ、カザーニの各県ゼムストヴォ及び三つの郡ゼムストヴォで立憲主義的な請願が見られた(44)。しかし活動家の活発な動きとは別に、大多数のゼムストヴォはおとなしく、政治活動に対して消極的であった(45)。古い世代の知識人の中でもチチェーリンの立場は明らかに少数派であり、多数はそうしたアプローチをとらなかった。

一般にアレクサンドル二世時代のロシアにおいては、貴族の身分的特権の喪失に対する政治的代償としての発言権の要求、すなわち代表制の制度化要求というのはそれほど強くはなかった。たしかに大改革期には立憲主義的な議論が一時噴出した。しかしそれは農奴制の廃止という、自らの経済生活の根幹に関わる大変革が自分たちの意見を十分取り入れることなしに行われたことへの一時的な反撥の現れであった。サマーリンは後年、農民法に対してシステマティックに反対したのはペテルブルクの似非保守主義者の小グループのみであり、真の地主の中には農民法に対する反対は少なかったと述べている(46)。少なくともその反対を中央代表制に結びつけていこうとする動きは、農奴制廃止の影響を最も直接に被ったはずの一般の地主貴族に関する限り、それほど強力にはならなかったといってよいであろう。地方の地主貴族層は中央代表制の要求に対して概して冷淡であった(47)。

このことは税制改革の問題をめぐる議論の際にも同様であった。多くの池主貴族たちにとって政治参加と経済的利益とは別のものであり、自分たちの利益追求のためには他の方法のほうがより有効と考えられた。多くの地主貴族にとって代表制は迂遠な問題であり、必ずしも利益実現の直接的手段としての価値をもつわけではなかったのである。

政府も巧妙に立ち回り、政治的な問題が争点化するのを防いだ(48)。しかしそのことは、国内の対立が深刻化した際に依拠できる全国的な紛争解決のための制度の発達を遅らせた。時代とともに社会が大きく変貌し、政治対立の構図も著しい変化を遂げたとき、ロシアは議会制の経験を一から始めねばならなかったのである。

そのことがロシアの運命にとって決定的であったかどうかを判断することは難しい。ただ、人間の主体的な営みと社会・経済的発展の絡み合う過程としての政治制度の形成が近代化においてもつ意味を重視するならば、ロシアの議会制の発達の遅れについても十分な注意を払うことはやはり必要であろう。政治的な後進性をいう前に、その遅れをもたらしたものの解明が十分に行われなければならない。このような立場に立つとき、見るべき成果を生まなかったアレクサンドル二世時代の立憲主義もまた、ロシアの政治的近代化の特質を明らかにするうえで重要な意味をもっていると考えられる。

三　ゼムスキー・ソボール

アレクサンドル二世時代の末期、言論界が著しく活性化した。その一翼を担ったのがアクサーコフら汎スラヴ主義者である。ベルリン会議後、会議の結果に失望したアクサーコフは外交当局を激しく批判した。そのため、一八七八年六月、彼はモスクワを追放され、『モスクワ』紙は廃刊となり、モスクワのスラヴ慈善委員会も閉鎖された(49)。これはいわゆる汎スラヴ主義運動の終焉を象徴する出来事であった。しかし、社会の高揚した気分そのものはそう簡単には収まらず、これを背景として要人に対するテロルが頻発した。その頂点をなした一八八一年三月のアレクサンドル二世暗殺によって、専制の軌道修正を試みたロリス＝メリコフの改革は実りのないままに終わった。

これに代わって、アレクサンドル三世時代の初め、社会の動揺と混乱を収拾するために、いにしえのロシアに存在した代表制機関であるゼムスキー・ソボールを復活させようという動きが現れる。ロシアのナショナリズムの特徴である、西欧に対するスラヴの独自性の主張が、政治制度についても見られたのである。かつて駐コンスタンティノープル大使として汎スラヴ主義のために活動し、新帝のもとで内相になったイグナーチエフは、汎スラヴ主義的な立場をとるなどスラヴ派と近い人物であった。イグナーチエフは、アレクサンドル三世の賛同も得て、彼の戴冠式が行われる一八八三年五月にゼムスキー・ソボールを開催しようと企図していた。(50)

内相が好意的であったことから、八二年の一月から五月にかけて、ゼムスキー・ソボール論が活発になった。(51)これはコシェリョーフの年来の主張であり、彼はこのときそれを再度主張している。アクサーコフも、立憲主義者との間に一線を画しつつ、今やゼムスキー・ソボールについて積極的になっていた。(52)スヴォーリンも、ゼムスキー・ソボールが太古からの民族的理念の実現であるとしてこれを支持した。(53)

ファヂェーエフら貴族主義勢力もこれに加わった。(54)ゼムスキー・ソボールに対する彼らの支持は、汎スラヴ主義運動への肩入れと共通した面をもっていた。ロシアがカフカースや中央アジアを併合した際、正当化のための大義名分は、野蛮なムスリムを啓蒙し、奴隷の廃止など、アジア地域に文明を持ち込もうというものであり、基本的に他のヨーロッパ諸国の場合と同じであった。世論の支持はあったものの、それは軍人を鼓舞するほどのものではなかったのである。(55)露土戦争はこれとは全く事情が異なっており、高揚した世論の後押しを受けて戦うことの満足感を貴族主義的な軍人たちに与えた。この経験が貴族主義的な軍人を心理的に庶民に近づけたとしても不思議はないであろう。

ゼムストヴォ活動の定着とともに、貴族主義勢力も、身分的特権を直截に主張するのではなく、ゼムストヴォの名で反官僚主義の主張を展開するようになっていた。ゼムストヴォに対し、農民に対する貴族の影響力行使を可能にするものとして肯定的な評価を与えるようになっていたのである。(56)ゼムスキー・ソボールはその延長線上にあるものであった。ファヂェーエフは『ロシアの現状についての書簡』を書いて官僚主義（чиновнизм）批判を展開し、それに対する対策としてゼムスキー・ソボールを説いた[57]。プレヴナ攻略の英雄にしてトゥルクメン人平定の功労者でありながら露骨な反ドイツ的言動で物議を醸し、アレクサンドル三世にも信頼されていなかったスコーベレフも、ゼムスキー・ソボールの主張に共感を表明していた[58]。

これに対して、アレクサンドルに近い人々の間から強い反対が出た。ポベドノスツェフが反対者のひとりであったことは言うまでもない。ポベドノスツェフはロシアへの代表制の導入に一貫して強く反対したが、それに原理的に反対したというよりは、英米やスカンジナビアの国々がもつ歴史的伝統の中から発展した代表制や民主主義がロシアをはじめとする他の地域において機能するはずがないと考えたのである[59]。そのような立場に立つ彼にとって、ゼムスキー・ソボールは明らかに愚かな企てであった。大改革の時代には代表制導入に共感を示したカトコーフも、ゼムスキー・ソボールの提案を冷ややかに見た[60]。ロシア独自の文化や伝統への愛着という志向は彼らには希薄であった。貴族主義の雑誌と思われていたメシチェルスキーの『市民』もゼムスキー・ソボールに反対する立場に立った[61]。

ゼムスキー・ソボール開催の問題をめぐって、政治参加と国家統治の相克が明瞭に現れた。ここに、ナショナリズムと国家主義という、二つのタイプの保守思想の相違が顕在化する。アレクサンドル三世は、かつてもっていたモスクワ・ルーシへの愛着にも拘らず、ゼムスキー・ソボールの案を受け入れず、これを推進したイグナーチエフを更迭した[62]。専制の護持が掲げられ、政治改革の可能性が否定されたのである。

ゼムスキー・ソボール論はスラヴ派ジャーナリズムの放った最後の光彩であった[63]。汎スラヴ主義運動と同様、ロシアの文化的独自性へのこだわりの現れであり、ロシアを単なる大国以上のものにしようとして言論人たちがみた最後の夢であった。この夢が実現することなく終わったあとに、乾いた軍事的・行政的現実主義に基づく時代が始まる。反改革の立法者であるД・A・トルストイはもとより、反改革を思想的に主導することになるカトコーフやポベドノスツェフもまた夢を見る人々ではなかった。たしかに露土戦争に際して汎スラヴ主義的気運が高まったときには、ポベドノスツェフと同様、カトコーフもそれに同調した。しかし八〇年代、アクサーコフがゼムスキー・ソボールに対する期待を表明したとき、カトコーフはこれを嘲笑した。ロシア独自の文化や伝統への愛着という志向は彼には希薄であり、大改革の時代に代表制導入に共感を示したカトコーフは、アレクサンドル三世の時代にはもはやゼムスキー・ソボールに名を借りた政治体制の変更が権力基盤の強化と秩序の安定に寄与するなどとは信じていなかった[64]。

その後、専制の維持強化を国是としたアレクサンドル三世のもとで、立憲主義は政治の表舞台から姿を消す。一八八二年五月一八日、人頭税の全廃を予告する法律が成立し、八五年五月二八日法によって人頭税は正式に廃止され、これに伴って間接税が強化された[65]。このときも一般の貴族層に立憲主義的な気運の盛り上がりは見られなかった[66]。

注

（1）*Веселовский Б.Б.* История земства. Т. 4. СПб., 1911. С. 586.

（2）*Пирумова Н.М.* Земское либеральное движение: социальные корни и эволюция до начала XX века. М., 1977. С. 68. 逆にコレーリンはゼムストヴォに依拠する貴族をリベラルと見ることに批判的である。*Корелин А.П.* Дворянство в пореформенной России 1861–1904 гг.: состав, численность, корпоративная организация. М., 1979. С. 209–211.

（3）この事件でクルーゼはオレンブルク県への四年間の流刑を宣告された。James A. Malloy, Jr., "Russian Liberalism and the Closing of the 1867 St. Petersburg Zemstvo," *Canadian Slavic Studies*, vol. 4, no. 4 (Winter 1970), p. 662. このときオルローフ＝ダヴィドフはペテルブルク県の貴族団長であり、それゆえゼムストヴォ県会議長であった。この事件の後、ゼムストヴォの政治的要求に対する規制が強化された。*Нардова В.А., Чернуха В.Г.* Законы 13 июня 1867 г. // Вспомогательные исторические дисциплины. Т. 11. 1979. С. 179–192.

（4）Свод законов Российской империи. Изд. 1857 года. Т. 9. С. 46.

（5）*Веселовский Б.Б.* История земства за сорок лет. Т. 1. СПб., 1909–1911. С. 153–154.

（6）政府内で所得税を構想したのはヴァルーエフである。しかし彼の案は政府部内で全く支持を得られなかった。*Чернуха В.Г.* Внутренняя политика царизма с середины 50-х до начала 80-х гг. XIX в. Л., 1978. С. 203–205. その後『セーヴェルナヤ・プチェラー』紙にロシアにおける所得税の導入を非現実的と考え人頭税の存続を主張する論文が現れた（一八六二年八月八日付第二一三号）。ヴァルーエフの影響下にある『セーヴェルナヤ・ポーチタ』紙にこれを批判して所得税導入を支持する論文が掲載され、論争になった。Ответ защитнику подоходного налога в России в No. 204-м Северной почты（К издателю Северной пчелы）// Северная пчела. 1862. No. 263. 30 сент.

（7）Об общих основаниях преобразования системы прямых податей в Империи // Труды Коммиссии высочайше учрежденной для пересмотра системы податей и сборов. Т. 3. СПб., 1863. С. 25–27.

（8）Новейшие преобразования в нашей податной системе // Голос. 1863. No. 24; Министерство финансов 1802–1902. Ч. 1. СПб., 1902. С. 478–479.

（9）一八六二年の場合、土地からの税収は直接税収入のうちの二七・五パーセントであり、その大部分は官有地からであった。Об общих основаниях преобразования системы прямых податей в Империи. С. 8–12.

（10）改革後の農民租税制度について、佐藤芳行「ロシアにおける農村租税制度と農民分与的土地所有（一八六一―一九〇五年）」『歴史学研究』第四九九号（一九八一年一二月）、二二―二三頁。

（11）Об общих основаниях преобразования системы прямых податей в Империи. С. 32–36. 一八七〇年代に入ってもなおこの問題は解決されていなかった。Земские собрания. Вопрос о податной реформе в чрезвычайных собраниях: Казанском, Смоленском и Тверском // Современная летопись. 1871. No. 39. 18 окт.

（12）Об общих основаниях преобразования системы прямых податей в Империи. С. 36–37.

（13）Голос. 1865. No. 280. 10 окт.

（14）*Руковский И.П.* Подушная подать в России // Северная пчела. 1862. No. 202. 28 июля.

（15）Об общих основаниях преобразования системы прямых податей в Империи. С. 72.

（16）*Чернуха В.Г.* Крестьянский вопрос в правительственной политике России（60–70 годы XIX в.）. Л., 1972. С. 75–77; *Ананьич Н.И.* К истории отмены подушной подати в России // Исторические записки. Т. 94. 1974. С. 185.

（17）Голос. 1871. No. 291. 21 окт.; Министерство финансов. С. 495–496; *Чернуха.* Внутренняя политика царизма. С. 211–212.

（18）以下もその一つである。*Васильчиков В.И.* О крестьянских повинностях // Современная летопись. 1870. No. 15. 26 апр.

（19）*Чернуха.* Внутренняя политика царизма. С. 212–213.

（20）*Дудзинская Е.А.* Славянофилы в пореформенной России. М., 1994. С. 179.

（21）*Чичерин Б.Н.* Воспоминания. Т. 4: Земство и Московская дума. М., 1934. С. 36.

（22）*Веселовский Б.Б.* История земства. Т. 3. СПб., 1911. С. 157–158; *Чернуха.* Внутренняя политика царизма. С. 213–214.

（23）*Самарин Ю.Ф.* Письмо к К.К. Гроту // Русский архив. 1907. No. 1. С. 158–159; *Дудзинская.* Указ. соч. С. 184–186.

（24）モスクワ県委員会の活動は一八七〇年一〇月一五日から七一年五月一五日まで続いた。Там же. С. 180–181; *Чичерин.* Воспоминания. С. 40. 以下がその報告である。Доклад Московской губернской земской коммиссии по вопросу об изменении системы подушных сборов // Современная летопись, 1871, No. 21.

（25）リャザーニ県委員会の活動について、以下を参照。*Кошелев А.И.* Записки Александра Ивановича Кошелева. Берлин, 1884. С. 200–205; *Дудзинская.* Указ. соч. С. 182.

（26）Земские собрания. Вопрос о податной реформе в чрезвычайных собраниях: Казанском, Смоленском и Тверском // Современная летопись. 1871. No. 37. 4 окт.; No. 39. 18 окт. なおチェルニゴフ県の委員会では後に自由主義運動の有名な指導者になるИ・И・ペトルンケーヴィチが中心的な役割を演じている。Charles E. Timberlake, "Ivan Il'ich Petrunkevich: Russian Liberalism in Macrocosm," Charles E. Timberlake (ed.), *Essays on Russian Liberalism* (Columbia, Mo., 1972), pp. 26–27.

（27）Голос. 1871. No. 290. 20 окт.

（28）*Самарин Ю.Ф.* Письмо к Р. Фадееву // Революционный консерватизм. Берлин, 1875. С. 41.

（29）一八六七年にペテルブルク県会が閉会を命じられたのも、ゼムストヴォの課税権が一八六六年一一月二一日法によって制限されたことが発端であった。Malloy, op. cit., p. 657. 商工階級は当然ゼムストヴォに敵対的であった。Thomas C. Owen, *Capitalism and Politics in Russia: A Social History of the Moscow Merchants, 1855–1905* (Cambridge, 1981), pp. 95–98.

（30）*Пирумова.* Указ. соч. С. 139–140.

（31）トヴェーリ県の有名なリベラルであったA・A・ゴロヴァチョーフは、政府の税制改革への消極的態度を、有産者への課税が政治問題化することへの警戒によって説明している。*Головачев А.А.* Десять лет реформы. СПб., 1872. С. 86.

（32）*Чичерин.* Воспоминания. С. 36–38.

（33）Там же. С. 38–39. ヴァシーリチコフは陸軍次官を務めた旧軍人で、健康を害して一八六七年に退役した後は領地経営に従事する傍ら農業問題に関する論文を発表するなどしていた。Энциклопедичеспий словарь. Под ред. Ф. А. Брокгауса и И. А. Ефрона. Т. 10. СПб., 1892. С. 622–623. 彼は農民の税負担が過重であることを説いた論文を執筆している。注（18）を参照。

（34）*Чичерин.* Воспоминания. С. 39.

（35）モスクワ県の正式の委員会ではこうした意見も受け入れられなかった。ゴロフヴァストフはゼムストヴォに予算の監督権を求めたが、多数決によって斥けられた。*Дудзинская.* Указ. соч. С. 182–183.

（36） *Чичерин.* Воспоминания. С. 40. もともとチチェーリンはすべての身分に租税を負担させることに決して反対ではなかった。*Чичерин Б.Н.* Несколько современных вопросов. М., 1862. С. 110. しかし彼は、それによって権利が拡大されるのでなければ意味がないと考えていた。

（37） 竹中浩『近代ロシアへの転換—大改革時代の自由主義思想』（東京大学出版会、一九九九年）二二〇—二二一頁を参照。

（38） 杉浦秀一「B・N・チチェーリンとロシアの立憲主義」『スラヴ研究』第三五号（一九八八年）、一三一—一四頁を参照。

（39） *Чичерин Б.Н.* Конституционный вопрос в России（Рукопись 1878 г.）. СПб., 1905. С. 15–22.

（40） *Чернуха.* Внутренняя политика царизма. С. 118–121.

（41） *Пирумова.* Указ. соч. С. 127–130; *Петров Ф.А.* Органы самоуправления в системе самодержавной России. Земство в 1864–1879 гг. // Великие реформы в России: 1856–1874. Под ред. Л.Г. Захаровой, Б. Эклофа, Дж. Бушнелла. М., 1992. С. 209–215.

（42） *Корнилов А.А.* Общественное движение при Александре II, 1855–1881: исторические очерки. М., 1909. С. 248; Из истории «конституцонных» веянии в 1879–1881 гг. // Былое. 1906. No. 12. С. 262–284; *Чернуха.* Внутренняя политика царизма. С. 121–132.

（43） 和田春樹「ロリス＝メリコフの改革案とツァーリズム」『スラヴ研究』第六号（一九六二年）一三九—一四〇頁。

（44） *Веселовский.* История земства. Т. 3. С. 259–263.

（45） *Пирумова.* Указ. соч. С. 135; James A. Malloy, Jr., “A Police Assessment of Local Self-Government in Russia: The Third Section Reports on the Early Zemstvo,” *Jahrbücher für Geschichte Osteuropas*, vol. 24（1976）, no. 4, pp. 507–511; Roberta Thompson Manning, “The Zemstvo and Politics, 1864–1914,” in Terence Emmons and Wayne S. Vucinichi（eds.）, *The Zemstvo in Russia: An Experiment in Local Self--Government*（Cambridge, 1982）, pp. 135–140. 帝政期の歴史家ベロコンスキーのように、ゼムストヴォの政治的活動が早くから盛んであったと見るのは、二〇世紀に入ってからの現象を過去に遡らせるものである。*Белоконский И.П.* Земство и конституция. М., 1910. С. 6–8.

（46） *Самарин.* Указ. соч. С. 31–32; *Пресняков А.Е.* Московский адрес Александру II в 1870 г. // Красный архив. 1928. No. 31. С. 144.

（47） *Иорданский Н.И.* Конституционное движение 60-х годов. СПб., 1906. С. 152; *Пирумова.* Указ. соч. С. 68.

（48） 貴族に許された合法的な意見表明の形は貴族会のほかゼムストヴォを通じての請願しかなかった。*Иорданский Н.И.* Из переписки земских деятелей 70-х и 80-х гг.（Из архива В. Ю. Скалона）// Голос минувшего. 1915. No. 12. С. 209.

（49） Robert F. Byrnes, *Pobedonostsev: His Life and Thought*（Bloomington; London, 1968）, p. 116; Stephen Lukashevich, *Ivan Aksakov, 1823–1886: A Study in Russian Thought and Politics*（Cambridge, Mass., 1965）, p. 141.

（50） 竹中浩「改革後ロシアのゼムストヴォと立憲主義—一八六五—一八八二年」『阪大法学』第四六巻第四号（一九九六年一〇月）、

五二三頁。

（51）イグナーチエフのゼムスキー・ソボール論に対するアクサーコフ及びゴロフヴァストフの影響について、*Зайончковский П.А.* Попытка созыва земского собора и падение министерства Н.П. Игнатьева // История СССР. 1960. No. 5. С. 130; *Чернуха.* Указ. соч. С. 131.

（52）Переписка П.Д. Голохвастова с И.С. Аксаковым о «Земском соборе» // Русский архив. 1913. No. 5. С. 106. コシェリョーフはアクサーコフとは異なり、多人数のゼムスキー・ソボールでは実質的な作業はできないと考えていた。*Дудзинская.* Указ. соч. С. 212. コシェリョーフとロリス＝メリコフには通じ合うところがあった。Там же. С. 214.

（53）*Динерштейн Е.А.* А.С. Суворин: человек, сделавший карьеру. М., 1998. С. 71.

（54）もともとシュヴァーロフらは代表制のアイデアをもっていた。*Чернуха.* Внутренняя политика царизма の第一章第三節三項を参照。

（55）『ゴーロス』もこの戦争を支持した（高田和夫「露土戦争とロシア・ナショナリズム」『法政研究』第六八巻第三号、二〇〇一年一二月、七一四頁）。

（56）竹中「改革後ロシアのゼムストヴォと立憲主義」五一六頁。

（57）カトコーフの書評は冷ややかである。*Твардовская.* Указ. соч. С. 220. そこではかつてのファヂェーエフの過激さは影をひそめていた。*Морозов Е.Ф., Сергеев С.М.* Опоздавший Потемкин // *Фадеев Р.А.* Кавказская война. М., 2003. С. 31.

（58）Lukashevich, op. cit., pp. 158–159. 一八八二年六月二五日、スコーベレフは突然世を去った。次の日には親しくしていたアクサーコフを訪問するはずであった。Ibid., p. 160. カトコーフは追悼文の中で、スコーベレフが中央アジアで戦いながらもボスフォラス海峡の領有というロシアの歴史的使命を忘れなかったと述べている。*Катков М.Н.* Империя и крамола. М., 2007. С. 276.

（59）Robert F. Byrnes, "Pobedonostsev's Conception of the Good Society: An Analysis of His Thought after 1880," *The Review of Politics*, vol. 13, no. 2 (Apr. 1951), p. 188.

（60）*Катков.* Империя и крамола. С. 270.

（61）*Мещерский В.П.* За великую Россию: против либерализма. М., 2010. С. 27–34. かつてメシチェルスキーはファヂェーエフの貴族主義的な議論を支持した例外的な言論人であった。

（62）Richard S. Wortman, *Scenarios of Powers: Myth and Ceremony in Russian Monarchy from Peter the Great to the Abdication of Nicholas II* (Princeton, N.J., 2006), pp. 269–270.

（63）*Дудзинская.* Указ. соч. С. 248–255.

（64）*Катков.* Империя и крамола. С. 266.

（65）いずれも国家評議会意見である。*Ананьич.* Указ. соч. С. 193–199; *Чернуха.* Указ. соч. С. 118.

（66）Там же. С. 138. アレクサンドル三世の時代に立憲主義の運動が完全に消滅したわけではない。Nancy Butler, "Vol'noe Slovo and the 'Zemstvo Union': Was Russian Liberalism Dead in 1881?" *Canadian Slavonic Papers*, vol. 16, no. 1 (Spring 1974), pp. 14–37.

第二節　反改革とヴィッテ体制

一　反改革と貴族

アレクサンドル三世は、先帝時代に活躍した、いわゆる改革派の人々を統治の第一線から退けた。それでも国家評議会には先帝の時代に地位を築いた多くの顕官が残った。国家評議会は、形式上はあくまで皇帝の諮問機関にすぎず、またその議員は国民のいかなる層も代表していなかった。大改革期以降、内相ヴァルーエフの提案によるものも含め、国家評議会に何らかの形で国民代表を参加させることによって政府の基盤を強化しようというプランが時折作られたが、[1]それはアレクサンドル二世の治世においてさえ実現せず、アレクサンドル三世の時代にはそもそも議論にもならなかった。

それでも、アレクサンドル三世の時代、国家評議会は、一八八四年の大学法改定や一八八九年の農民監督官（земский начальник）制導入など、大改革の軌道修正を図るべくアレクサンドルの支持のもとに提出されたさまざまな議案の審議に際して、かなり強い意思表示を行った。[2]アレクサンドル三世の時代には国家評議会も一応の主体性をもって機能していた。政治が一定の役割を果たしていたのである。専制の護持を掲げるアレクサンドル三世は、国民代表制の制度化という考え方を断固として斥けたが、自分の政策的志向を立法化するために、国家評議会の存在を無視するわけにはいかなかった。

アレクサンドルのもとで、国家評議会に対抗しながら、その意に沿った政策を立案・執行したのが内相のトルストイである。イグナーチエフを罷免した後、アレクサンドルが内相として信任した彼は、アレクサンドルの政府全体の要として働いた。首相のように、アレクサンドル三世の意向に沿った形で政策をとりまとめていくのが彼の仕事であった。それを行う場として機能したのが、小人数で、簡単な手続きでの審議と合意形成を可能にする場として、名誉職的な議長が主催する大臣委員会である。(3) そこではトルストイやポベドノスツェフなど、アレクサンドルが信頼する人たちがリーダーシップをとり、彼の支持を得た政策方針によって政府を統一していった。

大臣委員会は省制度の導入に伴って設けられたもので、かつては国家評議会議長がその議長を兼ねることになっていた。大改革の時代、内相であったヴァルーエフはツァーリ抜きで大臣相互が評議する場が必要であると考え、大臣委員会議長の職を独立させることを提案した。これが実現されたのは一八六五年である。しかし、閣議のような意思決定の場を求めようとする発想は専制の伝統とは微妙な関係にあり、アレクサンドル二世も、自らの権威が制限されることに対する警戒心を緩めなかった。(4) 大改革の時代には、ツァーリが召集する大臣会議という新しい機関も設けられたが、皇帝の諮問機関的性格を払拭することのないまま年を経、開催の頻度も減っていった。アレクサンドル三世も大臣会議には意義を認めず、召集しようとしなかった。しかし、彼は、大臣委員会は大いに活用し、信頼する大臣に政府全体の運営を任せた。

ツァーリの信任を得たトルストイ内相のイニシアティヴによって、いわゆる反改革が行われる。大改革の産物である農民の自治が見直されて、一八八九年七月一二日法により、農民管理のために、農民監督官（земский начальник）の職が設けられた。行政的権限に加えて司法的権限も与えることについては内務省と司法省の間で議論があった。選挙職にするか任命職にするかも論点となったが、結局行政と司法の両方にわたる権限をもつ任命職の官吏となった。農民監督官は貴族の中から選任されることになっており、この職が導入されたのは政治的・行政的に信頼できる貴族地主が優越する地域に限られていた。

また一八九〇年六月一二日、政府はそれまでのゼムストヴォ機関設置法を改正し、県知事による統制を強めるとともに、議員に占める貴族地主の割合が高くなるよう選挙方法を改めた。ゼムストヴォへの関心を失いつつあった貴族を参加させて国家官僚制の協力者とし、それによって地方行政を強化しようとしたのである。財産に基づいて選挙資格を一元化するのでなく、身分制的編成の強化と任命枠の設定、多くの社会層の排除という、自治主体の形成に逆行する路線が選択された。また、この法改正は、参事会員が官吏として扱われるなど（ゼムストヴォ機関設置法一二四条）、ゼムストヴォの国家機関としての性格を明確にした。

もっとも、トルストイのもとで準備されたこれらの制度変更は、地方を国家的な観点から統制するために貴族の参加を制度化し、彼らを人的資源として活用しようとしたものであって、[5] 現実の社会階級としての土地貴族を支援したり、その社会的文化的影響力を強化したりしようとするものではなかった。[6] アレクサンドル三世の時代の政治潮流は、社会階級＝実体としての土地貴族への共感に基づくものではなかったのである。もとより、貴族の社会的重要性が主張されることはあった。しかしそれを主張したのは、必ずしもこれまでの貴族主義グループと同じ志向をもつ人々ではない。カトコーフは貴族の政治的役割と行政的活用を重視するА・Д・パーズヒンの身分制重視の地方行政論を支持したが、その態度は現実主義的であり、土地貴族との心情的一体感は彼には希薄であった。

もともとは法律畑で活躍し、一八五九年から六五年までモスクワ大学で民法を講じたポベドノスツェフは、そもそも貴族身分の出身でさえなかった。ポベドノスツェフは能力を重んじ、有能な中間階級の代表を重用した。[7] 国家の安定を重視したにも拘らず、通常安定勢力とされる土地貴族に対する共感を、彼はほとんどもっていなかった。[8] 後に貴族が利益表出を試みたときも、これを支持しなかった。[9] 他方で、トルストイが目論んだように、貴族を制度によって官吏化して国家に奉仕させることにもポベドノスツェフは賛成できなかった。彼は農民監督官制度の導入に対して必ずしも積極的ではなく、トルストイ案への支持は政治的配慮によるものであったし、[10] 貴族を国家機関化されたゼムストヴォの役職者とすることにも賛成しなかった[11]。

一八九〇年代、食糧供給や救貧をはじめとする、ロシア内地において世紀末に生じた種々の行政課題は、農民監督官と新しいゼムストヴォという二つの制度がかたちづくる、地方行政の一般的枠組みのもとで処理されることになった。トルストイの狙いは必ずしも的外れではなかった。農民監督官制度の導入やゼムストヴォ改革が地方行政の水準低下をもたらさず、逆に全体として行政のパフォーマンス向上に役立った面があることは、かつて行政史家が指摘したところである。これ以後、ゼムストヴォは徐々に力をつけ、地方行政を実質的に担うようになっていった。指導したのは比較的裕福な貴族であったが、医師や教師、獣医、統計家といったさまざまな専門家がゼムストヴォに働き場所を求めるようになり、その実務能力は格段に向上した。反改革ののちゼムストヴォ活動はむしろ活発化した。政府もゼムストヴォの助けなしには実効的な地方統治が期待できなくなっていた[12]。

二　ヴィッテ体制と経済対立

農業利益と工業利益との間には、本来的な対立がある。利害対立は、政府が積極的な工業化推進政策をとった場合に特に著しい。工業化のために、政府はまず、財政資金を投入してインフラ（道路、通信網、電力などの基本設備）整備を行わなければならない。また近代国家の体裁を整えるために官僚制や軍備の維持増強も必要であり、両者が相俟って当然に財政規模は拡大することになる。工業化以前の社会においては、財政的基盤をつくるための課税対象としては農業セクターしかないから、政府が自覚的に工業化を推進しようとする場合には農業セクターへの課税が強化される。このことは、収奪される農業セクターと受益者としての工業セクター、工業化によって発展する都市と取り残される農村の間に潜在的な緊張関係を生む。こうした緊張関係は、農業セクターからの収奪が目に見える形で工業セクターを潤す場合、また農業セクターが近代化の恩恵にあずかれないと感じられる場合には容易に顕在化するであろう。

このような対立を回避するために財源を外債に求めることも可能である。しかし外債の募集は、財政における外国への従属を生じさせるのみならず、国の富を外国の利権のもとに置くことになり、また国益に反する対外政策の選択を余儀なくさせることもありうる。また経済成長が軌道に乗る前に償還するのであれば、どのみち農業セクターに対する課税強化は避けられない。

他方、民間企業への資本供給についても政府の政策が重要である。近代化途上の国において民間資本の蓄積はなお十分でないから、政府は民間に資金を供給する方途を見出さねばならない。財政資金を投入する場合にはやはり農業セクターの負担増という問題が生じる。外資を導入することによって資本の不足を補おうとするならば、積極的な経済政策が必要になる。まず通貨を安定させるために貿易収支を改善せねばならない。その手段として、輸入工業製品に高い関税をかけることによる輸入代替の促進がある。しかしこの場合には、報復関税によって穀物輸出が困難になり、農業セクターは苦境に立たされる。これも農業セクターと工業セクターの対立を生じさせる要因になりかねない。

このように矛盾した利害を持つ農業と工業の間でバランスをとることは、近代化途上にある社会の政府にとって重要な課題である。少なくとも対立を顕在化させないことが必要になる。議会制の導入が常にそのために役立つとは限らない。利害対立が議会において噴出し、円滑な利害調整を阻害することが少なくないからである。特に、積極的な経済政策は社会の中の亀裂を深め、しばしば大きな危険を作り出す。亀裂が揺籃期の制度によって処理可能な程度を越え、政府がそれを修復し得なくなったとき、体制崩壊のおそれが現実のものとなる。

早くに官営工場を払い下げ、財閥を育てた日本とは対照的に、ロシアは上からの工業化によって経済発展を軌道に乗せた。ロシアにおいては一八八〇年代以降南部地域において重工業（製鉄業と石炭業）が急速に発展した。これに棹差したのが鉄道建設である。それまで民間鉄道会社の出す巨額の赤字に対する補塡が政府の財政にとって大きな負担となっており、また過積載が列車の安全な運行を妨げたり、恣意的な運賃設定がロシア経済の発展を阻害したりすることがあったので[13]、政府は鉄道会社を政府の監督のもとに置き、さらには民間の路線を積極的に買収するとともに、多くの新線を直接建設し経営するようになった。最大の事業はシベリア開発の進展を目指して一八九一年に着工されたシベリア横断鉄道の建設である。政府内部の消極論を排して建設を推進したのはヴィッテであった[14]。これは完成まで一〇年以上を要した大事業であり、シベリア開発に経済的インパクトを与えるとともに、極東の軍事バランスに大きな影響を及ぼした。

早くから鉄道事業の世界に身を置き、有能な経営幹部として頭角を現したヴィッテは、一八九二年八月蔵相に就任すると、鉄道網のさらなる拡充を目指し、鉄道への積極的な資金投入を行った。鉄道は鉄鋼生産や機関車製造に刺激を与え、石炭産業にとって主要な市場となり、それによってロシアの経済を発展させると考えられたからである。さらに彼はヴィッテ体制とよばれる一連の政策によって工業化を推進した。

ヴィッテ体制は高関税政策と積極的な外資導入によって特徴づけられる。ただしこれらはヴィッテが新たに始めた政策ではない。既に一八九一年、政府は高関税政策を採用し、ロシアが（主としてドイツから）輸入する銑鉄に高い関税率を適用していた[15]。この背景には、ヴィルヘルム二世のもとでドイツがそれまでのロシアとの同盟関係（三帝同盟）を見直したことによる露独関係の悪化があった。一八九〇年の英独条約でドイツがイギリスに東アフリカ植民地を引き渡すなど、イギリスとドイツが一時接近したこともあって露仏提携の気運が高まり、一八九一年八月から九四年一月にかけて同盟関係が漸次構築された。これに伴ってフランスのロシア公債に対する投資が進んだ[16]。

またロシアの国内には経済発展を可能にするだけの資本が存在しなかったから、積極的に外資を導入するために、為替相場の安定をもたらす金本位制の採用が求められていた。当初反対していたヴィッテは、一八九四年、支持へと立場を転換し(17)、多くの反対を押さえて、一八九七年一月、ロシアは金本位制を導入した。その結果九〇年台の後半には外国からの民間投資が激増する。背景には、鉄道建設ブームに伴う好況によりロシアの利子率が相対的に高かったことがあった(18)。こうして、ヴィッテ体制のもとで上からの工業化が進められた九〇年代のロシアは、八パーセントを越える高い工業成長率を記録した(19)。

しかし、この経済発展はすべての部門を潤すものではなかった。とくに九〇年代後半になると、ヴィッテの工業化政策の歪みが現れ、それとともに、これに対する不満が噴出してきた。ヴィッテの鉄製品に対する高関税政策は、製鉄業にとっては有利であったが、割高な鉄製品を使わなければならない部門にとっては不利なものであった。それはロシアにおける機械工業の発展を阻害し、ロシアの産業用機械製造業を弱体なままにとどめた(20)。また外国からの投資が南部の新しい重工業に向かったことに、中央工業地帯の伝統的な工業を支えてきた国内の資本家は不安と不満を高めた。

農業を支配していた土地貴族も同様にヴィッテの政策に不満をもった(21)。もともと農業への課税が工業に対する課税に比して重いという不満は根強くあった。さらに鉄製品に対する高関税政策は、輸入農業機械に依存していた彼らにとっても不利なものであった。また、シベリア開発に積極的であったヴィッテが遠距離を優遇する鉄道運賃を設定したことは、輸出用の穀物を生産する南部や南西部の土地貴族にとっては、積出港までの高い鉄道運賃が価格に上乗せされることによってロシア穀物の価格を引き上げ、ヨーロッパ市場での競争力を低下させるものであり、中央黒土地帯の土地貴族にとっては、略奪的な農業を行う東シベリアからの安価な穀物の流入を促し、彼らの農業経営を危機に陥れるものであった(22)。総じて多くの土地貴族は、農業利益の代表として、ヴィッテの工業化政策に対しては批判的であった(23)。

このように、ヴィッテの工業化政策はロシアの経済発展を促した反面国内の利害対立を深刻化し、統合をいっそう困難にした。

三　貴族問題

一九世紀の第四・四半世紀には、世界的現象として農業不況があった。商品としての穀物生産に集中するロシア農業は、北米の穀物生産者と競合していたため、価格低下に対して脆弱であった。ロシア帝国内においても農業者相互の間で競争と利害対立があり、シベリア横断鉄道建設がそれを激化させた。ドイツとの関税戦争を続け、遠距離輸送に有利な鉄道運賃の設定によりシベリアの農業者の競争力を高めるヴィッテの政策に対して、中央ロシアの土地貴族層に強い不満があった。[24]その結果、彼らを中心とした政府への圧力が、農奴制廃止以来の盛り上がりを見せた。これに応える形で、一八九四年、国有財産相が改組されて農業省が設置され、大臣にA・C・エルモーロフが就任した。[25]

一八九五年一〇月に内相に着任したゴレムィキンのもとで、一八九五年から翌年にかけ、内務省は貴族からの意見聴取を実施した。[26]ゴレムィキンは貴族が政治的に発言し始めることを警戒していた。[27]二月初めには貴族団長が招集された。[28]一八九六年末になると、資金難をはじめ、貴族による農業経営の置かれた厳しい状況が先鋭化し、経済的基盤を揺るがされた貴族からの救済策を求める請願が急増した。[29]トゥーラ県やタンボフ県をはじめ、各貴族会が貴族銀行の貸付金利の引下げを求めた。[30]さらに一八九七年四月、前内相ドゥルノヴォーを議長とする特別会議が開催された。[31]この特別会議は一九〇一年末まで続き、その過程で貴族銀行の借入れ条件が緩和され、一八九七年五月二九日には銀行を所管する蔵相への勅令が出された。[32]世襲貴族の所有地の相続に関する一八九九年五月二五日法（国家評議会意見）なども生まれることになる。[33]

貴族の代表は政府による積極的施策の必要を訴えた。ヘルソン県貴族は、限嗣相続の制度化や農地の細分化による流動化の促進、市場価格の引上げを提案した。カトコーフの有産者支持を継承し、カトコーフ以上に土地貴族の立場に立つ『モスクワ報知』はこうした貴族の要求を支持した。穀物価格に関する利害は、土地貴族と一般住民とで必ずしも同じでなく、穀物価格の低下は、穀物輸出に関わる土地貴族にとっては不利益だが、それ以外の人々にとっては決して悪いことではなく、むしろ利益になると考える『ヨーロッパ通報』は、『モスクワ報知』の姿勢を批判した。[34]

アメリカの歴史家ベッカーは、従来の行き方にしがみつき歴史の流れに抵抗する伝統的な価値の信奉者と、そうでないリベラルとの対立という形で議論を整理する。ベッカーによれば、正しいのはリベラルのほうであり、伝統主義者の主張は非現実的で、貴族の利害のために役に立たなかった。そもそも彼らは貴族一般の立場を代表してはいなかった。多数の貴族は企業家精神をもち、状況に対して実際的に対応した。地主階級が出現する可能性があった。ただ、体制は身分としての貴族への依存を止めることができなかったとされる。

チチェーリンの貴族の要求に対する冷淡な態度は、リベラルな観点に基づくものと見てよいであろう。大改革期にモスクワ大学教授として論争的な議論を展開したチチェーリンは、一時期を除いてタンボフ県カラウル村にある屋敷で暮らし、その地のゼムストヴォの活動にも積極的に参加していた。[35] 一八九〇年代になると、彼は学術的な活動の傍ら再び積極的に時局を論じ始める。チチェーリンは一八九七年一月二九日の『ペテルブルク報知』に発表した「ロシア貴族の現状について」で、政府にできることは限られているとして、貴族に自立を促した。これは政府による貴族支援を求める貴族会の行動に対する批判であった。モスクワ県貴族団長であったП・Н・トルベツコイは反論し、特権を擁護しつつ、チチェーリンが農奴解放時の主張を変えたことに疑問を呈した。三月三〇日、チチェーリンは再論する。四〇年前には、ロシア社会は大きな改革のさなかにあり、まだ新たな発展のための準備ができていなかった。今や身分制は、自由と法の前の平等に基づく他の公共秩序に席を譲るべき食物を消化するための時間が必要だった。

であるとして、他身分との融合を求める一八六四年のゼムストヴォ法を積極的に評価し、九〇年法を暗に批判した。人手に渡ろうとする農地を人為的に貴族の手に留めることには意味がない。すべてが変わったのであり、貴族は土地所有という経済的基盤を失い、政府の助けを求めるようになった時点で自立性をも失って、その歴史的役割を終えたのであるとした[36]。

『ヨーロッパ通報』はチチェーリンの議論を歓迎した[37]。生き残った大改革期の立役者のひとりであるドミトリー・ミリューチンも、五月一六日の日記でこの論争に言及し、貴族の現状を憂うるチチェーリンに同意している[38]。これに対して、『モスクワ報知』は、貴族身分がロシアの政治体制にとって不可欠であるとし[39]、チチェーリンの議論をフランス革命に通じる考え方とみなして批判した[40]。

しかし、貴族に対して冷淡な態度をとったのはいわゆるリベラルだけではなかった。最も重要なのは言うまでもなくヴィッテの姿勢である。ヴィッテは地主貴族の要求に対して好意的ではなかった。彼にとって貴族問題は農業問題、農民問題と一体であり、それだけ切り離すことはできなかった[41]。農業危機は歳入の減少をもたらすがゆえに深刻な問題だが、穀物価格が低いことは国益に合致していた。一八九六年四月にペテルブルクで開かれた、鉄道運賃の見直しに関する会議でも、ヴィッテは中央ロシアの貴族の要望を容れることに消極的であった。反改革の所産である農民監督官制度も、ゼムストヴォにおける貴族の比重を高めた一八九〇年法も、ヴィッテは積極的に評価しなかった。改革されるべきは農村と農民の在り方である。彼は農村共同体を農業近代化の障害と見、その解体を考えた。農民も他の人々と同様民法の適用を受けるべきであり、その身分的閉鎖性は廃されるべきであった[42]。

チチェーリンとヴィッテは貴族の要求に対してはともに冷淡であった。しかし、貴族が指導するゼムストヴォに対する両者の立場ははっきり異なっている。それを以下に見ていく。

注

（1）*Чернуха В.Г.* Внутренняя политика царизма с середины 50-х до начала 80-х гг. XIX в. Л., 1978. Гл. 1 を参照。

（2）Heide W. Whelan, *Alexander III and the State Council: Bureaucracy and Counter-Reform in Late Imperial Russia* (New Brunswick, N.J., 1982), p. 202. 農民監督官制導入の際に現れた議論は、専制という統治の正当性の問題とは別に、権力分立という考え方に立った制度構築そのものがロシアでもそれなりに浸透していたことを示している。

（3）*Чернуха В.Г.* Александр III // Александр Третий: дневники, воспоминания, письма. СПб., 2001.

（4）*Чернуха.* Внутренняя политика царизма. С. 176, 180–181.

（5）Thomas S. Pearson, *Russian Officialdom in Crisis: Autocracy and Local Self-Government, 1861–1900* (Cambridge, 1989), pp. 233, 250.

（6）貴族そのものが変質したと見ることもできる。*Боханов А.Н.* Император Александр III. М., 2001. С. 471.

（7）Robert F. Byrnes, "Pobedonostsev's Conception of the Good Society: An Analysis of His Thought after 1880," *The Review of Politics*, vol. 13, no. 2 (Apr. 1951), p. 180. 彼の目から見れば、能力のある人間というのはほんの一握りであり、それ以外の普通の人間に必要なのは、与えられた価値を信じ、分に安んじて、献身的に奉仕することであった。

（8）Pearson, op. cit., p. 174

（9）Seymour Becker, *Nobility and Privilege in Late Imperial Russia* (DeKalb, Ill., 1985), p. 86.

（10）Pearson, op. cit., pp. 175, 196, 200–201; Robert F. Byrnes, "Pobedonostsev on the Instruments of Russian Government," in: Ernest J. Simmons (ed.), *Continuity and Change in Russian and Soviet Thought* (Cambridge, Mass., 1955), p. 121.

（11）Pearson, op. cit., p. 225.

（12）Neil B. Weissman, *Reform in Tsarist Russia: The State Bureaucracy and Local Government, 1900–1914* (New Brunswick, N.J., 1981), pp. 76–77; Thomas Fallows, "The Zemstvo and the Bureaucracy, 1890–1904," in Terence Emmons and Wayne S. Vucinich (eds.), *The Zemstvo in Russia: An Experiment in Local Self-Government* (Cambridge, 1982), p. 192.

（13）たとえばバルト海沿岸の港に荷物を運んだ貨物列車が戻る際に格安の運賃を設定したことは、外国貨物のロシア市場への参入を容易にした。Sidney Harcave, *Count Sergei Witte and the Twilight of Imperial Russia: A Biography* (New York, N.Y., 2004), p. 31.

（14）Steven G. Marks, *Road to Power: The Trans-Siberian Railroad and the Colonization of Asian Russia, 1850–1917* (London, 1991), pp. 125–140 を参照。

（15）神田明典「ツァーリズムと一八九一年関税」『旭川大学紀要』第七号（一九七八年九月）、一六九―一八五頁を参照。

（16）中山裕史「フランスの対ロシア公債投資―一八八八年―一九一三年」『ロシア史研究』第四四号（一九八六年）、五七―五九頁。

（17）Peter Gatrell, *The Tsarist Economy, 1850–1917* (London, 1986), p. 226.

（18）同盟を結び最大の対露投資国となったフランスに加え、イギリスやドイツもまた、ロシアにとって依然重要な資本の供給国であった。Ibid., p. 223. この結果、一九〇〇年には、ロシアの株式会社への投資額の四五パーセントを外資が占めるにいたった（M・E・フォーカス『ロシアの工業化　一七〇〇―一九一四』日本経済評論社、一九八五年（原著は一九七二年刊）、一一六頁）。

（19）前掲、一〇五頁。

（20）Gatrell, op. cit., p. 166.

（21）和田春樹「エス・ユ・ヴィッテ―帝国主義成立前夜のツァーリズムの経済政策」『歴史学研究』第二五三号（一九六一年五月）、三五―三六頁。Theodore H. von Laue, *Sergei Witte and the Industrialization of Russia* (New York, N.Y., 1974), p. 168.

（22）G. M. Hamburg, *Politics of the Russian Nobility, 1881–1905* (New Brunswick, N.J., 1984), pp. 177–178.

（23）Von Laue, op. cit., p. 171.

（24）Внутреннее обозрение // Вестник Европы. 1897. No. 3. C. 341.

（25）Hamburg, op. cit., p. 145; *Соловьев Ю.Б.* Самодержавие и дворянство в конце XIX века. M., 1973. C. 220–227.

（26）Thomas S. Fallows, "The Russian Fronde and the Zemstvo Movement: Economic Agitation and Gentry Politics in the Mid-1890's," *The Russian Review*, vol. 44, no. 2 (Apr. 1985), p. 127.

（27）*Суворин А.С.* Дневник Алексея Сергеевича Суворина. M., 1999. C. 204.

（28）Becker, op. cit., p. 152.

（29）Внутреннее обозрение // Вестник Европы. 1897. No. 3. C. 341.

（30）Внутреннее обозрение // Вестник Европы. 1897. No. 4. C. 800.

（31）*Кизеветтер А.А.* На рубеже двух столетий: воспоминания 1881–1914. Прага, 1929. C. 204.

（32）Becker, op. cit., p. 81.

（33）ヴィッテは反対だったが、実害はないと考えた。Ibid., p. 75.

（34）Внутреннее обозрение // Вестник Европы. 1897. No. 4. C. 802. その点では『モスクワ報知』はヴィッテと立場を異にする。

（35）チチェーリンは一八八二年にモスクワ市長となったが、翌年アレクサンドル三世の不興を買い辞任を余儀なくされた。大改革期に改革の旗を振ったカトコーフがアレクサンドル三世時代に「反改革」のイデオローグになったのとは対照的に、彼は「反改革」に否定的な評価を下していた。

（36）*Чичерин Б.Н.* Вопросы политики. M., 1903. C. 24.

（37）Внутреннее обозрение // Вестник Европы. 1897. No. 3. С. 347.
（38）Дневник генерал-фельдмаршала графа Дмитрия Алексеевича Милютина. 1891–1899. Под ред. Л.Г. Захаровой. М., 2013. С. 449.
（39）Москва, 14 февраля // Московские ведомости. 1897. No. 46. 15 фев.
（40）Идеалы г. Чичерина // Московские ведомости. 1897. No. 151. 4 июня; Внутреннее обозрение // Вестник Европы. 1897. No. 7. С. 370.
（41）Becker, op. cit., p. 65. メシチェルスキーはそのような議論をすることの政治的危険性を忠告していた。
（42）加納格『ロシア帝国の民主化と国家統合―二十世紀初頭の改革と革命』（御茶の水書房、二〇〇一年）、八八頁。かつてヴィッテは、スラヴ主義的な考え方に共鳴し、農村共同体を称賛していた。

第三節　ゴレムィキン内相期におけるゼムストヴォ論

一　国家行政機関とゼムストヴォ

一八九四年一〇月二〇日、政治的動揺の抑止を最優先課題としたアレクサンドル三世が没し、若いニコライ二世が即位した。能力や資質が未知数であっただけに、新帝には何かを変えるのではないかとの期待が集まった(1)。しかし、翌九五年一月一七日、冬宮に集まった貴族、ゼムストヴォ、都市の代表を前にして、ニコライは、ゼムストヴォ代表の国事への参加についての「無意味な夢想」を斥ける。この演説原稿を書いたのはポベドノスツェフであった。既に政治的影響力を減じつつあったとは言え、革新的な動きに対する断固たる敵対者として、ポベドノスツェフはなお力を維持していた。

即位から一年経った一八九五年一〇月一五日、先帝の時代から務めていたドゥルノヴォー内相が辞めることになった。ドゥルノヴォーが後任の候補に推したプレーヴェの任命には、ヴィッテもポベドノスツェフも賛成しなかった。もうひとりの候補であったシピャーギンも、ポベドノスツェフは全く評価しなかった。結局、ポベドノスツェフの推薦により、ドゥルノヴォーの意に反して内務行政を担うことになったのが内務次官のИ・Л・ゴレムィキンである(2)。一八九五年に内務次官になる前、ゴレムィキンは司法次官、セナート議員等を歴任しており、農民問題の専門家として知られていた(3)。

ゴレムィキンが内相を務めた九〇年代の後半、帝政期の地方自治機関であるゼムストヴォが政府とメディアの双方において議論の的になった。いわゆる大改革の一環として、一八六四年一月にゼムストヴォが発足してから三〇年を経たこの時代、大改革の中心的な担い手たちの多くは世を去るか、アレクサンドル三世の時代に力を失い、過去の人になっていた。それでも、若手の行政官としてアレクサンドル二世時代の空気を吸った国家評議会の議員をはじめ、大改革の遺産を守りたいと考える人々は少なからず残っていた。(4)

官民の協力による行政の実現に前向きであったゴレムィキン内相にとっても、(5)ゼムストヴォは重要な機関であった。かつてノヴゴロト県のボロヴィチ郡会議員を務めたこともあるだけに、ゴレムィキンは、歴代の内相のなかで、ゼムストヴォに対して特に好意的な態度をとった人だと言うことができる。しかし、この時代、少なからぬ政府高官にとって、ゼムストヴォは疎ましい存在であった。特に、初等教育を教会の管轄下に置こうとするポベドノスツェフと、世俗学校の普及に関心をもつゼムストヴォの関係は、常に緊張を孕んでいた。また、この時代には、アレクサンドル三世時代から蔵相を務めるヴィッテが内政全般に対して影響力をもっており、内務行政を進めるにあたっては、彼との間で調整がなされなければならなかった。

メディアの中でゼムストヴォに対する二つの異なった評価を代表していたのが『ヨーロッパ通報』と『モスクワ報知』である。大改革期以来一貫してリベラルの立場から論陣を張った『ヨーロッパ通報』は、編集者M・M・スタスュレーヴィチのもとでなお健在であった。同誌の国内問題概観を担当した法律家のK・K・アルセーニエフは、ゼムストヴォに期待を寄せ、その活動の拡大を期待していた。(6)これに対して、一八八七年に死んだカトコーフの衣鉢を継ぎ、国家主義の主張を展開した『モスクワ報知』は、あくまで貴族身分を維持しようとし、(7)その経済的要求に対して同情的だったにも拘らず、貴族が指導するゼムストヴォ活動の活性化に対しては反対の態度を貫き、特に一八九四年にゼムストヴォが上奏文の形で自己主張を始めてからはゼムストヴォを目の敵にした。(8)一八九六年、後に黒百人組の指導者となるB・A・グリーングムトが同紙の編集に当たるようになると、その傾向はいっそう甚だしくなった。(9)『ヨーロッパ通報』にとって『モスクワ報知』は反動的新聞以外の何物でもなかった。

ゼムストヴォをめぐる世紀末の論壇の基本的な対立軸はこの二つのメディアによって形づくられたのであるが[10]、当時、ゼムストヴォをめぐる議論には、この他にも多くの人々が関わった。また、ゼムストヴォをめぐる議論が活性化したことにより、従来から関心を集めていた教育問題以外にさまざまな論点が加わった。本節と次節では、『ヨーロッパ通報』と『モスクワ報知』の対立軸に、大改革期から改革派の論客として名を馳せたチチェーリンや、新たに登場したモスクワ県ゼムストヴォの指導者シーポフのようなゼムストヴォ活動家、さらにゴレムィキン内相やヴィッテ蔵相のような政治家の議論を加え、一八九〇年代後半のゼムストヴォをめぐる重要な論点をより広く検討する。それによって政府と社会の関係をめぐる当時の思想状況を整理し、ゼムストヴォの問題が世紀末ロシアの行政秩序に対してもった意味を多面的に明らかにすることが二つの節の目的である。

二　食糧供給と全身分的郷

一八八九年七月、貴族であることを資格要件とする任命制の官職として農民監督官が新設された。農民監督官は郡の下の行政単位である管区ごとに置かれ、司法と行政の両面で農民を監督した[11]。任命職の官吏が行政権限を用いて地域内の問題を解決するのが理想的なやり方であると考える『モスクワ報知』は、農民監督官の役割が強化されることを求め、これが役職指定でゼムストヴォ会議の議員になることを提案していた[12]。これに対してリベラル陣営は、司法の独立の観点からも農民監督官に対して必ずしも好意的でなく、むしろゼムストヴォにより大きな役割を与えようとした。このような対立が生じた背景には、この時期、国家行政機関である農民監督官とゼムストヴォの関係が、制度的に明確に整理されていなかったことがある。この欠陥を露呈させたのが、一八九一年から翌年にかけ、中央黒土地帯とヴォルガ中流域の広い範囲で発生した深刻な飢饉であった。

飢饉への備えは農奴制の時代から重要な課題であり、食糧供給規程が定められて農民自身に現物か現金による準備を求めていた。すなわち農村には穀物備蓄庫か、あるいは穀物購入のための基金が設けられることになっていたのである。規程の第一六条はゼムストヴォに準備に対する監督の義務を負わせていたが、その履行は容易ではなかった。現金による準備の場合には、買入れ時の価格上昇のため、十分な量の穀物が購入できるとは限らなかった。現物による準備の場合には、負担が平等でないという問題があった。富農は自分たちだけが穀物を供出させられることに不満をもち、当然のことながら備蓄に対して非協力的であった。備蓄穀物の私的利用や劣化も避け難かった(13)。

ゼムストヴォが郡レベルまでしか置かれていないことも監督を難しくした。かつては農民に身近な司法を担う治安判事がゼムストヴォによって選出されていたため、この職が下位の行政単位に対するゼムストヴォの影響力行使に寄与する可能性があった。ところが農民監督官制度の新設に伴い、この職が導入された地域で治安判事制が廃されてからは、制度的にゼムストヴォと農村をつなぐのは郡会に出席している農民代表議員のみとなった。そのため、農民による飢饉への準備を監督する際、ゼムストヴォは自らが選任に関与しない農民監督官に依存しなければならなかった。

食糧供給に関してゼムストヴォが農民監督官に頼らなければならないことは他にもあった。農民の自助努力には限界があったため、飢饉への対応については上からの支援が必要であった。ゼムストヴォ設置以前から、飢饉の際の穀物買入れを目的として、全国食糧供給基金と県食糧供給基金が設けられていたが、ゼムストヴォ設置後に定められた一八六六年四月二五日法は全国食糧供給基金を内務省の所管とし、県食糧供給基金も内務省の監督下に置かれた。一八九〇年の改正ゼムストヴォ機関設置法（以下「一八九〇年法」）一〇九条は食糧供給に関して強制力をもつ決定を行う権限をゼムストヴォ県会に与えており、必要な場合には県ゼムストヴォから内務省に対して援助要請がなされた。しかし、その根拠となる農村の状況把握について、ゼムストヴォは農民監督官に頼らざるを得なかった(14)。農民監

督官には、できるだけ援助の必要を小さく見せたいという考えがあり、事態を正しく受け止めないことがあったとされる。(15)

一八九七年九月、食糧供給問題が再度先鋭化したとき、新聞『モスクワ報知』は、根本的な法改正による、食糧供給の所管に関して政府が最終的な責任を負う体制の構築を求めた。その際、同紙によって国家権力と農民をつなぐことを期待されたのは農民監督官であった。(16) これに対し、雑誌『ヨーロッパ通報』に代表されるリベラル陣営には、農民監督官に対抗してゼムストヴォの行政能力を高めるために、全身分から構成される郷の設置によって下への影響力拡大を強めようとする動きがあった。農民だけから構成されている郷の強化を図り、身分を問わずすべての住民を加入させるというのは、アレクサンドル二世の時代から存在するアイデアであり、一八八〇年代の初めに集中的に議論されていた。(17) 一八九〇年代に入ると、農民監督官という競争相手の登場により、この問題は新たな性格をもつことになる。(18) もとより『ヨーロッパ通報』といえども農民監督官の存在意義そのものを否定することはできなかった。同誌によれば、全身分から構成される郷と農民監督官は対立するものでなく、十分に両立可能である。むしろ、身分による分断、農民のみからなる郷に固執している限り、農民監督官制度の真の意義は発揮されないと言うべきである。とは言え、農民監督官制度の絶対視・神聖視は批判されるべきことであった。(19)

地方が担うべき行政課題の増大も全身分から構成される郷の必要性を再認識させた。例えば救貧等の福祉事業である。福祉事業は、かつては慈恵局（приказ общественного обозрения）の管轄であったが、一八六四年にゼムストヴォが導入された県においてはこの機関が廃止され、ゼムストヴォが福祉事業を担うことになった。しかしそれ以上の制度化はなされないままであった。『ヨーロッパ通報』は郷を単位としたゼムストヴォの設置が唯一可能な救貧施策であると主張した。農民は従来の方法による救済を求めており、上からの指示で離れたところに福祉施設を作っても敬遠され利用されない事例が多い。(20) 郷レベルなら小規模施設の管理や困窮者についての情報取得などに必要な無償の労働力の調達も容易であり、農民の意識や習慣を踏まえた福祉サービスの提供も可能であるとされた(21)。

しかし、以前にもまして在地の地主貴族が姿を消しているときに郷単位のゼムストヴォを設けても、それを実際に指導するのは、農民監督官と同様、生活を給与に依存する人々にならざるを得ない。両者の違いは誰が任命し給与を払うかの違いにすぎないであろう。全身分から構成される郷のアイデアは多分に理念の先行するものであった。

三　救貧に対する責任と財政負担

大改革期以後、福祉政策をはじめとする内務行政において大きな役割を果たしてきたK・K・グロートは、早くから救貧制度の整備について提言していた。一八九二年一〇月二二日、ドゥルノヴォー内相はアレクサンドル三世に対し、グロートを議長として当時の救貧関連法規を見直すための委員会を設けることを提案し了承を得た。この委員会は救貧のために、新たな行政区画と、それに責任を負う機関を設けることを考えていた。その機関は郡ゼムストヴォ及び市会の代表と郡や市の警察署長らから構成される。すなわちゼムストヴォと国家行政機関の協働に基づくものであった。内部に意見の対立を抱え込んだこともあって、グロートの委員会はドゥルノヴォー在任中に作業を終えることができず、救貧の制度化という課題はゴレムィキン内相期に持ち越された。

注目されるのは、この委員会が、基本的に救貧を国家の義務とみなし、生活困窮者に公的扶助を受ける権利を認めるという方針に立ったことである(22)。これに対して、委員会の民間委員であった『ヨーロッパ通報』編集者のスタスュレーヴィチは反対であった。援助はもっぱら民間に委ねられるべき事柄であると考えられたからである(23)。同じく民間委員であったB・И・ゲリエーはさらに一貫した批判論を展開した。モスクワ大学教授でモスクワ市議を務めるゲリエーは政府主導の救貧制度に対して懐疑的であり、地域社会が救貧を担うべきであるとして市会やゼムストヴォが主導する制度の構築を説いた。加えて彼は、福祉受給に権利性を認めることを、社会主義のもとでのみ可能であるとして否定した。[24]

救貧を国家の義務とするグロートも、そのための財源については、それを国庫に求めようとはしなかった。ゲリエーと同様、救貧のための費用は基本的に地方の負担とされたのである。[25] それゆえ、国家行政機関とゼムストヴォのどちらがイニシアティヴをとろうと、救貧を拡大しようとすれば必然的にゼムストヴォの予算は増大することになった。ゼムストヴォの努力だけで歳出を十分に賄うだけの税収を得ることはできなかったから、不足分を補填するために国庫からの補助が必要になった。[26] これは救貧事業に限られなかった。国庫補助に対する依存の増大を恐れた県知事はしばしばゼムストヴォ予算の拡大に歯止めをかけようとした。それが政府によるゼムストヴォへの介入増大の直接の原因であった。[27]

『ヨーロッパ通報』は地方財政と国家財政とを区別する必要はないとした。政府の懐もゼムストヴォの懐も、もとは同じ国民の懐であり、一旦支出の公益性が承認されれば、資力に応じて負担するのは国民全体の義務である。税を国、県、郡、郷に分けているのは便宜的な事情によるにすぎない。また、救貧や食糧供給は公益としての側面をもつ。その直接的受益者は農民身分に限定されるとしても、貧困を放置すれば秩序の維持が困難になるのであるから、農民の救済は彼らのみに関わることではない。現在のゼムストヴォの限られた予算では救貧全般に対応できない以上、一定額を国庫からゼムストヴォの管理に移し、救貧のための経費が一定の額に達した郷はそこから補助を受けられるようにすべきである。郡ゼムストヴォは郷を、県ゼムストヴォは郡ゼムストヴォを補助し、県ゼムストヴォは国庫から補助を受けられるようにするのである。[28]

このように、『ヨーロッパ通報』は農民救済のための財政移転を広く認めた。救貧に対する国の責任を正面から認めることはしなかったものの、所得の再分配を目的とした国庫負担を広く認めたという点で、同誌の論調はより明確に福祉国家型リベラリズムの特徴を示していたといってよい。これに対して『モスクワ報知』は、ゼムストヴォが政府の懐を当てにして国庫に過大な援助要請を行っていることを批判した。『モスクワ報知』にとって救貧の制度化は、ゼムストヴォの権限を拡大するというだけでなく、国庫の支出を増大させるという点からも、好ましいものとは考えられなかった。[29]

『ヨーロッパ通報』と『モスクワ報知』の基本的な対立は、地方行政を主導するのが国家行政機関かゼムストヴォかという原則の問題、また、地方の需要を満たすためにどれだけの支出がなされるべきかという財政的な問題をめぐって生じた。しかし、ゼムストヴォをめぐる議論はそれにとどまらなかった。一八九〇年代後半には、ゼムストヴォの性格そのものもまた、重要な関心事になりつつあった。

四　県ゼムストヴォの主導

従来、政府はゼムストヴォ相互が結びつくことに対して神経をとがらせており、公式に郡参事会議長が集まることさえ許さなかった。[30]そのため、自主的な標準化がなされず、地方の国家行政機関の対応が恣意的なこともあって、ゼムストヴォの活動には相互にかなりのばらつきが生じていた。こうしたことへの反省から、従来政府が慎重に抑制してきた統一行動への関心が高まりつつあった。当時そのような動きを積極的に主導していたモスクワ県ゼムストヴォの中心的指導者だったのが、一八九三年三月から参事会議長を務めていたД・Н・シーポフである。シーポフはЮ・Ф・サマーリンの弟であるД・Ф・サマーリンのようなスラヴ派の人々と交わり、その影響を受けて、社会の自治を重視するという一八七〇年代に見られた自由主義的スラヴ主義の視点を復活させた。[31]ゼムスキー・ソボールの開催というアイデアもその一つであった。

シーポフは他県ゼムストヴォとの交流に意欲を示し、一八九六年五月に行われたニコライ二世の戴冠式の際に、全国ゼムストヴォ代表の会合をもちたいとの希望をゴレムィキン内相に伝えた。ゴレムィキンはこれに好意的に対応した。参事会議長のみの集まりとし、公的な場所を使わず、案内を印刷物で公知しないようにせよというのが彼の助言であった。私的な集まりとすることを条件に、暗黙の許可を与えたのである。これを受けて、一八九六年の八月八日から一一日にかけ、博覧会開催中のニジニ・ノヴゴロトで第一回全国ゼムストヴォ県参事会議長会議が行われた。しかし、ポベドノスツェフをはじめとして、政府の中にはゼムストヴォが全国的な連絡会議をもつことに対する根深い警戒心があった。そのため、一八九七年三月にペテルブルクで開催される予定であった第二回の会議は許可されず、ゴレムィキンとシーポフの協力関係構築の試みは実を結ばなかった[32]。

県の垣根を超えた協力とともに、シーポフが意欲を示したのは県内の自治機関相互の協力である。当時、ゼムストヴォの活発化に伴って財源の問題が重要性を増しつつあった。従来、多くのゼムストヴォでは収入のほとんどが農地に対する課税によるものであった。しかし、農業危機によって税収が限界に達すると、これまでのように地租によって都市のための経費を賄うことが困難になり、国庫が必要な経費の一部を負担するか、さもなければ土地以外に課税する権限をゼムストヴォに与えるか、県が郡を援助するかといった、新しい財源をめぐる問題が論じられるにいたっていた[33]。特にモスクワ県には一三の郡のほかに経済規模の大きなモスクワ市がある。既に一八九〇年一二月、モスクワ県会はモスクワのすべての不動産への課税を提案し、モスクワ市選出議員の抵抗にあっていた[34]。一八九〇年代に起こった工業の急成長は財源としてのモスクワ市の魅力をいっそう高めた。

シーポフは財源の開拓を積極的に進めようとした。もともとシーポフは、一八六六年一一月二一日法によって商工業への課税権を奪われた状態では、ゼムトヴォが農民に対する救貧や食糧供給を担うことはできないとしていた。負担を農村部の住民のみに押し付けるのは不公正であり、都市身分にもその経済力に見合った負担を求めるべきであるというのが彼の考えであった。[35] ただ、経済活動そのものに課税することは法律が許さない。そこでシーポフは、ゼムストヴォ機関設置法の想定の範囲を越え、モスクワ県参事会の主導のもとに、裕福さにおいて差のある地域の間で財政調整を行おうとした。

しかしこれは議論を呼ぶ試みであった。この時期、県ゼムストヴォと郡ゼムストヴォの関係の問題が関心を集めていた。ゼムストヴォ発足当時は郡ゼムストヴォが主体であったにも拘らず、次第に県ゼムストヴォの主導性が強まり、一八九〇年代には郡ゼムストヴォを県ゼムストヴォの執行機関化する動きが出てきていたのである。[36] これを好ましくないと考える人々は少なくなかった。チチェーリンもそのひとりであった。財政移転の問題はチチェーリンの関心を強く惹いた。特にこのときモスクワ県には、県全体の識字率を上げるためにゼムストヴォ主導で県全体に学校を設け、皆教育を実施しようという計画があった。その負担はモスクワ市に期待されており、財政移転が現実的な意味をもつにいたっていた。[37]

この問題は、一八九六年八月にニジニ・ノヴゴロトで開かれた全国ゼムストヴォ県参事会議長会議においてシーポフとチチェーリンの間で議論になった。[38] そのときの議論を踏まえ、チチェーリンは一八九七年の『ペテルブルク報知』第三七号で自説を展開した。自然に形成された財産関係の平準化は、ゼムストヴォに限らず、国家といえども許されない。富裕な者が「キリスト教的愛の義務」によって困窮した者を助けることはよいが、それは正義の要求ではない。慈善は道徳的原理であって法的原理ではない。[39] 県ゼムストヴォが郡ゼムストヴォの独立を侵しその領域に介入することはゼムストヴォ原理の否定であり、社会主義的傾向を帯びたやり方である。[40] また、経済的に独立しているモスクワ市が、ゼムストヴォの支出に関する県会の決定に服させられるのは正当でないというのがチチェーリンの主張であった。[41]

二年後、県ゼムストヴォ強化の問題はいっそう大きな関心を惹くことになる。[42] 一八九九年一月八日、ゼムストヴォ税賦課のための不動産評価に関する一八九三年六月八日法が改定された。不動産評価委員会の議長がそれまでの県貴族団長から県知事に代わり、そのもとで最終的な評価が行われることになったのに加え、従来評価作業に対する主たる責任は郡評価委員会と郡参事会にあったのに対して、新法では評価基準の策定も資料の収集も県参事会に課せられるようになった。県参事会への権限集中が政府によっても承認されたのである(43)。また、同年三月、モスクワでは県ゼムストヴォと郡ゼムストヴォの関係の問題が先鋭化し、ゼムストヴォ県会において、豊かな郡を代表する議員たちは県参事会による支出の適切さを問題にした。そこで、この問題を検討するためにゲリエーを議長とする委員会が設けられた(44)。

メディアでも県参事会を支持する意見ばかりではなかった。『モスクワ報知』は以前から政治的志向の強い県ゼムストヴォによる郡ゼムストヴォの併呑を攻撃していた(45)。『ノーヴォエ・ヴレーミャ』にも県ゼムストヴォの強化に反対する論文が掲載された。その論文によれば、地域住民の切実な需要と結びつき、ゼムストヴォ本来の姿を体現しているのは郡ゼムストヴォである。これに対する県ゼムストヴォの後見は、政府機関による後見と同質の官僚主義的なものであり、郡ゼムストヴォはその束縛から解放されるべきであった(46)。

一八九九年九月、シーポフはパンフレットを出して、ゼムストヴォ間の関係を利他主義の精神、社会連帯の感情に基づかせるべきことを訴えた。県ゼムストヴォの利益と郡ゼムストヴォの利益を厳格に分けることは不可能であり、重要なのは全住民の利益である。最も必要度の高いところに努力を集中すべきであり、全住民の需要の十全で均衡のとれた充足のために資源を合目的的に配分し、避け難い不平等をできるだけ緩和することが重要である。そのために、郡ゼムストヴォに対する県ゼムストヴォの監督的役割を強化し、ゼムストヴォ間の財政移転に対する権限を与える必要がある。これがシーポフの主張であった(47)。一九〇〇年一月、ゲリエーの委員会は県会に対してシーポフの考え方を支持する報告書を提出した。『ヨーロッパ通報』も全面的に賛成した(48)。

チチェーリンは二つの点からシーポフの議論に批判を加えた。一つはそこに見られる「社会」と「国家」の混淆である。当時、学界では、時代とともに自治の社会理論から国家理論への移行が進み、後者の考え方が主流になっていた[49]。これに対して、本質や性格を異にするものの混淆を嫌うチチェーリンは自治の社会理論の立場を維持した。国家と社会の役割は異なり、相互に代替不可能であるというチチェーリンの見方は大改革期から一貫している。ただ、大改革期には、国家が社会から自立すべきであることが主張されていた。それに対して、このとき彼が重視したのは、ロシア史における自治原理の弱さ、社会が国家に搦めとられてしまう危険性であった。

ゼムストヴォの地方自治は社会的なものであり、社会は自由で自然なものである。ゼムストヴォに対する統制が強まり、ゼムストヴォの人々の官吏化が進めば、自由であるがゆえにゼムストヴォに参加していた人々はそこから去るであろう[50]。ゼムストヴォは国家と異なり、下からのイニシアティヴや地域的多様性の維持を本質とする。シーポフのように上からのイニシアティヴを強調し人為的な平等化を試みることは、県ゼムストヴォが国家行政機関の役割を果たそうとすることである。ゼムストヴォが国家のやり方を真似るならば、ゼムストヴォの強みは失われるであろう。ロシアがフランスの辿った道を行くことは避けねばならない。大改革期には当時強かったイギリス贔屓を批判しフランスを評価したチチェーリンであったが、今やフランスの在り方は理想的なものとはみなされなかった[51]。

第二は道徳的原理と法的原理の混淆である。シーポフのように豊かな郡が貧しい郡を助けることを利他主義によって正当化するのは、チチェーリンには受け入れ難いことであった。道徳的な行為はあくまで自発的であるべきである。強制的なものになるとき、それは道徳的であることを止め、自由は消失する。法的原理と道徳的原理の混淆は共産主義に道を開く[52]。人間の利己心は強く、自分の利益を図ることへの誘惑は大きい。この上なく高邁な原理も結局は物質的利益に対する関心を隠蔽するものにすぎないことを知るべきである[53]。

例によってチチェーリンの立場はいわゆるリベラルと反動の対立では割り切ることのできないものであったが、結局は県ゼムストヴォの役割強化に対する消極的態度に至った。ゼムストヴォの役割を重視するゲリエーはチチェーリンに反対し、ゼムストヴォ間の相互作用、有機的関係について、『ペテルブルク報知』を舞台に二人の間で論争が展開された。『ヨーロッパ通報』は地方のインフラ整備が都市部をも益するとしてゲリエーの側に立った[54]。一二月、モスクワ県会は最終的にゲリエー委員会の報告書を採択した。

　ゼムストヴォの活性化については多くの人々が賛成した。しかし、それをどのように制度化するかについては、リベラルと呼ばれる人々のなかにも異なった考え方が存在していた。ゼムストヴォの活性化を支持することは、必ずしもゼムストヴォの政治的役割の強化を求めることを意味しなかったのである。このような意見の違いがゼムストヴォの空間的拡大をめぐる意見対立と結びつくとき、ゼムストヴォの問題はさらに複雑な政治的様相を呈することになる。

注

（1）*Кизеветтер А.А.* На рубеже двух столетий: воспоминания, 1881–1914. Прага, 1929. С. 192.

（2）Edward H. Judge, *Plehve: Repression and Reform in Imperial Russia, 1902–1904* (Syracuse, N.Y., 1983), pp. 27–28; *Ананьич Б.В.* Россия перед революцией. 1895–1904 годы // Кризис самодержавия в России. 1895–1917. Л., 1984. С. 28. ゴレムィキンは、それほど敵を作らず、人とよい関係を作るのが巧みであった。*Гурко В.И.* Черты и силуэты прошлого: правительство и общественность в царствование Николая II в изображении современника. М., 2000. С. 78. ゴレムィキンは当時幅広い層に影響力をもっていた『ノーヴォエ・ヴレーミャ』紙を利用しようと望み、スヴォーリンに対していつでも内務大臣室に来てくれて構わないと述べるなど、好意的態度をとった。*Суворин А.С.* Дневник Алексея Сергеевича Суворина. М., 1999. С. 203–204, 261–262.

（3）過去の経歴からゴレムィキンに期待する人々もいた。*Кизеветтер.* Указ. соч. С. 201.

（4）Werner E. Mosse, "Bureaucracy and Nobility in Russia at the End of the Nineteenth Century," *The Historical Journal*, vol. 24, issue 3 (Sept. 1981), p. 606.

（5）団体設立を容易化した模範定款制度の導入もその表れの一つと見ることができよう。高橋一彦「福祉のロシア—帝政末期の『ブラーゴトヴォリーチェリノスチ』」『神戸市外国語大学研究年報』第四四号（二〇〇七年一二月）、五一—五二頁を参照。

（6）В・Ю・スカロンもゼムストヴォを高く評価する論客のひとりであり、『ヨーロッパ通報』のほか、リベラル左派の雑誌とされる『ロシア思想』や穏健リベラルの新聞とされる『ロシア報知』に寄稿した。

（7）Москва, 14 февраля // Московские ведомости. 1897. No. 46. 15 фев.; Идеалы г. Чичерина // Московские ведомости. 1897. No. 151. 4 июня.

（8）*Веселовский Б.Б.* История земства. Т. 3. СПб., 1911. С. 516. 政府の補助を受けた保守的な雑誌として有名な『市民』と同様、カトコーフが創刊し、一八八九年から九七年までС・С・タチーシチェフが政治雑報を執筆した雑誌『ロシア通報』にも、ゼムストヴォについての議論は比較的少ない。Там же. С. 519.

（9）グリーングムトはもともとシレジアのドイツ人の家に生まれたが、一八七六年ロシアに帰化し、一八七八年正教に改宗した。

（10）一八九七年にウフトムスキーが編集者となった『ペテルブルク報知』は、多様な傾向のゼムストヴォ活動家の寄稿を受け入れた。Там же. С. 521.

（11）農民監督官の上に置かれた郡農民監督会議（уездный съезд）の行政部会は、郡貴族団長を議長とし、農民監督官全員、郡警察署長、郡参事会議長、税務監督官から構成されていた。

（12）Там же. С. 517. ゼムストヴォにおいて委員会の役割が重要になるにつれ、農民監督官がこれに参加することも認められるようになっていた。Там же. С. 464. 総じて農民監督官とゼムストヴォは緊密な協力を求められるようになっていた。*Новиков А. И.* Записки земского начальника. СПб., 1899. С. 146–147.

（13）Там же. С. 169–170.

（14）Там же. С. 159.

（15）Внутреннее обозрение // Вестник Европы. 1897. Сент. С. 318–321. ゼムストヴォ参事会や税務監督官に比べ、農民監督官にはさまざまな思惑が働いた。*Новиков.* Указ. соч. С. 168.

（16）Москва, 19 сентября // Московские ведомости. 1897. No. 259. 20 сент.; Земство и продовольственное дело // Московские ведомости. 1898. No. 273. 4 окт.; Москва, 29 декабря // Московские ведомости. 1898. No. 359. 30 дек.

（17）竹中浩『近代ロシアへの転換—大改革時代の自由主義思想』（東京大学出版会、一九九九年）二三七—二三九頁。

（18）Внутреннее обозрение // Вестник Европы. 1897. Апр. С. 804–806.

（19）Там же. С. 807–810.

（20）Внутреннее обозрение // Вестник Европы. 1897. Ноя. С. 367–368.

（21）Там же. С. 380–382.

（22）高橋一彦「救貧のトリアーデ―近代ロシアにおけるチャリティ、地域、国家」高田実・中野智世編『福祉（近代ヨーロッパの探究15）』（ミネルヴァ書房、二〇一二年）三四四頁。
（23）Adele Lindenmeyr, *Poverty Is Not a Vice: Charity, Society, and the State in Imperial Russia* (Princeton, N.J., 1996), pp. 84–85.
（24）高橋一彦「『地域福祉』とゲリエー」『経済学論集』第七八巻第一号（二〇一二年四月）、八三―八四、九二―九三頁。同「救貧のトリアーデ」三四六―三四七頁。
（25）前掲、三四五頁。
（26）Внутреннее обозрение // Вестник Европы.1898. Ноя. С. 335–336.
（27）Thomas Fallows, “The Zemstvo and the Bureaucracy, 1890–1904,” in Terence Emmons and Wayne S. Vucinich (eds.), *The Zemstvo in Russia: An Experiment in Local Self-Government* (Cambridge; New York, 1982), pp. 198–199, 215–216.
（28）Внутреннее обозрение // Вестник Европы.1897. Ноя. С. 379–380, 383.
（29）農民を怠惰にし、堕落させるとして援助に反対する議論もあった。*Новиков*. Указ. соч. С. 165–166.
（30）Там же. С. 148.
（31）*Веселовский Б.Б.* История земства. Т. 4. СПб., 1911. С. 530–532.
（32）*Шелохаев С.В.* Д.Н. Шипов: личность и общественно-политическая деятельность. М., 2010. С. 41–42; Thomas S. Fallows, “The Russian Fronde and the Zemstvo Movement: Economic Agitation and Gentry Politics in the Mid-1890’s,” *The Russian Review*, vol. 44, no. 2 (Apr. 1985), pp. 132–133.
（33）*Новиков*. Указ. соч. С. 149–152.
（34）*Коркоран Дж.* Политическая культура местного самоуправления: Д.Н. Шипов и Б.Н. Чичерин // Новейшая история России. 2014. No. 1. С. 82.
（35）*Веселовский Б.Б.* История земства за сорок лет. Т. 2. СПб., 1909. С. 325.
（36）*Веселовский.* История земства. Т. 3. С. 413.
（37）学校建設のための財政移転の可否をめぐる当時の議論について、*Новиков*. Указ. соч. С. 161–163.
（38）Fallows, “The Zemstvo and the Bureaucracy, 1890–1904,” p. 195.
（39）*Чичерин Б.Н.* Вопросы политики. М., 1903. С. 37.
（40）Там же. С. 40.
（41）Там же. С. 43.『ヨーロッパ通報』はチチェーリンが『モスクワ報知』と同じ立場に立ったとした。

Внутреннее обозрение // Вестник Европы. 1897. Март. С. 355.

(42) *Коркоран*. Указ. соч. С. 84.

(43) Новый закон о земских оценках // Новое время. 1899. 18 марта.

(44) *Веселовский*. История земства. Т. 3. С. 422.

(45) Там же. С. 424–425.

(46) Раскол в земстве // Новое время. 1899. 25 марта; Бюрократические отприски в земстве // Новое время. 1899. 5 апр.; *Веселовский*. История земства. Т. 3. С. 424.

(47) Коркоран. Указ. соч. С. 84–85.

(48) Внутреннее обозрение // Вестник Европы. 1900. Фев. С. 809–810.

(49) *Гронский П.П.* Теории самоуправления в русской науке // Юбилейный земский сборник. 1864–1914. Под ред. Б.Б. Веселовского и З.Г. Франкеля. СПб., 1914. С. 79–80.

(50) *Чичерин*. Указ. соч. С. 91.

(51) Там же. С. 104–105.

(52) Там же. С. 114.

(53) Там же. С. 116.

(54) Внутреннее обозрение // Вестник Европы. 1900. Март. С. 358–359.

第四節　ゼムストヴォ導入地域の拡大をめぐる論争

一　ゴレムィキンの提案

ヨーロッパ・ロシアの五〇県のうち、当時一八九〇年法が適用され、ゼムストヴォが導入されているのは、もともとゼムストヴォが導入されていた三四県と、(1)一八七三年に導入されたベッサラビア県に限られていた。人口が少なく個人所有の土地が十分に存在しない等の理由でゼムストヴォが導入されていない県には、住民の意見を徴するとともに、食糧供給や救貧、さらには徴税に関してその協力を調達する機関が存在しなかった。行政課題への対応は、大改革以前と同様、分野ごとに個別の委員会で行わざるを得ず、救貧に関しても、ゼムストヴォが導入された諸県では廃止された慈恵局がなお存続し、それを管轄していた。経済が活性化するにつれ、地方の需要を満たすための課税制度を整備する必要も高まった。また、飢饉の経験は深刻に受け止められており、このような事態への適切な対応を可能にする行政の在り方が問われるにいたった。こうしたことから、現在個別に営まれている諸機能を統合したうえで一定の住民参加を認めるのか、それともこれまでどおり住民代表を入れない国家行政機関のみによって対応するのかが重要な問題になった。

一八九六年二月一五日、国家評議会はゴレムィキン内相に、ゼムストヴォが導入されていない県の地方税制整備に関する意見書を三年の間に提出するよう求めた。(2)それに応える過程で、一八九〇年法の適用地域を拡大し、それまで導入されていなかった県にゼムストヴォを導入するか否かという問題が関心を集めるようになる。(3)導入が検討されたのはステップ地方の三県（アストラハン、オレンブルク、スターヴロポリ）と北海沿岸のアルハンゲリスク県、それに西部九県である。この事案はゴレムィキン内相期を通じて政府の内外で論じられ、ゴレムィキンとヴィッテの意見の違いを際立たせることになった。

一八九六年夏、ゴレムィキンはこれら一三県の知事をはじめとする関係者に書簡を送り、改革の意図を伝えた上で意見を求めた。寄せられた意見の多くはゼムストヴォの導入に慎重であった。メディアでも、ゼムストヴォの権限縮小を要求する『モスクワ報知』は、ゼムストヴォが導入されれば地域が今以上に非ロシア人インテリゲンツィヤの手に握られることになり、国家的利益に反するとして、空間的拡大にも強く反対した(4)。もとより好意的なメディアもあった。『ヨーロッパ通報』が拡大を強く支持したのは当然であるが(5)、『ノーヴォエ・ヴレーミャ』も、スターヴロポリ県へのゼムストヴォ導入を妨げる要因はなく、導入はこの地域の経済的・文化的後進性の改善に資するという、現地の県貴族会臨時会に対してなされた委員会報告を好意的に紹介した(6)。また一八九七年七月には、カフカースでもゼムストヴォ導入について議論されており、現地紙には支持するものが多いことを伝えた(7)。

ゴレムィキンは、特に反対の強い西部諸県については、導入するゼムストヴォに妥協的な性格を与える案を作成させた。それによれば、県レベルでは参事会とともにゼムストヴォ会議を設けるが、郡レベルではさしあたり参事会のみとし、郡会は置かない。県・郡ともに参事会員は任命職であり、県会議員もそのうちかなりの数が市長や郡参事会議長など役職指定の議員となる。県会議員選挙において貴族が特別な扱いを受けることはないが、県会議長は、皇帝が別の人物を指名しない限り、県貴族団長が務めるというものであった(8)。『ヨーロッパ通報』はこの案がもつ多くの欠陥を指摘しながら、内務省が『モスクワ報知』の主張と逆に、官僚制的統治に対するゼムストヴォ自治の優越を認めた点については積極的に評価した(9)。

この案の送付を受けた西部九県の県知事たちは、一八九八年三月、A・Д・オボレンスキー内務次官を議長とする特別会議に招集され、意見を徴された。県知事たちは内務省案に概ね賛成であったが、ヴィリナ総督Ｂ・Ｈ・トロツキーは強く反対し、意見の一致を見ることはできなかった。[10]そこでゴレムィキンは、草案を若干修正するとともに、自らの立場を説明する意見書を準備した。それによれば、現在西部諸県では、経済の各分野を管轄する機関が、経済的イニシアティヴを欠き、多くは必ずしも地域の実情に通じないまま、ばらばらに活動しており、県知事以外にそれらを結びつけるものが存在しない。各地域への税の割当ても適切になされず、能力に応じた負担が行われていない。このような状態を改めるにはゼムストヴォ機関を設けるのが最善である。住民は、自らが割当ての審議に参加しない限り、新たな税負担を進んで引き受けようとはしないであろう。その場合、負担増の決定は中央において、立法手続によりなされなければならないが、個々の地域の特殊事情に通じていない中央において、適用可能な規則を策定することは困難である。[11]

一部にはポーランドの影響が強まることを恐れる向きもあるが、今やそのような心配は無用である。かつて西部諸県ではポーランド人が優勢であった。しかし、今ではロシア人地主の所有する土地の面積がポーランド人地主のそれを上回っており、もはやゼムストヴォの導入によってポーランド人地主の影響が強まることを危惧する必要はない。[12]ゴレムィキンはこのように論じて、この地方にゼムストヴォを導入することの必要を説いた。この案では設置を見送られた郡会も、いずれは設けられるべきものであった。

『ヨーロッパ通報』は、ゼムストヴォなしに地域管理を行うことは困難であり、西部諸県への拡大は時間の問題であるとした。[13]しかし政府内では反対が強く、無条件で支持したのは農業省のみであった。陸軍省と交通省は一部修正の上賛成したが、他のすべての省は明確に反対であった。[14]

とりわけて強力だったのはヴィッテによる批判である。ヴィッテはもともとゼムストヴォに対して好意的でなく、その導入地域が拡大するのは彼にとって忌まわしいことであった。それでも、既に三〇年余にわたって存在しているゼムストヴォを廃止するにはそれに代わって地方をよりよく統治できる国家行政機関が必要であり、そのような機関が整備されていないうちにゼムストヴォの廃止を論じるのは現実的でないというのがヴィッテの基本的立場であった。(15)

二　ヴィッテの批判

一八九八年四月二二日、ゴレムィキンはヴィッテに、アルハンゲリスク県へのゼムストヴォ導入に関する法案を送付した。否定的な回答があったのは一二月九日になってからである。一二月一一日の書簡でヴィッテはゼムストヴォの領域的拡大一般に否定的な考えを示した。さらに一二月一四日の意見書ではゼムストヴォという地域管理のやり方の再検討を求めている。地方自治は地方における立憲制であり、それは動かすことのできない専制というロシアの政治体制とは相容れないものであった。ヴィッテは、ゼムストヴォに代えて、専制という政治原理と合致する国家行政機関を設置する必要があるとし、(16)大改革期にチチェーリンが書いた『国民代表制論』を引用して社会による国家の代替不可能を説いた。たしかに、国家行政機関とゼムストヴォが性格を異にし、後者による前者の代替が不可能であると説く点では、ヴィッテと（少なくとも大改革期の）チチェーリンの立場は類似していた。

ヴィッテの批判を受けて、一八九九年二月、ゴレムィキンは新たな意見書を活字にした。(17)そこでゴレムィキンは、ロシアが地方自治の国であることをあらためて強調し、地方自治を立憲主義と結びつけ国民代表制と混同するのは不当であるとしてヴィッテを批判する。地方自治は専制原則と十分に両立し、官僚制的な行政に優るとも劣らない働きをする。ヴィッテの援用したチチェーリンも今や自治の支持者である。[18] ロシアの行政は、特に下のレベルでは自治なしには立ち行かない。内務省の長官としては、これは思い切った主張であった。さらに、地方自治がロシアの歴史に深く根差しており、政治的権利を求めて国家権力に抗するようなものではないことを、ゴレムィキンはアクサーコフ兄弟らスラヴ派の歴史観を援用しつつ主張した。[19] このようなスラヴ主義的なアプローチには、[20] シーポフの議論との類似を見ることができるであろう。

ゴレムィキンはまた、ゼムストヴォの導入によってロシアの揺籃の地である西部諸県でロシアの影響力が強まり、西部諸県と中央ロシアの諸県との結合が強固になるとして、そこに改革の政治的意義を見出した。[21] 政府は長い間、この地の下層身分の人々を上層身分と対等な立場に引き上げ、国民としての意識を育むことに努めてきたが、この改革はそれに資するものである。[22] 最後に、ゴレムィキンは、現実的な国力の基礎となるのは自主的活動を担うだけの強さをもった個人であり、個人が力をつけるほど、社会も、さらには国家も、堅固で安定したものになるとの信条を述べている。[23] 大改革期に行われた軍制改革の立役者であるミリューチンは、一八九九年五月一〇日の日記に、この意見書を読んだ印象を書き留めた。内相ゴレムィキンが自治をこれほど熱烈に支持し、それまで特に保守的な発言をしたことのないヴィッテが自治に反対するというのは、彼にとって意外なことであった。[24]

ゴレムィキンの主張に対して、ヴィッテは新たに長大な意見書を書き、より原理的な面から反論した。この意見書はさまざまな典拠からの多くの引用を含み、ゼムストヴォに対する学術的批判とも言うべきものであって、法学の教授に代作させたのではないかとの噂もあった。[25] それによれば、ゼムストヴォは、自由主義的な時代の雰囲気のなかで生まれた、性格の曖昧な機関である。[26] その二面性はゼムストヴォに対する異なった理解をもたらし、以後、政府はその活動を制約することによって、国家機関との整合を図ろうとしてきた。ゼムストヴォは地域社会との密接なつながりを持たず、政治化の道を歩んだ。地方自治と政治体制が密接な関係にあることは、法学の歴史や西欧の歴史によっても裏付けられている。地方自治の活動領域と要求は常に拡大し、ついには立憲主義に行きつく。地方自治は専制とは原理的に相容れず、専制を国体とするロシアには適合しない[27]。

行政的パフォーマンスの向上は国家行政機関の十全な発展を通じてなされなければならないという立場のヴィッテには、自治の国家理論さえも受け入れることは困難であった。自治機関と官僚制的機関は対立するのであり、立つべきは官僚制的機関の側である。ヴィッテは、官僚制を社会に敵対するものとみることに反対する。官僚制は社会の縮図であり、社会の進歩も停滞もその中に現れる。大改革を実現したのは官僚である[28]。地方自治がロシアの伝統であるという考えは正しくない。ロシアは中央集権の国である[29]。もとより自主的な社会活動が不要だということではない。しかし、ヴィッテはゼムストヴォを社会と同一視しなかった。社会活動の活発化は、ゼムストヴォでなく、政府と社会の協調に基づく別の方法によるべきであった。政府は社会の動きを踏まえてその力を活用し、正しい方向に導くことができる。ゼムストヴォにおいて追求されている、不毛な政治闘争と不可分の立憲主義的自治とは異なる社会活動を促進するのである[30]。

両者の議論はロシアとその行政に対して対照的な認識を示しており、ともに興味深い。しかし、政治的な勝負は初めから決まっていた。ゴレムィキンの案は、彼を内相に推薦したポベドノスツェフの意向にも反するものであった。ゼムストヴォを嫌悪するポベドノスツェフは、拡大に反対しただけでなく、ゼムストヴォそのものの廃止を求めていたのである[31]。『ヨーロッパ通報』においてゼムストヴォ擁護の論陣を張ってきたアルセーニエフは「ゼムストヴォとゼムストヴォ論」を書き、ゼムストヴォが否定されようとしていることへの危惧を表明した[32]。

ヴィッテが批判したのはゼムストヴォの空間的拡大案のみではなかった。一八九六年末から九九年にかけて内務省経済局に勤務し、救貧の制度化のための作業を牽引したЕ・Д・マクシーモフの指導のもとで、内務省は福祉の分野への民力の活用に努め、一八九八年、ゼムストヴォに依拠した救貧法案を作成した[33]。『モスクワ報知』は当然のことなからこの法案に対して批判的であった。[34] 政府内でも批判が強かった。ポベドノスツェフやヴィッテにとって、法案は世俗的で正教の精神と相容れないだけでなく、ゼムストヴォに権限を与えすぎていた。結局この法案は廃案になった。[35]

逆に、政府の中にはゼムストヴォの管轄を縮小しようという動きがあった。食糧供給事務をゼムストヴォの管轄から外すことが検討されていたのである。これはドゥルノヴォー内相時代に一旦国家評議会に上程されながらゴレムィキンによって撤回されていた案であった。[36] 当然に『モスクワ報知』は賛成し、『ヨーロッパ通報』は反対した。『ヨーロッパ通報』にとってこの措置を中央集権の名で正当化するのは誤りであり、政治的集権と行政的集権とを故意に同一視するものであった。[37]『ノーヴォエ・ヴレーミャ』も、一八九九年四月、食糧供給事務をゼムストヴォの管轄から外したところで問題は解決せず、事態は逆に悪化するだろうと主張する論文を掲載した。[38]

ゼムストヴォによる課税が国家の歳入を脅かす危険についても、ヴィッテは敏感であった。大蔵省はヴィシネグラツキー蔵相時代からゼムストヴォ予算に対する監督を強めようとし、内務省との間に摩擦を生じさせていたが、ヴィッテは前任者以上に、積極的な経済政策に必要な国税徴収の妨げになるものとして、ゼムストヴォ活動の活発化とそれに伴う予算規模の拡大を警戒していた。[39] 一八九七年、ヴィッテはゼムストヴォの課税に対して上限を設けることを提案したが、内務省は同意せず、実現をみなかった。『ヨーロッパ通報』は、行政的必要を満たすために必要であるなら予算に過度の制約を設けるべきではないとした。県知事による異議申立ても適当でない。県知事が異議申立てを行えるのは地域住民の利益を明白に損なう決定に対してのみであり、わずかな増税に対して異議を申立てる根拠は存在しないとされた。[40] もともとゼムストヴォに好意的であった『ノーヴォエ・ヴレーミャ』も、ゼムストヴォの課税に上限を設けることはその独立性を制限するから好ましくないという論文を掲載していた。[41] ゼムストヴォに認められた不動産への課税に関して制約を設けるべきでないというのは、当時それなりに有力な主張だったのである。

それでもこの時期、大蔵省の関心を反映して、地方税に関して税務監督官（податный инспектор）が重要な役割を果たすようになった。税務監督官は、人頭税廃止に伴う税収減を防ぐべく、税収確保のために一八八五年四月三〇日法によって財務局に設けられた官職である。もともとは産業への監督が主たる任務であったが、一八九九年五月二四日法は、ゼムストヴォ機関や農民機関等における出納事務への監督を税務監督官の職掌に含め、六月二三日法は、村団に分与された土地に賦課される税の徴収に関して、農民監督官とともに税務監督官に大きな役割を与えた。

三　その後

一八九九年一〇月、ゴレムィキンは内相を解任された。ヴィッテはその原因について、ニコライの目にゴレムィキンがあまりにリベラルに映ったためであるとしている。後年、ニコライが困難な事態にいたると決まってゴレムィキンを頼りにしたことを考えるとき、この判断は不思議に思われる。ニコライがまだ若かったということであろうか。自分がニコライにこのような印象を吹き込んだにも拘らず、ヴィッテは解任が全く予想外であったとし、農民監督官制度を支持したことや学生運動への対応に見られるように、内相になったゴレムィキンがそれまでのリベラルな見解をすべて投げ捨てて保守化したことを指摘している(42)。しかし、少なくともゼムストヴォに対する評価という、当時リベラルと保守を分ける試金石とされた問題に関する限り、ゴレムィキンがヴィッテより保守的であったと言うことはできない。リベラルと保守という二分法の限界を、そこに見るべきであろう。

先帝に近く政治の世界に隠然たる影響力をもつ言論人メシチェルスキーは、内相を解任されたゴレムィキンについて、人格的には立派だが他の内相と違ってプログラムがないと述べた。これに対してスヴォーリンは、プログラムを作るのは容易であり、重要な役割を果たすのは個性であって、ゴレムィキンの内務行政には彼の個性や見解が現れていたとしている。[43] スヴォーリンのゴレムィキンに対する評価はそれほど低くなかったと言ってよい。たしかにゴレムィキンは野心が表に現れる個性の強い人ではなかった。精力的で自信に溢れていた当時のヴィッテとは明らかに異なるタイプの政治家である。それでも、ゴレムィキンは、時代の行政課題をよく理解しており、それに応えるための改革は躊躇わなかった。[44] ただその方向がヴィッテの目指すところとは異なっていたということである。

後任のシピャーギン内相はヴィッテの友人であり、内務・大蔵両省は束の間良好な関係に置かれた。[45] 一九〇〇年春には、ゼムストヴォ予算削減問題がゼムストヴォ県会で議論され、ゼムストヴォ支出の上限設定が社会の重要な関心事となった。[46] 一九〇〇年六月一二日に裁可された暫定規則により、暫定的にではあるが、ゼムストヴォ予算の増額に三パーセントという上限が設定された。県当局は、内相及び蔵相の許可を得て、上限を超える費用を要する事業の全部または一部を差し止められることになり、その事業は必要なら国家行政機関により国庫負担で実施されることになった。ゼムストヴォの自律が制限され、国家行政機関への従属が強められたのである。食糧供給事務も、義務的支出からゼムストヴォを解放するという名目のもとにゼムストヴォの管轄から外され、国家行政機関に移された。[47] また、『モスクワ報知』が以前から期待していたとおり、同日裁可された二本の法令によって西部諸県に農民監督官制度が導入された。一九〇一年八月二三日には、ゼムストヴォ相互の協力を禁止するシピャーギンの通達があらためて出された。[48]

ゴレムィキンの解任は、ゼムストヴォを通じた政府と住民との関係構築に対する展望を閉ざすものであった。[49] 政府との協調の可能性を失ったゼムストヴォは政治化の道を辿り、貴族穏健派が反対派へと移行する。[50] こうして国家行政機構とゼムストヴォとの不協和・敵対が鮮明になった。ゴレムィキン解任直後の一八九九年一一月、モスクワで「ベセーダ」サークルが発足し、一九〇〇年初め、シーポフも参加した。以後一九〇五年革命までの六年間、彼はこのサークルのメンバーとして活動することになる。[51] ゼムストヴォの中に胚胎した政治改革への動きは次第にその色彩を鮮明

にしていく。(52)

一九〇一年、ゴレムィキンの解任をもたらしたヴィッテの意見書がシュトゥットガルトで公刊された。ゼムストヴォを礼讃する序文を付し、匿名でこれを公表したのは、当時マルクス主義的な立場を標榜していた経済学者のストルーヴェであり、資金援助と引き換えに出版を引き受けたのは、新聞『イスクラ（火花）』や雑誌『ザリャー（曙）』を出しているレーニンらの印刷所であった。およそ自らの立場と相容れない性格の出版を引き受けたことは、レーニンに苦々しい思いを残した。それまで共闘の道を模索していたレーニンとストルーヴェは、この後、激しく対立するようになる。ゼムストヴォ自由主義を批判するために、レーニンはこの年の六月、「ゼムストヴォの抑圧者たちと自由主義のハンニバルたち」を書き、一二月、『ザリャー』誌に発表した。ここにいたって両者の和解は、そしてゼムストヴォ自由主義と革命的マルクス主義の歩み寄りは、もはや不可能になったのである。(53)

注

（1）当初三三県であったが、一八六五年にオレンブルク県からウファ県が分かれ、三四県となった。
（2）*Ананьич Б.В.* Россия перед революцией. 1895–1904 годы // Кризис самодержавия в России. 1895–1917. Л., 1984. С. 95–96.
（3）Внутреннее обозрение // Вестник Европы. 1896. Сент. С. 336–340.
（4）Самоуправление на окраинах // Московские ведомости. 1897. No. 187. 10 июля; Москва, 12 июля // Московские ведомости. 1897. No. 190. 13 июля.
（5）Внутреннее обозрение // Вестник Европы. 1897. No. 1. С. 388–389.
（6）Нам пишут // Новое время. 1896. 3 дек. バシキール人が多く住むステップ地方は内地化が進んでおり、一八六五年からその行政を担ったオレンブルク総督府は既に一八八一年に廃止されていた。
（7）*Ананьич.* Указ. соч. С. 97.
（8）Там же. С. 98.
（9）Внутреннее обозрение // Вестник Европы. 1898. Дек. С. 775.

（10）*Ананьич.* Указ. соч. С. 99–100.

（11）О применении Положения о земских учреждениях 12 июня 1890 г. к губерниям Западным: Киевской, Подольской, Волынской, Виленской, Ковенской, Гроденской, Витебской, Минской и Могилевской // Министерство внутренних дел. Департамент хозяйственный. Отделение 7. Стол 2. 1898 г. С. 69–70.

（12）Там же. С. 81–82; *Ананьич.* Указ. соч. С. 103–105.

（13）Внутреннее обозрение // Вестник Европы. 1898. Окт. С. 810.

（14）*Ананьич.* Указ. соч. С. 105.

（15）Переписка Витте и Победоносцева（1895–1905 гг.）// Красный архив. Т. 30（1928）. С. 104. 地方自治に関するヴィッテの見解については、加納格『ロシア帝国の民主化と国家統合―二十世紀初頭の改革と革命』（御茶の水書房、二〇〇一年）八九―九〇頁も参照。『モスクワ報知』はヴィッテの大蔵省と結びつき、その支持を受けていた。*Ананьич.* Указ. соч. С. 98. しかし両者の立場を同一のものとみてよいかどうかはまた別の問題である。

（16）Там же. С. 106–107.

（17）*Горемыкин И.Л.* Записка И.Л. Горемыкина по Хозяйственному департаменту. Февраль 1899 г. この意見書については以下に詳しく紹介されている。*Ананьич.* Указ. соч. С. 107–111.

（18）*Горемыкин.* Указ. соч. С. 11.

（19）Там же. С. 22–25, 34–37; *Ананьич.* Указ. соч. С. 108–109. K・C・アクサーコフの思想については、竹中浩「初期スラヴ派の政治思想―コンスタンチン・アクサーコフの政治観を手掛りとして」『国家学会雑誌』第九三巻第七・八号（一九八〇年八月）、五八五―六〇〇頁を参照。

（20）Theodore R. Weeks, *Nation and State in Late Imperial Russia: Nationalism and Russification on the Western Frontier, 1863–1914*（DeKalb, Ill., 1996）, p. 142.

（21）『ノーヴォエ・ヴレーミャ』も、一八九九年一月に、ポーランド的な制度を除去し、共通の制度を適用することの政治的意義に注目して、西部地方へのゼムストヴォの速やかな導入を勧める論文を掲載した。それはポーランド叛乱の後にミリューチンやチェルカッスキーによってなされた改革と同質のものであるとされた。Земский вопрос в западном крае // Новое время. 1899. 29 янв.

（22）*Горемыкин.* Указ. соч. С. 72–75.

（23）Там же. С. 75–76.

（24）*Милютин Д.А.* Дневник генерал-фельдмаршала графа Дмитрия Алексеевича Милютина. 1891–1899. Под ред. Л.Г. Захаровой. М.

2013. C. 522.

（25） Sidney Harcave, *Count Sergei Witte and the Twilight of Imperial Russia: A Biography*（Armonk, N.Y., 2004）, p. 86.

（26） *Витте С.Ю.* Самодержавие и земство: конфиденциальная записка министра финансов С.Ю. Витте（1899 г.）. Штутгарт, 1901. С. 71–73.

（27） Там же. С. 197–198.

（28） Там же. С. 204–205.

（29） Там же. С. 206.

（30） Там же. С. 208–209.

（31） *Ананьич.* Указ. соч. С. 112; *Куликова С.Г.* Консерваторы и земство: планы и результаты деятельности 1864–1914 гг. М., 2019. С. 57–58.

（32） *Арсеньев К.К.* Земство и толки о земстве // Вестник Европы. 1899. Фев. С. 796–806.

（33） 高橋一彦「救貧のトリアーデ—近代ロシアにおけるチャリティ、地域、国家」高田実・中野智世編『福祉（近代ヨーロッパの探究15）』（ミネルヴァ書房、二〇一二年）三四四、三五三—三五四頁。

（34） Внутреннее обозрение // Вестник Европы. 1898. Окт. С. 808.

（35） Adele Lindenmeyr, *Poverty Is Not a Vice: Charity, Society, and the State in Imperial Russia*（Princeton, N.J., 1996）, pp. 91–95. 高橋一彦「『地域福祉』とゲリエー」『経済学論集』第七八巻第一号（二〇一二年四月）、九八頁も参照。

（36） *Гурко В.И.* Черты и силуэты прошлого: правительство и общественность в царствование Николая II в изображении современника. М., 2000. С. 79.

（37） Внутреннее обозрение // Вестник Европы. 1899. Май. С. 332.

（38） Продовольственное дело и земство // Новое время. 1899. 30 апр.

（39） Thomas Fallows, "The Zemstvo and the Bureaucracy, 1890–1904," in Terence Emmons and Wayne S. Vucinich（eds.）, *The Zemstvo in Russia: An Experiment in Local Self-Government*（Cambridge; New York, 1982）, pp. 216–217. 加納、前掲書、三五頁。

（40） Внутреннее обозрение // Вестник Европы.1898. Ноя. С. 341–342.

（41） Москва, 6 октября // Московские ведомости. 1897. No. 276. 7 окт. スヴォーリンはゼムストヴォに対し概して好意的であった。以下を参照。*Суворин А.С.* В ожидании века XX: маленькие письма 1899–1903 гг. М., 2005. С. 544–545; Effie Ambler, *Russian Journalism and Politics, 1861–1881: The Career of Aleksei S. Suvorin*（Detroit, Mich., 1972）, pp. 169–170.

（42）*Витте С.Ю.* Сергей Витте. Воспоминания. Полное издание в одном томе. М., 2010. С. 472–473. 学生運動をめぐる両者の立場については以下を参照。*Голечкова О.Ю.* Бюрократ его величества в отставке: А.А. Половцов и его круг в конце XIX – начале XX века. М., 2015. С. 94–95.

（43）*Суворин.* В ожидании века XX. С. 719–720.

（44）*Гурко.* Указ. соч. С. 80.

（45）一九〇二年四月二日にシピャーギンが暗殺されたことは、ヴィッテにとって痛手であった。*Суворин А.С.* Дневник Алексея Сергеевича Суворина. М., 1999 С. 442, 444–445. 後任の内相プレーヴェはヴィッテにとって不倶戴天の敵であるとともにゼムストヴォに対しても敵対的であり、彼の内相就任によって内務省とゼムストヴォの間での生産的な妥協は困難になった。Edward H. Judge, *Plehve: Repression and Reform in Imperial Russia, 1902–1904*（Syracuse, N.Y., 1983）, pp. 9–10.

（46）Внутреннее обозрение // Вестник Европы. 1900. Март. С. 343.

（47）Fallows, “The Zemstvo and the Bureaucracy, 1890–1904,” pp. 217–218; Огланичение пределов земского обложения // Московские ведомости. 1900. No. 212. 3 авг.

（48）*Пирумова Н.М.* Земское либеральное движение: социальные корни и эволюция до начала XX века. м., 1977. С. 50.

（49）*Шипов Д.Н.* Воспоминания и думы о пережитом, М., 2007. С. 155; Fallows, “The Zemstvo and the Bureaucracy, 1890–1904,” p. 222.

（50）Ibid., pp. 192, 214; Thomas S. Fallows, “The Russian Fronde and the Zemstvo Movement; Economic Agitation and Gentry Politics in the Mid-1890’s,” *The Russian Review*, vol. 44, no. 2（Apr. 1985）, p. 125.

（51）「ベセーダ」サークルについては以下を参照。Terence Emmons, “The Beseda Circle, 1899–1905,” *Slavic Review*, vol. 32, no. 3（Sept. 1973）, pp. 461–490. シーポフはモスクワ県参事会議長の職を一九〇四年四月まで務めた。

（52）復活後のヴィッテはリベラルの協力を取り付けるためシーポフを頼った。Harcave, op. cit., pp. 182–185.

（53）Richard Pipes, *Struve: Liberal on the Left, 1870–1905*（Cambridge, Mass., 1970）, pp. 276–277.

小　括

一八九〇年代後半はゼムストヴォについて興味深い論争が現れた時期である。『ヨーロッパ通報』やゲリエーはゼムストヴォを社会の側に引き付けて理解し、政府の干渉を排除しようとした。これがこの時代の正統な自由主義の立場であった。しかし、これと異なる立場がすべて自由主義と無縁であったわけではない。チチェーリンの立場はかなりの程度ハイエクに近づいているし、後の時代の福祉国家型リベラリズムを知っている者の目から見れば、長年にわたって盲人教育に献身したグロートが救貧に対する政府の責任を説いたからといって、直ちにこれを自由主義に反する主張とみなす必要はないと考えられる。

しかし、これらはみな、世紀転換期におけるロシア自由主義の主流ではなかった。一九世紀末、ゼムストヴォの役割が大きくなるとともに、この機関を基盤として政治的変革を求める運動が現れてきた。ゼムストヴォは相互に結びつくことや政治問題を論じることを禁じられていたが、強力になったゼムストヴォを、立憲主義的な政治的理想を実現するために利用しようとする活動家も増えていった。ゼムストヴォ・リベラルとよばれる人々である。もともと彼らは貴族一般を政治的に代表していたわけではない。しかし、九〇年代末にヴィッテ体制の歪みが強まり、農業が危機的な状況に陥ると、不満を募らせた土地貴族の一部は、立憲主義運動に引き寄せられるようになった(1)。それまでのような政府内部での代表制導入の模索とは別に、社会的基盤をもった立憲主義の動きが徐々に育っていた。皇帝権力の制限が単なる理論上の問題ではなくなっていったのである。

ゼムストヴォ内の立憲主義的志向は、ヴィッテにとって受け入れがたいものであった。実務家であるヴィッテは、後に立憲制の導入をツァーリに迫ったことからもわかるように、政治原理の面から立憲制を攻撃したわけではない。

しかし、立憲制が経済発展の前提となる政治体制としての専制を弱体化させると考えられる限り、ヴィッテはそれに対する強固な反対者であった。(2) ヴィッテにとって、それぞれの国の条件によって適合的な政治体制は異なるのであり、政治体制とその課題の達成能力の間に必然的な関係はないと考えられた。そこに見られるある種の文化相対主義はポベドノスツェフにも通じるものであった。(3)

ゼムストヴォを基盤とする立憲主義的な動きに対しても、ヴィッテは一貫して冷ややかな態度をとった。(4) ヴィッテから見れば、立憲主義はゼムストヴォの本質そのものから必然的に出てくるものであった。ヴィッテの主張はそれなりに筋が通っており、単なる政治的言説という以上のものである。ヴィッテがゼムストヴォによる近代官僚制の代替を不可能と考えたことも、この時代の政治認識として、必ずしも誤っているわけではない。一九世紀末が官僚制化の時代であり、組織の大規模化と合理化が優勢な傾向であったことを考えれば、ヴィッテの主張を単なる反動とみなすことはできない。むしろ専制に新しさや近代官僚制、合理的意思決定との親和性を見ようという議論として理解すべきであるとも考えられる。(5) ヴィッテ自身もその正しさを信じていたであろう。

どのような政治体制でも、救貧や食糧供給といった、地方の切実な行政課題がある以上、地域社会による自主的な活動の仕組みは必要である。少なくとも政府には社会と協力する必要がある。ヴィッテもそれは否定しなかった。しかし、ヴィッテにとっては法治と斉一的な行政こそが第一であった。ヴィッテにおいて、社会を育てるという長期的課題は視野の外に置かれるか、あるいはかなり低い優先順位しか与えられていなかったと言わざるを得ない。

さらに、社会の自主活動と地方自治とが不可分であることを、ヴィッテは認めなかった。ゼムストヴォに欠陥があるとしても、それはとにかく三〇年の間存続し、ロシア社会に定着していた。多くの人が、ロシアの現状の中で、専制と正面からぶつかることを避けながら、より広汎な参加の道を開き、何とか政府の外の力を呼び起こそうと努力しているときに、ゼムストヴォの積極的役割を否定するが如き議論を展開することの意味を、彼は考えなかった。

ヴィッテによる批判は、ニコライのゼムストヴォに対する否定的な評価を決定的にした(6)。ゼムストヴォを社会の代表と見ることを拒否しておきながら、ヴィッテはそれに代わる社会の代表を示さなかった。その結果、一九〇五年革命にいたるまで、彼は安定した統治のイデオロギーと制度を生み出すことができなかったのである。

プレーヴェとの激しい政争の果てに、一九〇三年八月、ヴィッテが蔵相を解任され、中央政治の表舞台からの退場を余儀なくされたとき(7)、スヴォーリンは『ノーヴォエ・ヴレーミャ』紙上にヴィッテの人物評を記した。ヴィッテが、新聞というメディアや言論人に対して十分な敬意を払わないことに対して、スヴォーリンは快く思っていなかった(8)。ヴィッテの能力と仕事ぶりを高く評価する一方で、スヴォーリンは、実務的能力に恵まれたロシア人の通弊として、ヴィッテが、思索を広げ、深める余裕をもたなかったとした。そのためヴィッテの仕事はしばしば物事の実務的処理にとどまった。実務的処理はときとして現実の多様な分野間の、たとえば工業と農業の間の、強固な結びつきを見ようとしない。政治家には、財政に関心を限定せず、鉄道や商工業だけでなく全体に目を向けることが求められる。ヴィッテは人民の困窮に目を向けるのが遅かった。税によって財政を支える人民が休息を必要としているにも拘らず、それに対する政治的配慮が十分ではなかったことを、スヴォーリンは指摘している(9)。

ゼムストヴォを社会の代表として認めることを拒むという点では、一九〇二年四月に内相となったプレーヴェも同じであった。それでも、政治的に動揺していた土地貴族を政府の側に繋ぎとめなければならなかったから、個別の問題ごとに、貴族代表やゼムストヴォ代表を招いて審議に参加させたり、質問状を出して意見を徴したりするなどの方法によって、ゼムストヴォとの妥協の道が探られた。プレーヴェは、ゼムストヴォに集う土地貴族との協力を模索する一方で、ゼムストヴォ内の政治的グループや、彼がその支持勢力と考えたゼムストヴォに勤務する専門家＝インテリゲンツィヤに対して強い不信感をもち、強引に両者を切り離そうとした(10)。しかし、結局のところ彼はそれを抑圧の強化という形でしかなし得なかった。一九〇四年二月、ロシアは政治的に不安定なまま、日本との戦争に突入する。

この年の七月、プレーヴェは革命的社会主義を標榜するエスエル党のテロリストによって暗殺されてしまった。

注

（1）Klaus Fröhlich, *The Emergence of Russian Constitutionalism, 1900–1904: The Relationship Between Social Mobilization and Political Group Formation in Pre-Revolutionary Russia* (The Hague, 1981), pp. 46–48; Thomas Fallows, "The Zemstvo and the Bureaucracy, 1890–1904," in Terence Emmons and Wayne S. Vucinich (eds.), *The Zemstvo in Russia: An Experiment in Local Self-Government* (Cambridge; New York, 1982), pp. 204–205.

（2）Theodore H. von Laue, *Sergei Witte and the industrialization of Russia* (New York, N.Y., 1963) p. 161.

（3）ポベドノスツェフの政治観については、本書の六五頁及び七四―七五頁を参照。

（4）*Пирумова Н.М.* Земское либеральное движение: социальные корни и эволюция до начала XX века. М., 1977. С. 13–14.

（5）ヴチスロはヴィッテが法治国家に対するとりわけ強い信念をもっていたとする。Francis William Wcislo, *Reforming Rural Russia: State, Local Society, and National Politics, 1855–1914* (Princeton, N.J., 1990), pp. 132–133.

（6）*Суворин А.С.* Дневник Алексея Сергеевича Суворина. М., 1999. С. 480.

（7）Edward H. Judge, *Plehve: Repression and Reform in Imperial Russia, 1902–1904* (Syracuse, N.Y., 1983): 151. ヴィッテ解任の重要な要因の一つは彼の極東政策に対する批判の高まりであった。

（8）*Карцов А.С.* Русский консерватизм второй половины XIX – начала XX в. (князь В.П. Мещерский). СПб., 2004. С. 404, 409.

（9）*Суворин А.С.* Маленькие письма // Новое время. 1903. 29 авг.

（10）草野佳矢子「二〇世紀初頭の帝政ロシアにおける地方統治問題―内務省とゼムストヴォ・リベラルの関係を中心に　一九〇二年―一九〇四年」『ロシア史研究』第六三号（一九九八年一〇月）、三〇頁。

第三章　宗教政策における法治

ロシア帝国は正教を国教とする国家であった。臣民の大部分を信徒とするロシア正教は、政府による国家統合のための道具として重要な役割を果たしていた。正教徒の管理については、その多くの部分が現地の正教会に委ねられており、聖職者は現地住民の日常生活に対して大きな影響を及ぼしていたのである。しかしロシアが帝国である以上、そこには正教以外の信仰をもつ人々がいた。ロシア正教以外のキリスト教はもとより、ユダヤ教やイスラム教、ラマ教なども、内務省の管轄下で、「外国の宗教」として法的に認められていた。少なくとも一九〇五年までのロシア帝国は、身分に加えて宗教によって社会を編成・統制していた。住民把握についても、宗教ごとに、それぞれの組織を利用して行われていた。

一八三二年に制定された国家基本法の四四条と四五条は、正教以外の公認宗教に対する宗教的寛容を定めていた。正教徒以外の人々は、その宗教が公認のものである限り、自らの宗教生活を送る自由を保障されていたのである。しかしそれはあくまで宗教的寛容であり、正教以外の宗教に、国教としての正教と同じ地位を認めるものではなかった。特に、正教徒とされている人々が正教以外の信仰をもち、あるいは公定のそれとは異なる信仰の形をとろうとしたときには、さまざまな不利益を覚悟しなければならなかった。

それでも、政教分離の進む近代国家において、信仰そのものを理由として処罰することは徐々に難しくなっていく。処罰されるのは信仰を理由とした反社会的行動であって信仰そのものではない。宗教管理のためには、外に現れる宗教活動を公定の制度に従わせることが必要になるが、その管理も法に則ったものでなければならない。法治の導入によって公平と予測可能性、生活における安定を実現することは、宗教の領域においても、近代化に伴って不可避的に生じる要請である。宗教的統合を維持するにしても、この要請との調和を図らなければ、近代国家として立ち行かないであろう。

ロシアの宗教的少数者に注目する従来の研究は、通常彼らを抑圧の犠牲者として描いてきたと言ってよい。一般に、これまで帝政ロシアの内務行政に関する研究においては、その抑圧的な側面が強調されてきた。しかし従来の議論はともすれば抑圧的であったという事実の指摘にとどまっており、ロシアの内務行政は「必要以上に」抑圧的であったのか、仮にそうであったとすれば、なぜそのような政策がとられたのかというところまで踏み込んだ（それを「悪意」や「愚昧さ」以外のものによって説明しようとする）研究はまれであった。

ロシアの宗教政策、あるいは内務行政一般に抑圧的な傾向が見られたとすれば、それはどのような事情と判断によるものであったのか。宗教管理の近代化に対する要請は、そのような事情や判断に影響を及ぼしたのか否か。ロシアの宗教政策や内務行政を見る際には、そのような問題に目を向ける必要がある。

このような問題意識に立ち、本章は広義のプロテスタントを対象として、一九〇五年四月一七日勅令によって一応の宗教的自由が認められるまでの、ロシアの宗教政策における法治の問題を検討する。プロテスタントの場合、信仰の内容が概して西欧的であり、また外面に現れることがより少ないため、これに対する政府の態度は宗教政策そのものの一般的性質をより端的に表すと考えられる。もとより、プロテスタントといっても、その幅はずいぶん広い。どのような人々を相手にするかによって、政府の政策も変わらざるを得ない。本章では、性格の異なったいくつかの集団に焦点を合わせることで、問題の多様な広がりを明らかにする。

第一節　公認宗教とセクトの間

一　公認宗教としてのルター派教会

ヨーロッパの一角を占めるロシアの政府にとって、西欧の主要国において国教の地位を占めているカトリックやルター派のようなキリスト教の教派を排除することは問題外であった。それでもカトリックの場合には、教皇庁との関係、ポーランド人の影響、あるいはローマの権威を受け入れながらも正教の典礼等を保持している、ウニアトの統合といった厄介な問題があったため、その扱いには少なからぬ困難が伴った。これに比してプロテスタントの教会は総じてより好意的な扱いを受けた。そもそもプロテスタントであるイングランドの国教会やスウェーデンのルター派教会とロシアの正教会とは類似の側面が多く、プロテスタントか正教かという相違はむしろ相対化されていたとさえ言える。一七二一年、皇帝ピョートルは総主教制を廃止し、宗務院を設置して正教会を国家の監督下に置いたが、これは正教的な国家・教会関係というよりはルター派的な教会管理の方式を真似たものであった。また、ツァーリの権威に宗教的色彩が伴っていたことは事実であるとしても、教義など、信仰の内容そのものに関わる事柄についてツァーリが直接これを支配しえたわけではなく、その面でのツァーリの権限はイギリスの国王よりもむしろ小さかったと言われる。(1)

ロシア帝国におけるプロテスタント（特にルター派）に対する寛容な扱いはピョートルの時代から存在した。(2)ピョートルにとって最大の関心事は西欧の人材をロシアに誘致することであり、そのためには信仰に拘らなかった。

スウェーデンと戦って獲得した沿バルト地域についても、一七〇二年四月一六日の詔書によって信仰の自由が保障された。もちろんピョートルの寛容政策は近代的な宗教的自由の理念に立つものではなく、プラグマティズムの産物であった。彼は基本的にエラストゥス主義であり、宗教は国家の利益という観点から評価されるべきものであった。その意味で、正教を特別扱いしようという発想は、ピョートルには比較的希薄だったのである。[3] この点ではエカチェリーナ二世も同様であった。ルター派から正教に改宗したエカチェリーナは「私はギリシア正教とルター派の信仰との間に何の相違も見出さない」と述べている。[4] 以後、歴代のツァーリはルター派の王女や大公女を皇后に迎え、彼女たちは結婚に際して正教に改宗した。[5]

エカチェリーナの治世において、西部、南西部への領土拡大に伴い、ルター派ドイツ人のロシアへの大量移住が始まった。彼女はロシアにドイツ人入植者を招くために信仰の自由を保障した。入植地に教会を建て、牧師を置くことも認め、そのために官費を支出した。続くパーヴェル、アレクサンドル一世の時代にもドイツ人の入植は続いた。特に、一八一二年にオスマン帝国との間に締結されたブカレスト講和条約によってベッサラビアを獲得し、またペルシアと戦って北カフカースに版図を拡大したことは、耕作のための労力や資金の不足をもたらし、新たなドイツ人誘致の動機となった。また一八〇九年にフィンランドが、一八一五年にポーランドのビャウィストク周辺が編入されたことによって、帝国内のルター派信徒の数は増加した。特にバルト・ドイツ人は官界や軍において重要な位置を占め、帝国内におけるルター派のステータスを高めた。

アレクサンドル一世時代のドイツ人入植者の中には、故国でルター派教会に圧迫されたヴュルテンベルクの敬虔主義者たちもいた。もともとヴュルテンベルクは独自の敬虔主義的伝統が広く見られたところであるが、[6] 一九世紀前半には土地の細分化による零細経営の増加が進み、[7] 土地を求める篤信のプロテスタントたちが、「シュテンデ」と呼ばれる独自の集会の形態とともに、ウルムからドナウ川を下ってロシアの新領土に移ってきた。彼らは、タヴリーダ県のメリトポリスク郡やベルヂャンスク郡のほか、[8]ヘルンフート兄弟団やモラヴィア兄弟団によって開かれたサラトフ県のサレプタなど、ヴォルガ川流域に多く入植した。[9]中には、北カフカース・ピャチゴルスク管区のカッラスに入っていたスコットランド人宣教師の招きに応じて、北カフカースに移る者もいた。[10]

ニコライ一世時代に入ると、一八三二年一二月二八日に福音主義ルター派教会規程が定められるなど、ルター派に対する統制が制度化された。[11]帝政ロシアでは、異族人の宗教として法的に認知されていたアルメニア正教、ユダヤ教やイスラム教、ラマ教などを含め、外国宗教に対しては、内務省の宗務局のもとにそれぞれ組織化・制度化がなされていたのである。これに服している限り、原則として抑圧の対象とはならなかった。

しかし、たとえ公認の宗教であっても、それがもともとの信者の範囲を越えて広がることについては、正教という国教に基づくロシア帝国の国家統合を脅かす危険性ゆえに、当局は常に警戒の目を向けていた。ニコライ一世時代に定められたロシア最初の刑法典（一八四五年八月一五日に裁可された刑事罰・矯正罰法典、以下刑法）一九六条は、正教から他の宗教に改宗した者について、教会当局のもとで正教会への復帰のための働きかけを受け、また彼らが正教に復帰するまで、彼らの年少の子供やその所有する農奴がそのもとから引き離されることを定めていた。また同一九七条によれば、正教徒を別の信仰に改宗させようとした者は、権利の剥奪や要塞監獄への収容などの刑を科され、累犯の場合はトムスク県かトボリスク県への流刑に処せられることになっており、公認の宗教といえども例外ではなかった。[12]このように、帝政ロシアの宗教政策の基本は、国教である正教から他の宗教への改宗に対する制約と、改宗への働きかけの禁止であった。

二　公認宗教以外の信仰

ロシア帝国においては、制度化された宗教からの逸脱が厳しく取り締まられていた。政府が宗教的逸脱に対する警戒を怠らなかったのは、それが宗教による統合の妨げになるとともに、反政府的な政治運動と関わる危険性をもつと考えられていたからである。政治と宗教の関係における焦点の一つとして、セクトの問題がある。一七世紀からロシアに存在した古儀式派に加えて、正教会の内外にさまざまなセクトが生まれ、政府の警戒心を高めることになった。それらのうちのあるものは神秘主義的傾向を、あるものは聖霊主義的傾向をもち、宗教共同体における物質的平等や、信仰に基づく兵役拒否の問題を生じさせ、その都度政府は対応を迫られていた。

もともとニコライ一世はセクトをそれほど危険なものとはみなしていなかったとされる。[13] しかし、正教による国家統合の必要が強まると、分離派やセクトの処理がより重要になってくる。これを放置すれば国教＝体制宗教そのものが維持できないと考えられたからである。刑法二〇六条は「分離派」と「異端的セクト」を共に処罰の対象としていた。両者はともに厳しい罰則によってその布教を禁じられており、布教を企てる者はあらゆる権利を剥奪され、流刑に処せられることになっていた（例えばヨーロッパ・ロシアの「分離派」や「異端的セクト」の場合にはザカフカース地方に送られた）。

ここで分離派と呼ばれているのは主に古儀式派のことである。特殊な典礼を有する古儀式派は伝統主義的な人々であり、ときにツァーリを反キリストとみなすなど、教会当局にとって危険な一面をもっていた。また西欧化に対して好意的でなく、[14] 政府がそのような性格をもつ政策を進めようとするとき、それを阻害する要素となりえた。他方彼らは経済活動において重要な役割を果たしていた。モスクワ商人層の中に古儀式派が多く、彼らのイデオロギーが保守的であったことはよく知られた事実である。彼らはロシア・ナショナリズムの母胎となりうる人々であった。

セクトというのは古儀式派とは明らかに性格の異なる（しばしば相互に嫌悪し合う）集団であった。古儀式派が正教会の中から生まれてきたのに対して、セクトはしばしば正教会の外で、ときには西欧キリスト教の影響のもとに、形成された。数から言っても、古儀式派が人口のかなりの部分を占める集団であるのに対して、セクト信者ははるかに少数であった。

大改革以前からのセクトとしてよく知られているのはドゥホボールとモロカンである。これらはいずれも特に有害なセクトとみなされ、その信者が布教を行った場合には、あらゆる権利を剥奪された上、流刑に処せられることになっていた（刑法二〇七条）。このうちドゥホボールは平等や財産の共有に対するユートピア主義的関心の強い信仰集団であり、正教会の制度や典礼を認めなかったために、エカチェリーナ二世やパーヴェル帝の時代には激しい迫害を受けた。アレクサンドル一世及びニコライ一世は迫害する代わりに彼らを周囲から切り離してその影響を局限しようとし、最初は後述するメノナイトの入植地に隣接するノヴォロシアのモロチヌィエ・ヴォードゥィに、さらに一八四〇年代の前半にはザカフカース地方に移住させた。(15) その後、彼らは独自の習俗や伝統をもつ集団に転化するとともに政治的に穏健化し、当局との関係も好転していた。

モロカンはドゥホボールに比べてより聖書主義的であり、教義における社会的モチーフが乏しく、その点で西欧的なキリスト教に近かった。(16) 正教農民に比べて知的で裕福であり、政治的にもより無害な人々であった。しかし信仰に抵触することには強く抵抗し、宣誓や戦闘参加を拒んだ。(17) 政府は彼らが正教徒と交わって彼らに影響を与えることを警戒し、一八三七年二月一三日の通達でモロカンが正教徒を使役することを禁じ、さらに一〇年後の四七年三月一五日の勅令で、モロカンが正教徒のもとで働くことをも禁じた。(18) ここでも政府の最大の関心は、セクトの信仰が一般の正教徒の間に広がることの抑止であった。

ノヴォロシアに入ったドイツ人入植者の影響下に、大改革以後、新しい宗教運動が出現した[19]。加わった人々は総じて道徳的であり、ノヴォロシアにはびこる酩酊や盗みに対する嫌悪が彼らの信仰を支えていた[20]。合理主義的傾向をもち、福音書に対する強い関心から識字率も高かった[21]。しかも政治的には従順であって、西欧的な基準からすれば模範的な市民であった。ただ、正教の儀式や聖職制度、イコンを認めないなど、彼らの信仰は伝統的なロシア人の宗教生活とは明らかに相容れない側面をもっていた。この人々は当初正教会の中にとどまっており、正教の聖職者のもとで子供に洗礼を受けさせ、婚姻や埋葬を行っていたが[22]、七〇年代以後、正教会から離れるようになった。この運動はロシアの南部に広がった。

同様のグループは一八六〇年代に、ザカフカースや北カフカースの諸県にも形成された。ノヴォロシアにしてもザカフカースにしても、こうした運動が広がりを見せたのは改革後資本主義的関係が発達した地域であった。これに対して伝統的な形態の農業が営まれ、海外市場とのつながりも薄い中央黒土地帯には、このような運動はなかなか浸透しなかったといわれる[23]。信仰義認の考え方に加えて、浸礼による成人バプテスマの実施など、もともと彼らの信仰は、有力なプロテスタント教派の一つであるバプテストに近かったが[24]、ドイツ・バプテストの組織者であるJ・G・オンケンの伝道もあって、彼らの中からは自覚的なバプテストのグループも生まれつつあった[25]。

ペテルブルクでも福音主義的なグループが形成されていた。この動きは、もともとは一八七四年の英国人ラドストック卿の説教に端を発していたが、これを、上流貴族のサロンを舞台とし、多くの女性を含む一つの運動にまで高めたのは大地主で近衛大佐のB・A・パシコーフ、A・П・ボブリンスキー伯、M・M・コルフ伯といった人々である。パシコーフらはパンフレットの配布や諸サークルでの説教を通じて福音主義的なキリスト教を広めていった[26]。トルストイの『復活』にも登場するこの運動はパシコーフの名をとってパシコーフシチナと呼ばれ、伝統的な正教に満足できなくなった労働者の間にも広がっていった[27]。改革前からのセクトであるドゥホボールやモロカンが、善き業による救いという考え方をとり、その世界観には、神の似姿としての人間に対する肯定的評価が強く現れていたのに対して、改革後に現れた福音主義的なグループは一般に、神の自己犠牲による罪の贖いに対する信仰を通じての、神の恵みとしての救いという、正統的なプロテスタントの立場を鮮明にしていた(28)。

三　宗教的寛容とシュトゥンディスト

改宗の勧誘・布教活動のように、正教徒に改宗を働きかける行為は常に違法であって刑事訴追を受けることになる。これは一九〇五年まで一貫して変わることのない原則であり、原理的な論争はともかく、政策的な論点にはならなかった。他方、棄教や自発的な宗教行為について本人を罰することは信仰への権力的介入であり、さすがにこれについては早くから軌道修正の動きが見られた。

アレクサンドル二世時代の終わりから始まった宗教政策の見直しによって、いくつかの法律が生まれた。一八七四年四月一九日法（国家評議会意見）は、「分離派」の婚姻、出生、死亡証明書発行についての規則を定めた。その儀式が宗教婚として法的効力を発生させることのない分離派に属する者であっても、所定の手続きを経て台帳に記載されれば、婚姻が法的効力をもつこととなった。すなわち、宗教婚が認められない宗教集団に属していても、民事婚の手続きにより法的効力をもつ婚姻を行うことができ、生まれた子は嫡出子と認められることになったのである。

一八八三年五月三日法（国家評議会意見）もまた、アレクサンドル二世時代からの宗教政策の見直し作業によって生まれたものであった(29)。この法律は、古儀式派やセクトに関して、有害度が低いと見なされた宗教集団に一定の法的地位と権利を認めていた。それによってその信徒は国内旅券の取得資格を与えられ、取引や生産事業に従事し、下級の官職に就くこともできるようになった。目立たない形で行うのであれば、集団での礼拝も許されることになった(30)。

もとより宗教活動に対する制約は残った。新たに礼拝所を建てることは許されず、既存のものの改修にも当局の許可を要した。宗教儀礼を行う者に聖職服の着用は許されず、聖職者の身分も認められなかった。外部への布教が厳しく禁じられていたことは言うまでもない。またそれまで法的地位を認められていなかった宗教集団に一定の法的地位と権利が与えられるようになったことは、逆に法に定められた制約からの逸脱を取り締まるという形での規制を容易にした。同法は地方の事情に応じた規制の権限を内務省に与えていたのである。一八八三年法はアレクサンドル三世時代において宗教政策の基礎となり、一九〇五年四月一七日の勅令まで効力を有することになる。

ポベドノスツェフは同法を厳格に解釈し、明文で与えられていないものを一切認めないことによって、古儀式派やセクトの活動に厳しい統制を加えた。(31)正教以外の宗教に関する問題は内務省の管轄であったのに対して、古儀式派やセクトの規制についてはむしろ宗務院がイニシアティヴをとったのである。(32)それでも古儀式派はこの法律の恩恵を受けた。(33)ポベドノスツェフの敵意にも拘らず、アレクサンドル三世自身は古儀式派に対して比較的好意的であったといわれる。(34)

バプテストと認定された人々についても、事態は徐々に改善されつつあった。西欧起源の教派の中で、バプテストがかなり後まで外国宗教として認められなかったのは、公認宗教の中から新たに生まれてきた集団であり、他者を改宗させることに熱心であるとみなされていたからであった。(35)それでも一八七九年三月二七日法（国家評議会意見）は「バプテスト」に宣教・典礼の自由を認め、(36)これに基づいて、九月にその儀式による婚姻、出生、葬礼が法的効力を付与される旨の内相通達が出された。一八七〇年代の終わりから八〇年代の初めにかけて、福音主義的なグループの間に連携の動きが現れる。一八八四年四月には南ロシア＝カフカース・バプテスト同盟が発足した。この集団は一八八五年からロシア・バプテスト同盟を名乗るようになる。

しかし、福音主義的傾向をもつロシア人農民がその信仰を承認してもらうのは容易なことではなかった。多くの場合、彼らはシュトゥンディストと呼ばれ、現地正教会の聖職者や彼らを統括する宗務院の側から目の敵にされた。キエフ県知事からアレクサンドル三世に対してなされた一八八一年の報告では、県内に「シュトゥンディズム」の広がりが見られるとされ、これが政府に対する尊敬の念を掘り崩すことへの危惧が述べられていた。アレクサンドル三世は内務省と宗務院総監に特別の注意を払うべきことを求め、シュトゥンディズムの考え方は社会主義的であるとした(37)。

バプテストを公認した一八七九年法はバプテストの範囲を明示していなかった。ポベドノスツェフはロシア人バプテストの存在を認めることを拒んだ。彼はドイツ・バプテストの教理問答書の露訳を認めることにも反対していた(38)。西欧的な信仰をもつセクトであるといえども(39)、あるいはむしろそれゆえに、シュトゥンディストはポベドノスツェフにとって脅威であり、他のセクト以上に厳しい抑圧が試みられた。一八八二年、ポベドノスツェフの意を受けて、内務省は、一八七九年九月通達は正教からの改宗者には適用されないとした(40)。シュトゥンディストに対する警戒はその後も続き、一八九二・九三年の宗務院報告ではこの問題に大きな比重が置かれていた。

この到達点となるのが一八九四年の大臣委員会決定である。大臣委員会はシュトゥンディストを特に有害なセクトと宣言し、内相ドゥルノヴォーに、宗務院総監と協力して、その集団での礼拝を禁止するよう求める決定をした。この決定は七月四日に裁可を得た(41)。大臣委員会の議長は、カトコーフらの批判によって蔵相を解任されたH・X・ブンゲであったが、リベラルとされ、少なくとも宗教的保守派ではないブンゲのもとでこのような決定がなされたことは、この時点で政府部内におけるポベドノスツェフの影響力がなお強かったこと、またある程度政府がセクトに対する警戒心を共有していたことをうかがわせる。

九月三日にはこれに基づいてシュトゥンディストを一八八三年五月三日法の適用から除外する旨の内相通達が出た(42)。この通達により、シュトゥンディストは結婚登録を認められず、生まれた子供は母親の名前で庶子として登録され、父親の財産に対する相続権を認められないこととされた。法によって認められた兵役免除も受けられなかった。

一八九四・九五年の宗務院報告では、分離派・セクトに対する規制に世俗権力が積極的に取り組む必要が説かれていた。[43]

こうした政府の方針のもとで、福音主義的傾向をもつロシア人の多くがシュトゥンディストとして迫害を受けた。[44]本来シュトゥンディストと認定するための手続きが通達で定められているにも拘らず、地方の教会当局はしばしば法に反して一八九四年決定を拡大適用し、ロシア人バプテストの存在そのものを否定し、根拠なしにシュトゥンディストとみなした。その結果、礼拝集会が開催されると、農民自治機関である郷当局による行政処分として行政流刑が科されたり、一八九四年決定を根拠に刑事処分が下されたりした。政府によって承認されたドイツ人の教会指導者が証拠を示してバプテストであると証言しているにも拘らず、治安判事によってシュトゥンディストとして刑事処分を科される事例も発生した。[45]

四　セナートと内務省

内面の問題である宗教的な事柄を無理に規制しようとすれば、法治に悪い影響が及ぶことは避けがたい。とは言え、実体的な国家目標として宗教的統合（国教＝体制宗教の維持）を掲げる勢力の強い当時のロシア帝国において、信教の自由を直截な形で持ち出しても、政府内部で受け入れられる余地はなかった。そこで、信教の自由を主張する際には、特定の目的のために宗教法規や刑法の条文を恣意的に適用することに対する反対という形がとられた。既成の法の恣意的な拡大解釈を許さないとする議論は、安定した統治にとって法の遵守が重要な条件であるという合意がある限り、政府内でも支持を得る可能性があったのである。

一八九六年、セナートは決定第三八号で、バプテスト運動が合法宗教である以上、それを信じる自由そのものは認められており、正教からバプテストへの改宗についてもカトリックやルター派への改宗と同様に見なされるべきであって、処罰の対象となるのは正教からの離脱そのものではなく、正教からの離脱の勧誘を禁じた一八七条に違反した場合に限られるとした。法治主義の立場から刑事処分の対象を限定しようとしたのである。

また、一八九七年一〇月三日の決定第二八六〇号では、バプテストをシュトゥンディストと同一視すべきではないとして、非合法セクトに対する処罰規定を公認宗教の信者に適用することを批判し、一八七九年法や一八八三年法はロシア人バプテストにも適用されるべきであるという判断を示して、彼らに礼拝集会をもつ自由を認めた。(46)

シュトゥンディストそのものを救済しようという動きも現れた。リベラルな雑誌『ヨーロッパ通報』は特に有害なセクトという概念が拡大されているとして一八九四年の大臣委員会決定を批判した。もとよりツァーリが裁可した大臣委員会決定の内容そのものを直接批判することはできない。そこで、実体を批判するために形式を問題にした。大臣委員会決定が一八八三年五月三日法（国家評議会意見）の内容を修正したことに対する批判である。同誌の立場からすれば、国家評議会意見の効力を、特殊な事案の行政的処理について定めるべき大臣委員会決定によって取り消すことはできない。国法学の権威グラドーフスキーが述べるように、国家全体に関わる一般的問題に関しては、国家評議会が唯一の立法機関である。(47)しかも、一八八三年法は大改革期でなくアレクサンドル三世時代の法律であり、理論的思弁の産物でなく実践的思慮によって作られている。それを形骸化することには理由がない。(48)シュトゥンディストはもはや正教会に対する敵対的態度などはとっていないのであり、それを有害とする宗務院報告の立場は、事実によって裏付けられてはいないとされた。(49)

正教以外の公認宗教（外国宗教）を管轄する内務省も、イデオロギー官庁としての宗務院に比べて統治のコストに対する関心が強く、その意味で合理主義的であって、治安の問題に影響が出ない限り、具体的な価値を扱う宗教という私的領域、個人の選好の領域に、本来なら立ち入りたくないところであった。また、行政的一元化が進むと、地方において宣教団の活動のために行政機関が協力するというやり方も時代に合わなくなる。一八九九年八月一三日のゴレムィキン内相通達は、「シュトゥンディスト」に対して、分離派に民事婚による婚姻の道を開いた一八七四年法の適用を認めた。ただし結婚登録は生まれながらのシュトゥンディストに限定され、一度でも正教会の典礼を受けた者の登録は認められなかった(50)。

一八九九年一〇月の勅令は、アレクサンドル二世時代の通達を再確認して、ロシア人バプテストの存在を認めた(51)。かつて正教徒であったが新たにバプテスト教会の教会員となったロシア人もバプテストと認められ、部外者を出席させたり、改宗者を得ようと試みたりしない限り、礼拝のための集会が認められることになった。それでもなおポベドノスツェフは、一九〇〇年三月一五日、内相シピャーギンに宛てた書簡の中で、ロシア人の「シュトゥンディスト」が一八七九年法によってバプテストに与えられた特権を得ようとして後者を装うことは違法であると主張し、これを受けて内相は、「シュトゥンディスト」がバプテストを標榜することを許さないよう、各県知事に秘密の通達を出した。「礼拝集会」の開催に対して、警察当局の要求に対する不服従を理由とする刑法二九条の適用を認めた一九〇〇年四月三日の司法相通達とともに、ポベドノスツェフの最後の抵抗の表れと見ることができよう(52)。

しかし、その後、内務省はポベドノスツェフの思い通りにはならなくなっていく。一九〇二年、ポベドノスツェフが内相に、死んだ息子をシュトゥンディストの儀式によって正教徒の墓地に葬ったヴォルィニ県の農民を処罰するように依頼したとき、内相はポベドノスツェフにとって満足のいく措置をとらなかった。ポベドノスツェフは再度この村のシュトゥンディストの家族八世帯を行政命令によって村から追放することを求めた。しかし、内相は、実際に罪を犯していない者に対してそのような扱いをすることをセナートが違法とした先例があることを理由に、これに従わなかった。シュトゥンディストとされた人々がキエフ総督М・И・ドラゴミーロフへの請願において、自分たちに加えられた不当な行為を訴えると、総督はヴォルィニ県知事И・Я・ドゥーニン゠バルコフスキーに照会する。県知事は「シュトゥンディスト」を行政流刑に処することを提案したが、総督はこれに反対し、村への警官の駐在や、正教の聖職者の待遇改善や質の向上によって対応することを求めた[53]。

現地の教会当局は依然として司法当局や警察当局に、シュトゥンディストとされる人々に対する厳しい取扱いを求めたが、法的手段を使ってそれを実現することは徐々に困難になっていった。裁判所は一八八三年法や一八九四年決定に基づく処罰を行うことに消極的になっていたのである[54]。信者たちもときに積極的な請願を試みた。一九〇〇年以降、セクト信者に対する迫害は、なくなりはしなかったものの、総じて弱まっていったと言うことができる。

注

（1）Marc Szeftel, "Church and State in Imperial Russia," in: Robert L. Nichols and Theofanis George Stavrou (eds.), *Russian Orthodoxy under the Old Regime*（Minneapolis, Minn., 1978）, p. 130.

（2）Liah Greenfeld, *Nationalism : Five Roads to Modernity*（Cambridge, Mass., 1992）, p. 193.

（3）Sumner Benson, "The Role of Western Political Thought in Petrine Russia," *Canadian-American Slavic Studies*, vol. 8, no. 2（Summer 1974）, pp. 266–267.

（4）*Курило О.В.* Очерки по истории лютеран в России（XVI – XX вв.）. М., 1996. С. 44.

（5）アレクサンドル三世の母マリヤ・アレクサンドロヴナと、ニコライ二世の皇后アレクサンドラ・フョードロヴナは、いずれもヘッセン大公女であった。

（6）成瀬治『伝統と啓蒙―近世ドイツの思想と宗教』（法政大学出版局、一九八八年）五五―五六頁。

（7）大月誠「西南ドイツにおける農民解放―ヴュルテンベルクを中心に」『経済論叢』第八九巻一号（一九六二年一月）六三頁。

（8）*Кулинич И.М.* Миграционные процессы немецкого населения в Причерноморье и Приазове（Херсонская, Екатеринославская, Таврическая губернии Украины）в XIX – XX вв. // Миграционные процессы среди российской немцев : исторический аспект. М., 1998. С. 52.

（9）*Лиценбергер О.А.* Протестантские секты в немецких колониях Поволжья // Немцы в России : проблемы культурного взаимодействия. СПб. 1998. С. 247

（10）左近毅「ロシア人宗教集団ドゥホボールに関する文献（外国篇）」『人文研究（大阪市立大学文学部）』第四〇巻第一二分冊（一九八八年）、一一二頁。

（11）*Курило.* Указ. соч. С. 47.

（12）John Shelton Curtiss, *Church and State in Russia: The Last Years of the Empire, 1900–1917*（New York, N.Y., 1972）, p. 181.

（13）*Лиценбергер.* Указ. соч. С. 246.

（14）William Blackwell, "The Russian Entrepreneur in the Tsarist Period: An Overview," in: Gregory Guroff and Fred V. Carstensen（eds.）, *Entrepreneurship in Imperial Russia and the Soviet Union*（Princeton, N.J., 1983）, pp. 22–23.

（15）Sergei Mikhailovich Kravchinskii, *The Russian Peasantry: Their Agrarian Condition, Social Life, and Religion*（New York, N.Y., 1888）, pp. 319–322.

（16）Ibid., pp. 331–332.

（17）Ibid., pp. 337–338.

（18）A. I. Klibanov, *History of Religious Sectarianism in Russia（1860s–1917）*（Oxford, 1982）, p. 156.

（19）Robert Sloan Latimer, *Under Three Tsars: Liberty of Conscience in Russia, 1856–1909*（London, 1909）, pp. 59–61.

（20）Ibid., p. 64.

（21）Ethel Dunn, "A Slavophile looks at the Raskol and the Sects," *Slavonic and East European Review*, vol. 44, no. 102（Jan. 1966）, p. 177.

（22）Latimer, op. cit., pp. 62–63.

（23）ソ連時代のセクト研究者クリバーノフは、バプテストの信仰がキリスト教のブルジョア的変種であるとしている。Klibanov, op. cit., pp. 236–237.

（24）本書では、баптист に対し、この系譜に属する教派を指す言葉として現在わが国で一般に用いられている「バプテスト」という表記を用いる。

（25）Ibid., p. 240.

（26）*Лиценбергер.* Указ. соч. С. 245–246.

（27）土屋好古「帝政末期のロシア労働者と労働者文化」『労働者文化と労働運動―ヨーロッパの歴史的経験』（木鐸社、一九九五年）四二頁。

（28）Latimer, op. cit., p. 180.

（29）Peter Waldron, "Religious Toleration in Late Imperial Russia," in: Olga Crisp and Linda Edmondson（eds.）, *Civil Rights in Imperial Russia*

(Oxford, 1989), p. 110.

(30) Curtiss, op. cit., p. 135.

(31) Robert F. Byrnes, *Pobedonostsev: His Life and Thought* (Bloomington; London, 1968), p. 180.

(32) Andrew Q. Blane, "Protestant Sects in Late Imperial Russia," in: Andrew Q. Blane (ed.), *The Religious World of Russian Culture. Essays in Honour of Georges Florovsky*, vol. 2 (The Hague; Paris, 1975), p. 283.

(33) Roy R. Robson, *Old Believers in Modern Russia* (DeKalb, Ill., 1995), p. 18.

(34) Byrnes, op. cit., pp. 152–153, 180.

(35) Latimer, op. cit., p. 97.

(36) Blane, op. cit., p. 281.

(37) *Митрохин Л. Н.* Баптизм: история и современность (философско-социологические очерки). СПб., 1997. С. 218.

(38) Byrnes, op. cit., p. 182.

(39) Latimer, op. cit., p. 184.

(40) *Митрохин.* Указ. соч. С. 241–242.

(41) Curtiss, op. cit., p. 166.

(42) *Ясевич-Бородаевская В. И.* Борьба за веру. СПб., 1912. С. 40, 559–560; *Митрохин.* Указ. соч. С. 244.

(43) Внутреннее обозрение // Вестник Европы. 1896. Ноя. С. 353.

(44) Blane, op. cit., p. 284.

(45) *Ясевич-Бородаевская.* Указ. соч. С. 51–52.

(46) Там же. С. 51; *Митрохин.* Указ. соч. С. 246; Blane, op. cit., p. 285.

(47) Внутреннее обозрение // Вестник Европы. 1895. Янв. С. 376–378.

(48) Внутреннее обозрение // Вестник Европы. 1898. Сент. С. 363–364.

(49) Там же. С. 364–365.

(50) *Ясевич-Бородаевская.* Указ. соч. С. 89–90.

(51) Latimer, op. cit., p. 103.

(52) *Ясевич-Бородаевская.* Указ. соч. С. 41; Curtiss, op. cit., pp. 168–169.

(53) Ibid., pp. 171–172.

（54）Ibid., p. 175.

第二節　ロシア化の手段としての刑事罰

一　ナショナリズムの標的としてのバルト・ドイツ人

ロシアのように、西欧と異なる統治の原理に基づく政治社会において、一九世紀末から二〇世紀初頭にかけてのいわゆる「帝国の時代」は、その歴史的特徴が最も鮮明に現れるという意味においても、またその遺産がのちの内政や外交のありようを長く規定し続けているという意味においても、とりわけ重要な時期である。この時期には、激しい国家間競争の中で、それぞれの政治社会は戦争と経済開発のために多くの人的資源を必要とした。困難な目的のために政治社会のメンバーを動員するには、国民国家の理念を掲げて彼らに民族的・文化的一体感を与えるのが有効である。それによって国民としての強固な統合が実現されると同時に、喚起されたナショナリズムによって近代化のための大きなエネルギーを生み出すことが可能になるからである。日本はこの道をとり、そこでは近代的制度の構築と国民国家の形成とが表裏をなして進んだ。

ロシアのような多民族国家では、そのようなわけにはいかなかった。そこでは統合そのものが少なからぬ困難をはらみ、近代化に伴う負荷の増大が民族間の亀裂をもたらすおそれがあった。多様な民族の共存がまず課題とされなければならなかったのである。このような状況は、ロシアだけでなく、多民族国家に共通して見られるものである。しかし、その現れ方はどの国でも同じというわけではない。同じ多民族国家といっても、アメリカ合衆国のように強力な統合の理念をもち、自発的移民によって構成されている共和国と、ロシアのように一つの民族を中心として膨張し、結果として他の多くの民族を包摂するにいたった帝国とでは、民族間の関係もおのずと異なったものにならざるを得ないであろう。

ロシア帝国は、内部に、ナショナリストが統合の妨げになるとみなす人たちを抱えていた。ユダヤ人もその一例である。五〇〇万人以上を数えたユダヤ人はさまざまな制約を受ける存在であったが、通常彼らがロシア・ナショナリズムにおいて格好の標的になり、ユダヤ人問題が論壇を賑わしたのは、一つには、多くの農民が地域の商業や金融を牛耳っているユダヤ人の経済的な支配や搾取を受けていると考えられたからであった[1]。しかし、問題はそれだけではなかった。ロシア帝国には、非正教徒である現地エリートが特別な地位を認められている地域が存在した[2]。特に沿バルト地域では、他の地域とは異なる独自の司法・行政制度が存続し、ドイツ人がそれを運用していた[3]。特定の地域で大きな影響力をもつこのような人々は、ロシア・ナショナリストによる攻撃の主な標的であった。その存在は一九世紀後半の保守的ジャーナリズムにおいてしばしば重大な問題として取り上げられた。それは彼らが、集中して居住している地域において従属的な人々を抑圧し、帝国の統合を脅かすと考えられたからである。

もとよりこのような人々は文化的に優越しているという自意識をもっていたから、彼ら自身を大規模にロシア化することで問題を解決するというのは現実的な選択肢とはなりえなかった[4]。課題となるのは帝国内でのその政治的・経済的影響力を弱め、国家の統合に対する弊害を少なくすることであった。そのためには、従属的な人々をその影響から切り離す必要があり、それには彼らのロシア化が有効であると考えられた。沿バルト三県の場合、ロシア化の対象となるのは、ドイツ人に支配されるラトヴィア人、エストニア人であり[5]、第二章で取り上げた西部九県の場合には、やはり少数のポーランド人の影響下にあるリトアニア人やウクライナ人・ベラルーシ人であった[6]。その際、宗教政策は重要なロシア化の手段となった。以下においては、一九世紀末にロシア化政策が進められたバルト諸県の事例を手がかりとして、ロシア帝国において宗教政策のためにとられた法的手段について考察する。

二　バルト・ドイツ人批判と行政的ロシア化

政府は、特定の地域において影響力をもつ非ロシア人に対して、その影響力を排除するために、常に強硬な態度をとるわけにはいかなかった。ロシア帝国は身分制国家であり、支配身分である貴族に多くの少数民族を含んでいた。身分制国家は、「国民」の同質性を高めてイデオロギー的統合を進めることよりもむしろ、伝統的な枠組みに依拠して統治のコストを低く維持することを重視する。身分を超える存在としての民族を強調したり、少数民族との摩擦を高めて紛争を生じさせるような政策をとったりすることはこの枠組みを動揺させることであり、できる限り避けられるべきであった。

特にバルト・ドイツ人はロシア帝国の非ロシア人の中で最も華々しい存在であり、帝国における軍人や官僚の供給源であって、軍隊及び官僚機構の中で重要な部分を構成していた。彼らはまた、西欧とロシア帝国の橋渡しをする人々であり、彼らの国際性は、西欧諸国との外交や文化交流において役に立った(7)。バルト・ドイツ人は大臣をはじめとする政府の高官や将軍・提督を輩出し、彼らを抜きにしては帝国の統治機構を維持することは不可能であると考えられた。それだけに、バルト・ドイツ人に不利益をもたらすような政策をとることは帝国の支配層に動揺をもたらすおそれがあった。民族の区別よりも既存の統治エリートの威信を守ることのほうが体制全体にとって重要であると考えられている間は、従属的な人々の側に立ってバルト・ドイツ人の在り方を問題にすることは、帝国の政治統合という観点からは危険であった。

理由は他にもあった。帝国内の非正教徒に対する処遇がロシアという国の国際的評判に関わっていたことである。例えばエカチェリーナ時代にロシア帝国領となったポーランドは、ときにロシア帝国の中で反乱を起こし、結局は鎮圧されたが、鎮圧に際して政府はポーランドに同情的なフランスの態度に神経を使う必要があったし[8]、この問題への対処の仕方によっては国際的に孤立するおそれさえあった[9]。ユダヤ人はロシア以外でも多くの西欧諸国において隠然たる差別の対象であったが、しかし少なくとも一九世紀後半においては、社会的偏見はともかく公然たる法的差別は多くのヨーロッパ諸国で姿を消しており、一九〇五年革命までのロシアはそれを残した例外的な国であった。その差別を強めることは少なくとも内外のリベラルな世論を敵に回すことであったし、ロシアの国際的イメージを悪くするがゆえに必ずしも国益に合致するものではなかった[10]。

このことはバルト・ドイツ人に関しても当てはまった。特にアレクサンドル二世の時代には、バルト・ドイツ人に対して強硬な態度をとることを政府に控えさせる国際的な事情があった。彼の治世はクリミア戦争の敗戦処理から始まっている。この戦争の結果結ばれたパリ条約によって、ロシアは黒海に対する支配権を失った。アレクサンドル二世時代前半のロシアの最大の外交目標は戦勝国である英仏にパリ条約の黒海条項の改定を認めさせることであった。それ以外にもザカフカースの併合、バルカン問題、中央アジアでの勢力拡大等をめぐって、ロシアはオスマン帝国やイギリスと対立していた。このような状況の中でロシアが国際関係における孤立を防ぎ、英仏に対抗して外交的に有利な立場を得るためには、ビスマルクのプロイセン王国、一八七一年以降はドイツ帝国との友好が不可欠であった。それゆえアレクサンドル二世の政府は、ドイツを刺激するおそれのある政策に関しては慎重であった。アレクサンドル二世自身が親独的であったのに加えて、ドイツとの関係に悪影響の出かねないスラヴ問題やバルト問題に手をつけることは賢明とは思われなかったからである。

バルト・ドイツ人は、文化的アイデンティティや伝統的特権に比べて、信仰の相違そのものに関しては比較的関心が薄かったといわれる[11]。また、小さな沿バルト地域の自立性を高めることよりも、大きなロシア帝国の中で豊富な出世の機会を利用していくことのほうが彼らにとって重要であった。例えば、ヴィッテの父親は沿バルト地域・クルリャント県出身のドイツ人官吏で、ルター派であったが、サラトフ県知事の娘であるヴィッテの母親と結婚するために正教に改宗し、後に世襲貴族の身分を得た。この例が示すように、バルト・ドイツ人は人材供給源として貴重であり、また政治的独立への志向を欠いていて政府に忠実な人々であったから、ロシア・ナショナリズムの多少の高まりは、政府に彼らを犠牲にするだけの動機を与えるものではなかったのである。

このように政府の側にはバルト・ドイツ人に対して強硬な態度をとることを憚らせるさまざまな事情が存在したが、在野の言論人の間では、この問題は次第に放置できないものに思われ始めていた。もともとドイツ人の特権的地位と現地農民に対する抑圧は純粋に国内的な問題であった。ところが一八六〇年代、プロイセンにビスマルクが登場し、ドイツ統一を国家目標として掲げるに及んで、バルト・ドイツ人のなかに統一ドイツへの期待の声が聞かれるようになった。ユリウス・エッカートやヴォルデマール・ボックのようなバルト・ドイツ人の知識人によって挑発的な言論活動が行われた(12)。実際にはその影響力は取るに足りないものであった。しかしこれによってドイツが中東欧において覇権を追求することへの警戒感がロシアの指導者や言論人の一部に生まれたことは否定できない。バルト・ドイツ人のなかにあった沿バルト地域のドイツ化の志向は、もともとそれが文化的なものだったとしても、政治的な意味合いをもたされることになった(13)。

一八六四年三月九日、ルター派のリフリャント管区長フェルディナント・ヴァルターは、現地議会における説教のなかで、バルト・ドイツ人には現地住民のドイツ化に対する道徳的責任があると述べた。これがロシアにおけるジャーナリズムの反ドイツ人キャンペーンに火をつけた。カトコーフは『モスクワ報知』でバルト諸県におけるドイツ化と分離主義の危険を訴えた。彼をはじめとする保守派の言論人は、プロイセンの度重なる軍事的勝利によって、ドイツでもバルト諸県でもナショナリズムと反露感情が増大する兆候が見られることに警鐘を鳴らした(14)。彼らの批判は、これまでバルト諸県の行政の責任者であるリガ総督がドイツ人寄りの立場をとり、彼らの特権を擁護し、積極的にロシア帝国への統合を進めようとしなかったことに向けられた。

とりわけ重要であったのがЮ・Φ・サマーリンの活動である。スラヴ派で、農奴制廃止の立役者のひとりであったサマーリンは、バルト問題に関する最もまとまった著作である『ロシアの辺境』を書き、第一分冊を一八六七年にプラハで刊行した。この書物のなかで彼は歴史と現状の双方からバルト・ドイツ人による地域農民の抑圧と彼らの分離主義的志向を説き、こうした動きに政府が積極的な対抗策をとることを求めた(15)。バルト・ドイツ人の子であるヴィッテが、努めてそのことを隠そうとしたのも、おそらくこうした時代の雰囲気と無関係ではないであろう。

政府の態度は選択的であった。政府は行政的見地から必要があると認めたことは行った。アレクサンドル二世の治世は、種々の改革の試みに現れたように、効率的な行政の構築に関心が向けられた時代であって、バルト諸県においても行政の効率化に直接抵触するような慣行は排除された。試みられたことの第一は、国家行政機関におけるロシア語使用の徹底である。従来、バルト諸県における統治と高等教育のための言語は基本的にドイツ語であった。既に一八五〇年一月三日の大臣委員会決定により、バルト諸県でも国家機関の中ではドイツ語に代えてロシア語を用いることになっていた。しかしリガ総督はバルト諸県でこの決定を施行せず、国家機関では依然としてドイツ語が用いられていた。これが六五年、バルト・ドイツ人のヴィルヘルム・リーヴェンに代わりロシア人П・А・シュヴァーロフが総督に就任したのに伴って問題化し、政府のなかでこのことに対する批判が高まった。六七年六月一日、アレクサンドル二世はこの決定を再確認し、すべての国家機関におけるロシア語使用があらためて義務付けられることになった。さらに一八七七年三月二六日、一八七〇年六月一六日に裁可された都市自治機関設置法がバルト諸県の諸都市に対しても適用されることになった(16)。

こうした行政的標準化の傾向はアレクサンドル三世時代に入るとさらに強まり、一八八五年以降、ルター派教会会議は文書に対するロシア語訳の添付を義務付けられることになった(17)。一八八八年には警察制度改革が、翌八九年には司法改革が行われて、それまでのバルト諸県独自の司法行政制度に代わり、他地域と共通の制度が導入された[18]。行政的ロシア化、すなわち帝国内の行政制度を標準化する動きは、一九世紀後半において基本的に一貫していたのである。ただしゼムストヴォ機関は例外であった。在地の貴族が重要な役割を果たすゼムストヴォ制度は、ドイツ人の影響力の強いバルト諸県では問題にならなかった。第二章でみたように、ゴレムィキンの計画にもこの地域は入っていなかったのである。

行政的ロシア化に伴って高等教育の改革も進んだ。すなわち地域の文化的中心であったデルプト大学のロシア化である。

デルプト大学は、西欧的な大学として、ロシアにおいて独特の地位を占めていた。そこではドイツ語を用いて西欧的な形式と内容の教育が行われ、バルト・ドイツ人の間の文化的アイデンティティを維持するのに寄与していた[19]。デルプト大学はバルト・ドイツ人の宗教生活に関しても重要な役割を果たしていた。この大学の神学部はバルト諸県のルター派牧師のほとんど唯一の供給源だったのである。ルター派の牧師は正教の聖職者に比べて概して知的水準が高く、バルト・ドイツ人に対して大きな影響力をもっていた。

一八八九年、デルプト大学が伝統的にもっていた自治が否定された。既に五年前に大学令によって帝国内の他大学の自治が否定されており、同様の扱いがこの大学にも及ぼされたのである。九三年にはこの大学はユーリエフ大学と改称し、九五年までにそこでの教育はロシア語で行われるようになった[20]。教育言語をドイツ語からロシア語に改めることはロシアの大学としての性格を明確にすることであり、ラトヴィア人やエストニア人の中から帝国に忠実なエリートを育てる上でも重要であった。

沿バルト地域におけるロシア化の歴史のなかでアレクサンドル三世時代が重要なのは、何よりもこの時代に、行政的ロシア化に加えていわゆる文化的ロシア化が大規模に推進されたことによる。(21)

三　アレクサンドル三世時代の宗教・教育政策

帝国の国家統合にとって、帝国内の諸民族の文化的自立が危険を孕むことは言うまでもない。民族のもつ文化的アイデンティティが政治的アイデンティティと結びつき、政治的自立への動きにいたる場合には、それは統治の安定を脅かし、やがては帝国を解体に導く危険性を孕んでいる。ナショナリズムが文化的なものにとどまっている場合でも、それが政治化する危険性が排除できない以上、帝国を維持しようとする政府にとって常に警戒の対象となりうるものである。

一八六三年のポーランド蜂起は帝国にとって深刻な出来事だっただけに、ロシア西部のようにポーランド人の影響力の強いところでは、その削減のために、早くから文化的ロシア化が進められていた。ポーランド人の影響を受けたリトアニア人やウクライナ人・ベラルーシ人の文化的・民族的主張は決して認められなかった。ウクライナ語の使用も公式には認められず、一八六三年にはウクライナ語による宗教・教育関係の書物の出版が許可されなくなり、七六年になるとウクライナ語による出版そのものが全面的に禁止されるにいたった。(22)しかし、アレクサンドル二世時代までは、文化的ナショナリズムに対する警戒は西部地方に限られ、バルト諸県やフィンランドのようなルター派の優勢な地域に関してははるかに寛容な政策がとられていた。ロシア帝国は必ずしもすべての民族にとって同様に「牢獄」だったわけではない。諸民族の文化的自立に対する政府の警戒には明らかに強弱があった。

バルト諸県において、ドイツ人はもとよりほとんどがルター派であったが、彼らの影響下にあったラトヴィア人やエストニア人の農民も多くはルター派の信徒であった。この地域では一八四〇年代に社会的・宗教的不安が発生し、ルター派農民の正教への改宗運動が進められたことがあり、かなりの数の農民がルター派から正教に改宗した。しかしこれは純粋に宗教的な動機に基づくものではなく、一九世紀初頭にこの地域で行われた農奴制の廃止に伴って土地に対する世襲的利用権を剥奪された農民が、正教に改宗することによって他の地域の農民と同様の土地利用権を取得することを期待して行動した結果であった。

政府にとってみれば、改革後五〇年を経過したバルト諸県の農業経済構造や土地所有制度に手を触れることは現実的ではなかった。政府は一八六〇年に新しいリフリャント農民法を定めたが、そこでは賦役の廃止こそ盛り込まれたものの、農民の土地取得は依然として困難であり、他の地域の農民に分与地の利用と買取りの権利を与えた一八六一年の一般農民法はバルト諸県には適用されなかった。[23] ロシアの保守的な言論人は、沿バルト地域についても他の地域と同様の土地改革を導入することによって農民に対するドイツ人地主の支配を弱め、この地域のロシア帝国への統合をより強固にすることを主張したが、政府はその後も六〇年農民法の枠組みを変えようとはしなかった。[24]

正教徒になることに経済的便益が伴わないことがはっきりし、また後述する一八六五年及び七四年の措置によって、正教から他教派への改宗を制限した法律の適用を緩める寛容な宗教政策がバルト諸県においてとられるようになると、農民の間に再改宗の動きが起こり、六〇年代及び七〇年代には、この地域の正教農民の四分の一に当たる三万から四万のラトヴィア人及びエストニア人がルター派に再改宗した。[25] これは保守的なロシア知識人や一部の政府関係者のなかにこの地域のドイツ化に対する警戒心を呼び起こした。一八六八年、リガの副主教ヴェニアミン及びリガ総督П・П・アリベヂンスキーの働きかけによって、政府はこの地域の正教会の活動を助成するための政策をとることを決定した。しかしアレクサンドル二世時代には、政府は他の手段による住民の改宗促進にまで踏み込むことはしなかった。政府は論壇の主張と一線を画した。[26]

アレクサンドル三世の時代になると、宗務院総監ポベドノスツェフのもとで、政府の態度は積極的になった。アレクサンドル三世は、ポーランド人とバルト・ドイツ人の間には共通するものはないと考えていたが、アレクサンドル三世は皇太子のときから別の意見をもっていた[27]。帝国内部で文化的多様性を放置することの危険性が自覚され、従属民族の同化の必要が政府内部において認められつつあった。文化の核である正教の影響力維持が帝国の統合にとって重要であるというポベドノスツェフの認識が、政府全体の方針決定に際して前面に出てきたのである[28]。きっかけとなったのは、セナート議員であるＨ・Ａ・マナセーインによって沿バルト地域の調査が行われ、ドイツ人地主による農民抑圧の事実とロシア化の必要を指摘する報告が八四年に出されたことであった。そこでは行政的標準化のいっそうの推進とともに、正教とロシア語を核とした文化的ロシア化が提案されていた。

文化的ロシア化の柱となったのが正教である。ポベドノスツェフのように、ロシア帝国における非ロシア人のナショナリズムの高まりを抑制する上で、正教を浸透させることが有効な手段であると考える人々は、ルター派やイスラム教が優勢な地域で、地域住民に対する聖職者の影響を減殺するために宗務院による検閲を進め、出版物等を用いた宣伝により、非正教徒の正教への改宗を政策的に促した。さらに行政的・司法的手段による他宗派への改宗阻止が試みられた。正教からの改宗に対しては法律により厳しい制限が設けられていたが、沿バルト地域に関しては、住民がルター派に再改宗することがこれまで二〇年にわたって黙認されてきた。政府はこれに歯止めをかけようとし、そのために正教徒の他教派への改宗を抑制する法律の規定が厳格に適用された。一旦正教徒として登録された者がルター派信徒になることは、たとえ本人が望んだ場合でも、きわめて難しくなった。

一八五七年版法律集成第一〇巻第六七条は、正教徒と結婚する非正教徒に、生まれた子を正教徒とすること、また結婚式は正教の教会において、正教の儀式により執り行うことを義務付けていた。しかしヴァルーエフが内相であった一八六五年以来、バルト諸県のルター派信徒に関してはこの規定の適用が免除されていた[29]。それが一八八五年からは、他の地域と同様に、バルト諸県でも六七条の条文が適用されることになった。その結果、正教徒とルター派信徒の間に生まれた子は正教徒とされることとなり、また正教徒として登録された者がルター派牧師の司式により行った結婚は無効とされ、生まれた子は非嫡出子として扱われるべきことになった。

これを徹底させるために刑法も利用された。刑法一九八条及び二〇一条は、正教徒たるべき子供を正教徒にしなかった親及び正教徒たるべき人に正教以外の宗教的儀式を施した聖職者に刑事罰を科すことを定めていた。これが適用され、正教徒として登録された者に対して結婚式を行ったり、正教徒となるべき子供に洗礼を施したりしたルター派の牧師は刑法犯として処罰されることになった。本人の意識と登録された宗教が異なることもあって、リフリャンヂヤの大部分の牧師が刑事訴追を受けることになった。

一八八七年、内相トルストイと宗務院総監ポベドノスツェフは、刑事訴追を受けたルター派の牧師を罷免する権限を、外国宗教を監督する内相に与える規則を国家評議会に提案した。(30)トルストイ内相とポベドノスツェフがこれについて国家評議会で説明したとき、宗教への内相の介入を認めることに対して、国家評議会においては反対する声が強かった。アレクサンドル三世は少数意見を採用し、この案は国家評議会意見として一八八八年三月二二日に裁可された。しかし、アレクサンドル自身は、改宗は自発的でなければならないと考え、沿バルト諸県で積極的改宗策をとることに乗り気ではなかった。(31)そもそもラトヴィア人やエストニア人のことは、アレクサンドルの視野にそれほど入っていなかったのである。(32)彼はバルト・ドイツ人やルター派に対するポベドノスツェフの政策に困惑していたとされる。(33)

セクトに対する刑事処分のときと同様、このときも法治の維持に努めたのはセナートであった。正教徒を他教派に導いた聖職者を処罰するための刑法一九六条によるルター派牧師の訴追が広く見られた一八八〇年代においても、セナートは法に反したルター派に対する抑圧を防ごうとした。このとき、重要な役割を果したのが有名なＡ・Φ・コーニである。

もともとコーニは、モスクワ大学法学部の恩師であるポベドノスツェフと良好な関係を維持していた。コーニにとってモスクワ大学時代のポベドノスツェフは尊敬すべき優れた教師であった。一八七七年、ヴェーラ・ザスーリチのトレーポフ狙撃事件を審理したペテルブルク地方裁判所で、陪審裁判により無罪の評決が出ると、裁判長として訴訟指揮を行ったコーニに対する風当たりが強くなった。それにも拘らず、一八七九年、ポベドノスツェフは病床にあったコーニを見舞い、長時間にわたって話をした。当時コーニは裁判後の災厄に対する慰めを宗教に見出していたが、ポベドノスツェフは真に信仰の人であるとの印象を彼に与えたという。

一八八〇年にポベドノスツェフが宗務院総監になったのち、彼らはより頻繁に会うようになった。一八八五年、コーニはセナート刑事破棄部の検事に任じられた。ポベドノスツェフとの学問的交流は続いたが、自由主義的なものをすべて「虚偽」と「欺瞞」で片付けるポベドノスツェフの政治姿勢は、コーニには受け入れがたいものになっていた。刑事破棄部検事として、ポベドノスツェフの意向に反してでも、コーニは法治の原則に忠実であった(34)。

コーニはまた、ポベドノスツェフと関係の悪かった作家のレフ・トルストイとも親交を結んだ。一八八七年六月六日、ヤースナヤ・ポリャーナで会って以来、コーニとトルストイの交流は続き、後にトルストイがドゥホボール救援の資金を得るために『復活』を執筆した際、その材料を提供したのがコーニであったことはよく知られている。一八九一年六月五日、コーニは一旦刑事破棄部の検事長を辞し、セナート議員になったが、一八九二年、再度刑事破棄部検事となった。このときもコーニはポベドノスツェフに同調せず、バルト諸県の牧師に対する刑法の無理な適用を拒んだ(35)。

それでも、文化的ロシア化そのものは続いた。この地域の初等・中等教育に大きな役割を果たしてきたルター派教会の影響力を削減するために、一八八〇年代には初等・中等教育のロシア化が進められた。八五年にはバルト諸県のすべての初等・中等学校でロシア語教育が義務付けられ、翌年には、ルター派教会が指導する初等学校と師範学校が外国宗教を所管する内務省から国民教育省に移管された。さらに八七年五月一七日には、ほとんどすべての科目を、現地語であるエストニア語やラトヴィア語でなくロシア語で教えることが義務付けられた。それまで資金面で学校を支えてきたドイツ人貴族はこれに反撥し、寄付の縮小をもって抵抗した。ロシア語による教育能力をもった教師を確保することも難しく、地域の教育水準は著しく低下した(36)。

アレクサンドル三世時代にこの地域の文化的ロシア化が積極的に推進された背景には、独露関係の変化があった。ヨーロッパにおける強国としての地位を失いつつあったオスマン帝国に代わって、ベルリン条約によってボスニア・ヘルツェゴビナを獲得したオーストリア＝ハンガリー帝国と、その背後にいるドイツ帝国がバルカン問題をめぐるロシアの競争相手として登場してきたとき、独露関係はもはやこれまでと同じではあり得なかった(37)。ドイツとの関係は次第に冷却化し、八七年に期限が切れた三帝同盟は更新されなかった。ビスマルクは、ロシアにとって死活的意義を有する海峡問題やバルカン問題を、露仏同盟を阻止するために利用し、独露間の秘密条約として再保障条約が新たに結ばれたが、ビスマルク辞任後はそれも更新されなかった。ロシアは同盟相手をフランスに求め、アレクサンドル三世の治世最後の年である一八九四年、最終的に露仏同盟が完成する。沿バルト地域の文化的ロシア化はこうした国際情勢の変化を背景として進められた。

また、ロシア帝国の統合強化の動きとラトヴィア人やエストニア人の民族意識の高まりとが、当時はなお協調可能であるとみなされていたことも無視できない。この時期、ラトヴィア人やエストニア人の民族意識はなお主としてドイツ人からの解放に向かっており、ロシア帝国からの独立を目指すものではなかったため、政府がそれを援助することが帝国統合に役立つと考えられたのである。時間をかければ現地住民を宗教と教育の面から同化し、ロシア帝国の忠実な臣民を作ることが可能であると考えられていた。

現実はそのようには進まなかった。宗教による同化政策は、ラトヴィア人やエストニア人の民族意識を弱め、ロシア帝国の臣民としての意識をそれに優先させることには役立たなかった。同化政策の挫折の背後にあった事情の第一は、政府が現地農民の期待に応えられなかったことである。もともと沿バルト地域の農民は、ドイツ人地主との間に生じた土地問題を有利に解決するために、政府に期待を寄せていた。かつてロシア化を提唱した知識人の議論においてもマナセーインの提言においても、農民の忠誠をつなぎとめるためには新たな農民法の制定が重要であるとされていた。政府がそれを行わないことがはっきりすると、農民の政府に対する信頼は薄れていった。

第二は沿バルト地域における経済発展と都市化の進行である。ラトヴィア人やエストニア人の民族意識がドイツ人の伝統的支配に対して形成されていたときには、後者の影響力を殺ぎ、前者の中から忠実な臣民を育てるために政府は彼らの文化的同化に対して積極的な態度をとる理由があった。しかしこの地域では一九世紀後半にリガを中心に産業が急速に成長した。増加しつつある現地人労働者は農民ほどドイツ人に従属しておらず、その文化的影響によって動く人々ではなかった。工業化に伴う新たな経済関係の中で、彼らとドイツ人の資本家や経営者との間には鋭い亀裂が生じ、両者の敵対関係はもはや文化的な次元で片の付くものではなくなっていた。このような状況のもとでは、もはや文化的な同化政策は無意味であり、政府としては、ラトヴィア人やエストニア人の民族運動の高揚やその革命運動との連携の可能性に対して、新たな対応が必要であった[38]。

ロシア化政策は、ラトヴィア人やエストニア人らに対するバルト・ドイツ人の影響力を殺ぐうえではたしかに一定の成果を挙げた[39]。しかし結局のところそれは政府にとって、対独関係の悪化を背景として帝国内に現れた反独感情への配慮以上の意味をもたなかった。経済発展とともにラトヴィア人やエストニア人の民族意識が強まり、ドイツ人との対立も伝統的なものから隔たりつつあったとき、また政府がその経済的利益の擁護者たりえないことが歴然として、ラトヴィア人やエストニア人の同盟者としての信頼を失いつつあったとき、文化的なロシア化政策は明らかに現実的意味を失いつつあった。帝国こそが自分たちの特権と地域的支配の前提であることをよく理解していた保守的なバルト・ドイツ人を、ラトヴィア人やエストニア人以上に危険視する理由はもはや存在しなかったのである。[40]

四　その後

ニコライ二世が即位した一八九四年から翌九五年の間に、政府はバルト諸県のルター派牧師に対する訴追を取り下げた。その後はもはや宗教的行為を理由として聖職者を処罰する規定が積極的に適用されることはなかった。これは政府のバルト宗教政策における重要な転換点であった。[41]一八九五年、新刑法典編纂委員会は、棄教者からの（刑事罰としての）権利剥奪に関する規定の削除を提案した。[42]ロシア帝国法律集成を改訂するために、一八九四年一月、国家評議会事務局に設けられた法律集成編纂部は、[43]一八九六年、外国宗教について規定する第一一巻第一部を改訂し、外国宗教における信仰の自由を明確にした。

当時政府内でのポベドノスツェフの影響力は低下しつつあった。[44]ポベドノスツェフの政治力はアレクサンドル三世の信頼に基づいていたが、その信頼は、アビシニアで正教の影響力を強めようとする無謀な企てに彼が加担したことや、バルト問題をめぐる批判の高まりによって、治世の後半には揺らいでいた。[45]さらに跡を継いだ若いニコライは、特定の有力政治家の傀儡になることを恐れ、ポベドノスツェフの助言を先帝ほど受け入れようとはしなかった。他方、政府内で影響力を拡大していたヴィッテは宗教的ロシア化に関心をもたず、むしろ宗教的差別を内政や外交に持ち込むことの有害さをよく認識していた。[46]この問題でポベドノスツェフと距離をとろうとしたのはヴィッテに限られなかった。ゴレムィキン内相は、ゼムストヴォ導入を企図していた西部諸県で、正教への改宗を無理に推進しようとはしなかった。カトリック教会の正教への組織的移行は政府の利益に合致せず、西部地方の現状から導かれるものではないと考えられたのである。[47]もとより、広大なロシアにおいて、政府の意向が直ちに実現されたわけではない。宗教的な摩擦は少なからず残った。それでも、一八九〇年代の後半、政府の方針に関する限り、権力的手段による正教の教勢拡大はほぼ断念されたと言うことができよう(48)。

注

（1）Stephen Lukashevich, *Ivan Aksakov, 1823–1886: A Study in Russian Thought and Politics*（Cambridge, Mass., 1965）, pp. 97–105; S. Frederick Starr, "Tsarist Government: The Imperial Dimension," in: Jeremy R. Azrael（ed.）, *Soviet Nationality Policies and Practices*（New York, N.Y., 1978）, p. 25.

（2）Ibid., pp. 18–21.

（3）Raymond Pearson, "Privileges, Rights, and Russification," in: Olga Crisp and Linda Edmondson（eds.）*Civil Rights in Imperial Russia*（Oxford, 1989）, pp. 90–91. バルト・ドイツ人以外にも帝国内には少なからぬドイツ人がいた。一八九七年の人口調査では、人口一億一七〇〇万のうち、ドイツ人は一七七万一〇〇〇人で、非正教徒の一割を占めていた。

（4）Ibid., pp. 89–90.

（5）*Лиценбергер О.А.* Протестантские секты в немецких колониях Поволжья // Немцы в России: проблемы культурного взяймодействия. СПб. 1998. С. 72–74.

（6）松里公孝「19世紀から20世紀初頭にかけての右岸ウクライナにおけるポーランド・ファクター」『スラヴ研究』第四五号（一九九八年）、一一三、一一四頁。

（7）John A. Armstrong, "Mobilized Diaspora in Tsarist Russia: The Case of the Baltic Germans, in: Jeremy R. Azrael（ed.）, *Soviet Nationality Policies and Practices*（New York, N.Y., 1978）, pp. 87–89.

（8）Lukashevich, op. cit., p. 88.

（9）Michael T. Florinsky, *Russia: A History and an Interpretation*, vol. 2（New York, N.Y., 1953）, pp. 956–958.

（10）しかし上層の人たちには反ユダヤ主義的気質が少なからず見られたという。Hans Rogger, *Jewish Policies and Right-Wing Politics in Imperial Russia*（Basingstoke, 1986）, p. 57.

（11）Armstrong, op. cit., pp. 73–74.

（12）エッカートは後に国外に出て、英語で反ロシア的な出版物を刊行している。福沢諭吉はそれを読み、それが彼にロシアに対する低い評価を形成するのに一役買ったとされる。外川継男「明治維新前後の日本人のロシア観」『共同研究・ロシアと日本』第三集（一九九二年）、一一一頁を参照。

（13）Armstrong, op. cit., pp. 91–92.

（14）Edward C. Thaden, "The Russian Government," in: Edward C. Thaden (ed.), *Russification in the Baltic Provinces and Finland, 1855-1914* (Princeton, N.J., 1981), pp. 35–36; Michael H. Haltzel, "The Baltic Germans," in: Edward C. Thaden (ed.), *Russification in the Baltic Provinces and Finland, 1855–1914* (Princeton, N.J., 1981), pp. 125–126.

（15）Edward C. Thaden, "Samarin's *Okrainy Russii* and Official Policy in the Baltic Provinces," *The Russian Review*, vol. 33, no. 4 (Oct. 1974), pp. 405–412. これに対しては、保守派のバルト・ドイツ人であるカール・シレンが、法治国家擁護の立場から反論し、論争になった。Haltzel, op. cit., pp. 126–133; *Духанов М.М.* Остзейцы: политика остзейского дворянства в 50–70-х гг. XIX в.: критика ее апологетической историографии. 2-е изд. Рига, 1978. С. 63–65.

（16）*Нардова* В.А. Городское самоуправление в России: в 60-х – начале 90-х годов XIX в.: правительственная политика. Л., 1984. С. 50–51.

（17）Paul W. Werth, *The Tsar's Foreign Faiths: Toleration and the Fate of Religious Freedom in Imperial Russia* (Oxford, 2014), p. 173.

（18）*Зайончковский П.А.* Судебные и административные преобразования в Прибалтике // Проблемы общественной мысли и экономическая политика России XIX – XX веков: памяти профессора С.Б. Окуня: сборник статей. Под ред. Н.Г. Сладкевича. Л., 1972. С. 41–47.

（19）Armstrong, op. cit., pp. 67–71.

（20）この結果、この大学で学ぶバルト・ドイツ人の比率は激減し、一八八〇年には八割を超えていたものが一九〇〇年にはわずか一六パーセントになった。Haltzel, op. cit., pp. 175–177.

（21）Marc Raeff, "Patterns of Russian Imperial Policy Toward the Nationalities," in Edward Allworth (ed.) *Soviet Nationality Problems* (New York, N.Y., 1971), pp. 39–40.

（22）Hans Rogger, *Russia in the Age of Modernisation and Revolution, 1881–1917* (London; New York, 1983), pp. 183–185. ロシア帝国のウクライナ政策については、中井和夫『ソヴェト民族政策史―ウクライナ一九一七―一九四五』（御茶ノ水書房、一九八八年）第Ⅰ部第二章を参照。

（23）一九世紀初頭のバルト諸県の農民の「土地なし」解放については、鈴木健夫「バルト海沿岸クールラントの農民改革」『早稲田政治経済学雑誌』第二七六・二七七合併号（一九八四年三月）、一四六―一七二頁を参照。

（24）Thaden, “The Russian Government,” p. 38.

（25）В прибалтийском крае. Из записок русского чиновника. 1856–1876 // Русская старина. Т. XLI. Янв. 1884 г. С. 6–9; Thaden, “The Russian Government,” p. 45.

（26）Starr, op. cit., p. 22.

（27）*Дронов И.Е.* Сильный, державный: жизнь и царствование Александра III. 3-е изд., испр. и доп. М., 2012. С. 162.

（28）Robert F. Byrnes, *Pobedonostsev: His Life and Thought*（Bloomington; London, 1968）, pp. 187–192.

（29）Paul W. Werth, “Empire, Religious Freedom, and the Legal Regulation of ‘mixed’ Marriages in Russia,” *The Journal of Modern History*, vol. 80, no. 2（June 2008）, pp. 308, 313.

（30）トルストイもかつて宗務院総監を務めていた。しかし、正教に対するポベドノスツェフとトルストイの志向は本来相当に異なるものであった。Byrnes, op. cit., p. 142.

（31）Thaden, “The Russian Government,” pp. 68–69.

（32）*Дронов.* Указ. соч. С. 514.

（33）Byrnes, op. cit., p. 361.

（34）*Кони А.Ф.* Из лет юности и старости // К.П. Победоносцев: pro et contra. М., 1996. С. 276–277; *Смолярчук В.И.* А.Ф. Кони и его окружение: очерки. М., 1990. С. 264–265.

（35）Thaden, “The Russian Government,” p. 69.

（36）Haltzel, op. cit., pp. 168–170; Toivo U. Raun, “The Estonians,” in: Thaden, Edward C.（ed.）, *Russification in the Baltic Provinces and Finland, 1855–1914*（Princeton, N.J., 1981）, pp. 316–317.

（37）アレクサンドル三世はアレクサンドル二世に比べてドイツ、特にプロイセンに対する警戒心が強かった。それにはデンマーク出身の皇后の影響もあったといわれる。彼はまた汎スラヴ主義に対してもある程度共鳴していた。Heide W. Whelan, *Alexander III and the State Council: Bureaucracy and Counter-Reform in Late Imperial Russia*（New Brunswick, N.J., 1982）, pp. 24–25.

（38）特に一九〇五年革命後には、エストニア人やラトヴィア人はもはやかつてのような政府の保護を求める受動的存在ではなくなっていた。Andrejs Plakans, “The Latvians,” in: Edward C. Thaden,（ed.）, *Russification in the Baltic Provinces and Finland, 1855–1914*（Princeton, N.J., 1981）, pp. 268–273; Raun, op. cit., pp. 339–340.

（39）Raeff, op. cit., pp. 32–33.

（40）バルト・ドイツ人は最後までドイツ・ナショナリズムに依拠することには消極的であったとされる。Anders Henriksson, *The Tsar's*

Loyal Germans: The Riga German Community: Social Change and the Nationality Question, 1855–1905（New York, N.Y., 1983）, pp. 107–115.

（41）Внутреннее обозрение // Вестник Европы. 1896. No. 11. С. 355; Thaden, "The Russian Government," pp. 68–69.

（42）*Митрохин Л.Н.* Баптизм: история и современность（философско-социологические очерки）. СПб., 1997. С. 243; Werth, *The Tsar's Foreign Faiths*, pp. 117–118, 198.

（43）編纂部の作業には国法学者のＨ・Ｍ・コルクノーフをはじめ著名な法律学者が参加した。

（44）Byrnes, op. cit., p. 358.

（45）Ibid., pp. 191–192, 231.

（46）Thaden, "The Russian Government," pp. 70–71; Werth, *The Tsar's Foreign Faiths*, p. 203.

（47）Ibid., p. 201.

（48）『ヨーロッパ通報』のようなメディアは当然にそれを支持した。Внутреннее обозрение // Вестник Европы. 1898, No. 9. С. 371.

第三節　兵役忌避と国外移住―メノナイトとドゥホボール―

一　メノナイトの北米移住

社会のなかにマイノリティ集団が存在し、しかもその集団が壁を作って自分たちだけの閉鎖的な生活を守ろうとするとき、周囲との間に摩擦が起きることは避けがたい。政府は、この摩擦を何らかの形でコントロールし、一定の限度内に収めることによって、社会的安定を確保しなければならない。通常、それはマイノリティ集団に、言語と宗教を中心としたマジョリティの文化と社会への適応を求めるという形で試みられる。いわゆる同化であり、(1)初等教育はそのための基本的な手段となる。マジョリティの文化に基づいて作られた初等教育の体系を受け入れさせれば、徐々にではあれその集団にマジョリティの文化が浸透すると考えられるからである。

政府にとって同化は政治的に重要な意味をもつ。しかし、あらゆる政府が常に同じ同化政策を同様の熱心さで実施するわけではない。最小限の同化は常に必要であるにしても、マイノリティ集団の文化的・社会的特徴をどの程度存続させるか、集団間の関係をどのように調整するかについては、かなり広い政策的な幅がある。また、どのような形で行おうとも、同化政策に対しては当然に抵抗が生じる。あえて実施するにはそれだけの理由がなければならない。そのときどきの状況下でどれだけの政治的必要があるかによって、実施の程度には当然差が出てくるであろう。

国家に対する忠誠を確保することも同化政策の目的となる。その試金石となるのは兵役に対する態度である。兵役は生命と身体をもってする国家への忠誠の証明であり、兵役に就き戦功を挙げることは、第二次世界大戦における北米の日系移民の例が示すように、集団そのものの社会的地位の向上に貢献するであろう。逆に、兵役に就かない人々を市民として他の人々と対等に扱うことは、とくに軍事的な緊張が高まっている時期にはきわめて難しい。社会の中で摩擦が高まることもありうる。その場合、兵役を忌避する人々は出国という道を選ぶことがある。特にロシア帝国からは、かなりの数の人々がそれを目的として北米に移住した。しかし、それを単にロシア帝国の抑圧的な宗教政策の必然的結果とみなすだけでは十分でない。出国の背景や経緯が、時代により、また当の集団の性格によって異なっているからである。本節ではアレクサンドル二世時代に出国したメノナイトと、ニコライ二世時代に出国したドゥホボールを取り上げ、兵役を忌避する人々の出国に関わる問題について検討する。

メノナイトは一六世紀のネーデルランドで、幼児洗礼と国家教会を否定する再洗礼派の中から生まれたキリスト教の教派であり、いわゆる良心的兵役拒否の立場を貫いた人々として知られている(2)。一六世紀、スペイン総督アルバ公による激しい迫害にさらされたネーデルランドのメノナイトの中から、ポーランドのビスワ川河口地帯、グダンスク近郊に集団で移り住む者が多く出た。ルブリン合同によって成立したポーランド・リトアニア共和国では、一五七三年、ヘンリク条項で宗教的寛容を認めていた。メノナイトは、その経済的貢献への期待によって、宗教の違いにもかかわらず、庇護されていたのである(3)。

ところが、一七七二年の第一回ポーランド分割によって、グダンスク地方がフリードリヒ二世の統治するプロイセン王国に編入されると(グダンスクそのものがプロイセンに編入されるのは一七九三年の第二回分割によってである)、メノナイトは、兵役免除の特権そのものは認められたものの、それによって生じる兵士徴募の不都合を嫌う当局によって土地購入に対する制約を受けることになり、また軍隊への金銭的な協力を求められることになった(4)。支配者の宗教がカトリックから同じプロテスタントのルター派に変わったにも拘らず、彼らはそれまでよりはるかに窮屈な思いをしなければならなくなったのである。そのことは、彼らの処遇にとって重要な意味をもったのがカトリックかプロテスタントかといったことではなく、いわゆる近代国民国家への移行の程度であることをよく示している。

そんなとき、彼らに新たな移住先を提供したのがエカチェリーナ二世治下のロシア帝国であった。オスマン帝国との戦争によって黒海北岸の領土を獲得したロシアは、その開拓のためにドイツから多くの移民を受け入れていた。[5] もともとルター派のドイツ人だったエカチェリーナにとって、教派はそれほど気にすべきことではなく、移民のなかにはルター派もいればカトリックもいた。これに加わるかたちで、一七八八年から翌年にかけ、グダンスク（ダンツィヒ）地方から二〇〇家族以上のメノナイトがノヴォロシアに移住した。[6] 入植に際し、メノナイトはノヴォロシアの広大な土地を管理していたエカチェリーナの寵臣Γ・A・ポチョムキン公爵と、一家族あたり六五デシャチーナの土地分与、必要な資金の貸与、免税特権とともに、信仰の自由の保障や兵役免除について合意していた。[7] 彼らは最初ヴォルィニ県に、後にドニエプル河畔のホルチツァ（エカチェリノスラフ県）に入植した。一八〇三年以降はプロイセンからのメノナイトの入植が加速され、特にタヴリーダ県のモロチナ川東岸には、ロシア最大のメノナイトの入植地が形成されることになった。

一般に、ノヴォロシアの入植者は他の住民とは異なった行政上の扱いを受け、総督の権限も直接には及ばなかった。[8] これは閉鎖的な集団であるメノナイトにとって、自分たちの生活スタイルを守るうえで好都合なことであった。メノナイトに対しては一八〇〇年四月六日の勅令で信仰の自由が認められ、さらに同年九月六日の勅令によって、免税特権や法廷での宣誓免除、開拓を進める上での種々の便宜供与に加えて、軍務・文官勤務の免除が認められた。ドイツからの入植が制限されるようになってからも、メノナイトは依然として優遇され続けた。[9] とりわけ兵役免除は、平和主義を信条とするメノナイトにとって重要な意味をもっていた。それゆえ一八五〇年のプロイセン憲法三四条によってプロイセンの臣民に兵役義務が課せられ、[10] 一八六七年にプロイセンでメノナイトが兵役免除の特権を失うにいたったとき、そのかなりの部分がロシアに移ってきた。[11]

言語の使用に関してきわめて保守的であったメノナイトは、ロシア帝国に移住してもドイツ語を容易に捨てようとはせず、彼らの共同体はドイツ語による伝統的な宗教教育を維持した。(12)正教が国民的統合において大きな役割を果たしていた当時のロシアにおいて、正教徒を改宗させようとすることは厳しく禁じられていたが、もともと「外国宗教」を信じる人々がその信仰を維持することは基本的に認められていた。メノナイトの多くは、自分たちの宗教生活を守ることには熱心であっても、それを外部に広めることには関心をもたなかったから、当局との関係は概して平穏であった。

以来、メノナイトの中から農業経営に成功する者が数多く現れ、富を蓄積していった。(13)しかし、それとともに共同体内部の分化が進み、自分の農場をもつ富裕な人々と雇用される人々との格差が広がった。(14)また、ノヴォロシアの急速な発展に伴い、(15)政府はこの地方について辺境としての扱いをやめ、内地としての標準的な行政制度の導入を進めるようになった。一八六四年には、ノヴォロシアに設けられていたエカチェリノスラフ、ヘルソン、タヴリーダの各県にもゼムストヴォ機関が設置された。六六年には国有地農民改革によって国有地農民であるメノナイトの身分が変更され、七一年には外国人入植者の特別な地位が廃止される。(16)それによって入植地は土地のゼムストヴォ機関と関わりをもつにいたり、内地の他の地域と同様、農民自治の単位としての郷も設けられることとなった。ロシア語世界と接触する機会の増大は、遠からず学校教育に対しても行政的統制が及ぶことを予感させるものであった。(17)七四年にはオデッサに置かれていた総督府が廃止され、ノヴォロシアは完全に内地としての扱いを受けるようになった。

メノナイトにとって最大の事件だったのは兵役免除の取消しである。この時代、欧米諸国では兵役が神聖な義務とみなされつつあったが、(18)ロシアでも一八七四年一月一日に裁可された兵役法により国民皆兵の原則に立つ徴兵制度が導入され、メノナイトに与えられていた特権としての兵役免除が取り消された。二〇歳になったメノナイトの若者は、他の人々と同様に兵役に服さなければならなくなったのである。ただし、これによって彼らが武器をとることを強制されたわけではなく、七四年兵役法公布時に帝国内に居住しているメノナイトは、彼らのために同法のなかに特に設けられた一五七条により戦闘業務を免除され、病院等の施設で代替役務につくことを認められた[19]。身分制のもとで多様な集団の特別な扱いに慣れていたロシア帝国では、特定の政治的配慮に基づきある集団に特別な待遇を与えることが、直ちに体制の基本原理に抵触することはなかったと言えよう。とは言え、わざわざ一般法のなかに特定の宗教集団を対象とする規定を置くというのは異例のことであった[20]。

それにも拘らず、メノナイトの中から、これを機に北米へ移ることを考える人々が出てきた。代替役務にせよメノナイトの若者が軍の指揮下に入ることや、外部の人々と接触して有害な影響を受けるおそれがあるというのがその理由である。一八七四年四月、政府は彼らを説得するために、クリミア戦争の英雄Э・И・トトレーベン将軍を派遣した。ルター派の信徒であるトトレーベンは粘り強くメノナイトの意見を徴し、彼らの不安を取り除くべく努力した[21]。もとより七四年兵役法が兵役を臣民の神聖な義務と規定している以上、この法の普遍的適用という原則は守られなければならなかった[22]。それでも政府は代替役務の実施形態に関して妥協の道を探ろうとし、国有林での役務が付加されるなど、代替役務について定めた一五七条は、翌七五年、メノナイトの希望を入れる形で修正された[23]。

それでも、結局、一万八〇〇〇のメノナイト（ノヴォロシアのメノナイト人口の約三分の一に当たるとされる）がロシアを去り、北米に移住した[24]。宗教的な信念と固有の生活様式を守ることが表向きの理由であった。しかしそれに加えて、経済的な理由による入植地内部の不和も彼らが新天地を求める動機となっていたのであり、この時期のメノナイトの北米移住を迫害によるものと見ることは、迫害の意味をよほど広く解さない限り、当を得ていないであろう[25]。多くのメノナイトがロシア帝国を去った後も、政府は残ったメノナイトを慰撫するための配慮を続けた。皇帝暗殺の企てが繰り返されるなど、帝国内が政治的に不安定化していた一八七九年、トトレーベンはノヴォロシアの秩序維持のために臨時総督としてオデッサに派遣され、この地の急進的な動きに果断に対処していたが、彼はこのときもメノナイトと政府の仲介のために努力した[26]。

徴兵の実施が近づくと、ノヴォロシアのメノナイトの中には、新たな入植地として、ロシア帝国が併合を進めつつあった中央アジアのトルキスタンを目指すグループも現れた[27]。当時トルキスタンは、一八六七年七月一一日法に基づいてタシケントに置かれた総督府の施政下にあり、いまだ一八七四年兵役法が適用されていなかったのである。このとき、初代総督としてトルキスタンを統治していたのがK・П・フォン・カウフマンである。軍制改革を進めるミリューチン陸相の厚い信任を得ていたカウフマンは、その権限の大きさゆえに、大蔵省をはじめとする首都の官僚機構としばしば摩擦を引き起こしていた。また、カウフマンは、ヴィリナ総督であったときにはロシア化の推進者として知られていたが、新たに併合されたムスリムの土地では性急なロシア化を避け、正教の伝道団の活動を禁止するなど、平和と安定を第一に考えて、イスラムの慣習に必要以上に手を触れなかった[28]。同時に彼はメノナイトの保護者でもあった。もともとこの地の「文明化」を自らの責務と考え、優良なキリスト教徒の農業移民を欲していた彼は、メノナイトの希望通り移住を実現するために便宜を図っただけでなく、入植後もメノナイトを援助し続けた[29]。

総じてアレクサンドル二世時代には、政府の態度はメノナイトに対し宥和的であった。しかし、一八八一年にアレクサンドルが暗殺されると、ノヴォロシアのメノナイトを取り巻く環境は徐々に変化していった[30]。新帝アレクサンドル三世のもとで正教会の政治的圧力が強まり、また教育内容への干渉が徐々に強化された。八〇年代末には保守的ジャーナリズムにおいてドイツに対する攻撃が始まり、ドイツ語を話すメノナイトに対する風当たりも、当然強まらざるを得なかった。このような雰囲気のなかで、メノナイトは環境への適応を迫られ、自ら周囲との間の摩擦を減らす道を模索するようになっていった。かなりの数のメノナイトが内地化したノヴォロシアから辺境に移住した。第一次世界大戦の始まる一九一四年には、一〇万四〇〇〇のロシア・メノナイトのうち二割が、中央アジアやシベリアなど、ヨーロッパ・ロシアの外にいたと言われる[31]。

二　ドゥホボールによる「違法」行為の処分

一般に、ロシア帝国においては、内地と辺境とで統治システムが異なることを利用し、古儀式派やドゥホボールなど、宗教的マイノリティを辺境に住まわせる事例が多く見られた。刑法二〇七条では、特に有害なセクトとして活動したと認められた者については、ヨーロッパ・ロシアにいるときはザカフカース地方への、ザカフカース地方等にいるときはシベリアへの流刑に処されることになっていた(32)。流刑囚については、一八二二年にスペランスキーによって規則が定められ、その後一八五七年及び一八九〇年に改定されていた。これとは別に、極東のアムール州には早くからモロカンやドゥホボールが進んで移住し、共同で農業を営んでいた。州都であるブラゴヴェシチェンスクに出て商工業を営むこともあった。ブラゴヴェシチェンスクには特に多くのモロカンが住んでいたとされる(33)。有名なアナキストのクロポトキンが東シベリア勤務時代に接触したのもこのような人々であった(34)。

政府の側からは、セクト信者を辺境に住まわせることは、この人々が一般の正教徒に有害な影響を及ぼすのを防げると同時に、辺境開拓のためにも役立ち、一石二鳥ともいえるやり方であった。もとより、辺境に移住させたところでセクトの存在そのものを抹殺できるわけではない(35)。また、帝国統合が進むにつれ、辺境そのものにも変化が生じる。好ましくないセクトを遠方に配するだけではすまなくなる。この点で興味深いのが、特に有害なセクトとされたドゥホボールの辿った歴史である。

多くのドゥホボールが居住するザカフカース地方は、一八八七年まで一八七四年兵役法が適用されず、ドゥホボールは兵役を免れていた(36)。しかし、一八八七年になると、土着の者以外には徐々に兵役が課されるようになった。ドゥホボールは兵役を拒みはしなかったが、彼らの間には不満が募っていた。これに先立ち、ザカフカース・チフリス県のアハルカラキ郡では、ドゥホボールの間に内部対立が生じていた。一方のグループを率いていたのが若いピョートル・ヴェリーギンである。対立するグループが当局を味方につけたため、一八八七年、ヴェリーギンは逮捕され、行政手続によってアルハンゲリスク県のシェンクルスクに五年の流刑処分となった。[37] 一八九二年、刑期は延長され、のちに流刑地はより遠方のオブドールスクに変わった。しかし、仲間のドゥホボールに対する彼の影響は途絶えることがなかった。

一八九五年六月二九日（正教の祝日ペテロ・パウロの日でありヴェリーギンの誕生日でもあった）の前夜、ヴェリーギン派ドゥホボールによる武器焼却事件が起きる。徴兵されたドゥホボールが命令に反して集団で勤務を拒否し、武器を焼き捨てたのである。これは偶発的な事件ではなく、ヴェリーギンの政治的計算に基づく計画的な反抗であった。当局にとって、徴兵に応じたドゥホボールがこれほど過激な行動に出るというのは予想外であった。事件を起こしたのは軍籍にある者たちであり、彼らの行為は抗命であったから、これに対する処分をしないわけにはいかない。しかも、官有物である武器を棄損したことによって、事はいっそう面倒になった。

政府にとって、彼らの周辺住民への影響も無視できなかった。宮廷で大きな影響力をもっていたチフリス県知事のΓ・Д・シェルヴァシーゼは、流刑にされたセクトが周囲の住民に、彼らは犠牲者であり被害者であるという一般的印象とともに、軍務や納税が道徳的悪であるという、政府に対する不服従の気分を広めることを危惧していた。一八九六年の二月一五日、ポベドノスツェフの主宰によって開かれた特別会議では、ザカフカース地方にいるドゥホボールの移住先として、とりあえずザカスピ州が選ばれた。ザカスピ軍管区司令官であったA・H・クロパトキンはこれに反対であった。もともと彼は入植者としてのドゥホボールを高く評価しており、周辺住民にとって手本となる人々だと考えていた。[38] しかし、武器焼却事件が起きると、クロパトキンは、反対派としての性格を強くもつにいたったドゥホボールを、帝国領としての歴史の浅いザカスピ州に入れることには消極的たらざるを得なかった。彼らは政治的に危険であり、「宗教的アナキスト」であった[39]。クロパトキンの意見は四月一九日の特別会議において賛同を得、ドゥホボールをザカスピ州に移す案は全員一致で否決された[40]。

本来、武器焼却事件を起こしたドゥホボールたちは、軍規違反で軍事法廷による裁判によって処罰されるはずのものである。一八六八年に制定された軍事刑法一三条は刑事罰としてシベリア流刑を、四九条は矯正罰として、行為の程度に応じた期間、矯正中隊に送ることを定めていた。しかし、ゴレムィキン内相は、ドゥホボールのように宗教上の理由で軍隊勤務を拒否する者については、矯正中隊に送らずに警察の監視付きで僻遠のヤクーツク州に一八年間流刑にするという案を出した[41]。信仰に基づく行動であるから矯正の可能性がなく、害悪が広がるのを防ぐには辺境に送って一般の臣民との交渉を断つしかないと判断したのである。П・С・ヴァンノフスキー陸相も賛成して[42]、一八九六年八月五日、ニコライの裁可を得た[43]。治安及び行政流刑を管轄する内相と軍法を管轄する陸相の共同提案を皇帝が裁可するという手続きである[44]。これに基づき、同年の晩秋、ドゥホボールの第一陣三〇人が、ヤクーツクの近くで、アムギンスコエ村から二〇キロのところにあるウスチ・ノトーラに送られた[45]。

しかしこの事件はそのような処理では片付かなかった。ヴェリーギンは、非暴力的反乱が成功するためには外部に広く知られる必要があるということをよく知っていた。そのために、彼はトルストイとそのグループを利用した。武器焼却による反抗を鎮圧した際のカザークの行動は例によって手荒なものであったため、暴力的抑圧を外部に訴えるという方法がとられ、九五年一〇月二三日付けの英紙『タイムズ』に、ドゥホボールの窮状を訴える長い記事が、トルストイの手紙とともに掲載された。これはドゥホボールのニュースが西欧のメディアで報じられた最初の機会であった[46]。これを受けて、イギリス・クエーカー委員会は、ドゥホボールのためにツァーリに直接請願を行った。トルストイも国際的にドゥホボール支援を呼びかけ、大きな反響を呼んだ。

このような状況のもとでは、政府には、ドゥホボールを出国させることによって厄介払いをする以外の手段は残されていなかった。結局、特例措置として、本人たちの出国希望に許可を与えるという方針が確定した[47]。一八九七年末、カフカースの行政長官ゴリーツィン公爵は、徴兵年齢にない者については、有効な外国旅券を保持し、旅行費用を自弁し、帰国しないと誓約することを条件に、出国の許可を出した[48]。法に基づく強制移住や流刑ではなく、ユダヤ人に対するのと同様、自主的な出国を許可するという道が選択されたのである。避寒のためカフカースを訪れたマリヤ・フョードロヴナ皇太后に宛てて、ドゥホボールのオブローシモフらは、兵役免除か出国を認めてほしいとの嘆願書を提出した。これに対して、九八年二月二四日、チフリス県知事より、兵役免除は認められないが、前記の条件で出国を許可するとの回答があった[49]。県知事シェルヴァシーゼと皇太后の近い関係からして[50]、この行啓は両者と内務省の了解によるものであろう。政府は特例措置のために皇太后の慈悲を演出したのである。

出国先はまだ決まっていなかった。ウフトムスキーは隣接するモンゴルを提案したが、ゴリーツィンが反対した[51]。ヴィッテの大蔵省などには、東清鉄道建設に伴って新たに視野の中に入ってきた満洲の鉄道付属地に入植させるというアイデアがあった[52]。ヴィッテは古儀式派を満洲に入れることについても積極的であった。特に満洲の辺境地帯は、人口の少ない土地だったため、現地住民との摩擦の可能性も小さかったのである。トルストイも満洲が好ましいと考えていた[53]。

しかし、結局、クロポトキンの示唆もあり、プレーリー開拓のために移民を必要としていたカナダが移住先として選ばれた。トルストイは『復活』を書いて渡航のための資金を作り、親しくしていた演劇人のП・А・スレルジツキーに協力を依頼した。以後、スレルジツキーとドゥホボールは頻繁に接触するようになる。この接触は政府にとって好ましいことではなく、ゴレムィキン内相は一八九八年九月七日、ゴリーツィンに宛てた書簡で、ドゥホボールとトルストイ主義者、特にスレルジツキーとの連絡を絶つことに特別な注意を払うよう指示している[54]。そのスレルジツキー及びトルストイの息子セルゲイに付き添われ、一八九八年末から翌年にかけて、七七〇〇名を超えるドゥホボールがカナダに渡った。

官有物である武器を焼却し、法律に対する不服従の意思表示を行ったのであるから、当局としては処罰しないわけにはいかない。法の遵守と対外的配慮を両立させるための難しい政治判断であった。メノナイトに対する兵役法の適用と同様、ドゥホボールの違法行為の処理についても、これを迫害と呼ぶことには慎重でなければならない。それでも、ロシアにおいて、正当な処罰と迫害の差異が見えにくいことは事実である。反抗が文明的とは言えないやり方で鎮圧されたことに加え、ポベドノスツェフのような頑な法の適用を求める人の存在がそれに一役買っていることは疑いを容れないであろう。もっとも、七〇年代のメノナイト出国のときはもとより、九八年のドゥホボール出国のときも、表立ってポベドノスツェフが絡む局面は存在しなかった。政府の選択肢は初めから限られていたのである。

注

（1）ここでは、ゴードンのいう「コア社会とコア文化への適応」という意味での同化を考えている。M・M・ゴードン著、倉田和四生・山本剛郎訳編『アメリカンライフにおける同化理論の諸相――人種・宗教および出身国の役割』（晃洋書房、二〇〇〇年）六〇―六五頁を参照。

（2）本書ではこの系譜に属する日本の教派が用いている「メノナイト」という英語式の呼び名を採用する。メノナイトという名称はセクトの創始者メノ・シモンズ（一四六九―一五六一年）から来ている。メノナイトの出現については、倉塚平『異端と殉教』（筑摩書房、一九七二年）第四章を参照。

（3）Peter J. Klassen, *A Homeland for Strangers : An Introduction to Mennonites in Poland and Prussia* (Fresno, Calif., 1989), pp. 11–12.

（4）James Urry, *None but Saints : The Transformation of Mennonite Life in Russia 1789–1889* (New York, N.Y., 1989), pp. 48–49.

（5）Ibid., p. 50.

（6）*Костюк М.П.* Немецкие миграционные движения на Волынь（XVIII – начало XX вв.）// Миграционные процессы среди российской немцев: исторический аспект. М., 1998. С. 27–28.

（7）Ibid., pp. 52–54.

（8）Patricia Herlihy, *Odessa: A History, 1794–1914* (Cambridge, Mass., 1986), p. 33.

（9）*Кулинич И.М.* Миграционные процессы немецкого населения в Причерноморье и Приазове (Херсонская, Екатеринославская, Таврическая губернии Украины) в XIX – XX вв. // Миграционные процессы среди российской немцев: исторический аспект. М., 1998. С. 52–53.

（10）阿部知二『良心的兵役拒否の思想』（岩波新書、一九六九年）一六八頁。James Urry, *Mennonites, Politics, and Peoplehood: Europe, Russia, Canada, 1525–1980* (Winnipeg, Man., 2006), p. 74.

（11）Энциклопедичеспий словарь. Под ред. Ф.А. Брокгауса и И.А. Ефрона. Т. 37. СПб., 1896. С. 94.

（12）メノナイトの教育は必ずしも知識の習得を目的としたものではなく、その質は教師の技量に大きく左右された（Urry, *None but Saints*, p. 158）。

（13）Herlihy, op. cit., p. 32.

（14）Urry, *None but Saints*, p. 196.

（15）Ibid., p. 92. これには一八〇五年から一四年までノヴォロシア総督を務めたA・E・リシュリューの功績が大きかった。Herlihy, op. cit., p. 24. リシュリューについては、嵐田浩吉『オデッサ—黒海に現れたコスモポリス』（東洋書店、二〇〇七年）八—一三頁も参照。

（16）Urry, *None but Saints*, p. 208.

（17）Urry, *Mennonites, Politics, and Peoplehood*, pp. 100–101; Gerhard Wiebe, *Causes and History of the Emigration of the Mennonites from Russia to America* (Winnipeg, Man., 1981), pp. 21–22.

（18）阿部、前掲書、一六七頁。

（19）Реформы Александра II. Под ред. О.И. Чистякова, Т.Е. Новицкой. М., 1998. С. 369.

（20）これはそれまでのメノナイトの功績に対する敬意の表れであったとされる。Urry, *Mennonites, Politics, and Peoplehood*, p. 100. メノナイトは一九一九年にいたるまでの間、ロシアにおいて良心的兵役拒否を認められた唯一の集団であった。Joshua A. Sanborn, *Drafting the Russian Nation: Military Conscription, Total War, and Mass Politics* (DeKalb, Ill., 2003), p. 184.

（21）Wiebe, op. cit., pp. 38–40.

（22）Fred Richard Belk, *The Great Trek of the Russian Mennonites to Central Asia, 1880–1884* (Eugene, Oreg., 2001), pp. 78–80.

（23）Urry, *None but Saints*, p. 214.

（24）Belk, op. cit., p. 46; Adolf Ens, *Subjects or Citizens? The Mennonites Experience in Canada, 1870–1925* (Ottawa, Ont., 1994), pp. 21–22.

Кулинич. Указ соч. С. 55–56.

(25) Urry, *None but Saints*, pp. 215–218.

(26) Ibid., pp. 246, 256. この後、一八八〇年から八四年まで、トトレーベンは、かつてカウフマンが務めたヴィリナ総督に任じられた。

(27) Ibid., p. 228. 中央アジアの基本的部分がロシア帝国に併合されるのは一八八六年六月一二日法によってである（*Ерошкин Н.П.* История государственных учреждений дореволюционной России. Изд. 3-е. М., 1983. С. 248）。

(28) David Mackenzie, "Kaufman of Turkestan : An Assessment of His Administration, 1867–1881," *Slavic Review*, vol. 26, no. 2（June 1967）, pp. 284; Daniel Brower, "Islam and Ethnicity : Russian Colonial Policy in Turkestan," in: Daniel R. Brower and Edward J. Lazzerini（eds.）, *Russia's Orient : Imperial Borderlands and Peoples, 1700–1917*（Bloomington, Ind., 1997）, pp. 119–120.

(29) Belk, op. cit., pp. 72–74, 89–90.

(30) Ibid., p. 110.

(31) Urry, *Mennonites, Politics, and Peoplehood*, p. 128.

(32) *Sergej Tolstoy and the Doukhobors : A Journey to Canada*（Ottawa, 1998）, p. 239.

(33) *Литвинцев К.* Амурские сектанты: молокане и духоборы.（Историко-етнографический очерк）// Христианское чтение. 1887. No. 11-12.

(34) 彼らは武器焼却事件におけるトルストイの支援に歓喜したという。*Торгашов П.И.* Сибирские воспоминания 1883–1903 // Голос минувшего. 1914. No. 11. С. 152–153.

(35) Nicholas B. Breyfogle, *Heretics and Colonizers : Forging Russia's Empire in the South Caucasus*（Ithaca; London, 2005）, p. 156.

(36) Ibid., p. 238.

(37) *Sergej Tolstoy and the Doukhbors*, p. 239.

(38) 露土戦争に際して、ドゥホボールはロシアのために巨大な数の荷馬車隊を編成して、兵員や物資を輸送することにより、消極的にではあったが、ロシア軍に貴重な援助を行った。Nicholas Breyfogle, "Building Doukhoboriia: Religious Culture, Social Identity and Russian Colonization in Transcaucasia, 1845–1895," *Canadian Ethnic Studies*, vol. 27, no. 3（1995）, p. 39; Breyfogle, *Heretics and Colonizers*, pp. 157–158.

(39) Ibid., pp. 289, 291.

(40) John Woodsworth, *Russian Roots and Canadian Wings : Russian Archival Documents on the Doukhobor Emigration to Canada*（Toronto, 1999）, p. 80.

（41）*Ананьич Б.В.* Россия перед революцией. 1895–1904 годы // Кризис самодержавия в России. 1895–1917. Л., 1984. С. 47.　一八六〇年に初めて去勢派がザバイカル州やヤクート州に送られた。

（42）ヴァンノフスキーは、一八八一年にミリューチンの跡を継ぎ、一八九八年一月クロパトキンに交代するまで陸相を務めた。アレクサンドル三世時代の陸軍省を支えた手堅い軍政家である。Дневник генерал-фельдмаршала графа Дмитрия Алексеевича Милютина. 1891–1899. М., 2013. С. 469.

（43）Breyfogle, *Heretics and Colonizers*, p. 286.　中村喜和『武器を焼け—ロシアの平和主義者たちの軌跡』（山川出版社、二〇〇二年）一一七頁。

（44）ゴレムィキンは八月九日付けの書簡でポベドノスツェフにこの決定のことを伝えている。Woodsworth, op. cit., p. 82.

（45）中村、前掲書、一二九—一三一頁。一九世紀末において、東シベリアへの流刑囚一三〇〇人のうち、半分が刑法犯、三分の一程度がセクト、残りが政治犯（政治流刑）であった。しかし、一九〇〇年六月一二日勅令によって刑法犯のシベリアへの流刑は行われなくなる。

（46）同じ年の一二月二三日、ドゥホボールに注目していた革命家のクラフチンスキーが、亡命先のロンドンにおいて、鉄道事故で死んでいる。

（47）George Woodcock, Ivan Avakumovic, *The Doukhobors*（Ottawa, 1977）, pp. 118–119.

（48）Andrew Donskov, "The Tolstoys and the Doukhobors: A Historic Relationship," in: *Sergej Tolstoy and the Doukhobors: A Journey to Canada*（Ottawa, 1998）, p. 9.

（49）*Малахова И.А.* Духовные христиане. М., 1970. С. 67–68.

（50）Coryne Hall, *Little Mother of Russia: A Biography of Empress Marie Feodorovna (1847–1928)*,（Teaneck, N.J., 1999）, p. 184.　木村毅『ドゥホボール教徒の話—武器を放棄した戦士たち』（恒文社、一九七九年）七七—七八頁も参照。

（51）Andrew Donskov, "On the Doukhobors from Imperial Russian Archival Files," *Canadian Ethnic Studies*, vol. 27, no. 3（1995）, pp. 259–260; Breyfogle, *Heretics and Colonizers*, pp. 289–290.

（52）David Wolff, *To the Harbin Station: The Liberal Alternative in Russian Manchuria, 1898–1914*（Stanford, Calif., 1999）, p. 78.

（53）Woodcock and Avakumovic, op. cit., p. 119.

（54）*Sergej Tolstoy and the Doukhobors*, p. 46.

小括

ロシア帝国の宗教政策は、近代ロシアの政治社会の在り方を見る上で重要な多くの問題を含んでいる。一つは国教である正教をはじめとする公認宗教と公認されない宗教との間にある深刻な差別である。公認されない宗教を信じる者はさまざまな形で信仰に対する制約を受けた。礼拝集会をもつことの禁止に加えて、公認宗教において認められた宗教儀式による法的効力の付与が、非公認宗教については認められなかった。

もう一つは国教である正教とそれ以外の公認宗教の間に設けられた差別である。プロテスタントについて言えば、最大教派のルター派はもとより、新たにドイツ語圏から入植したメノナイト、新たに増えつつあったバプテストも公認宗教であり、外国宗教として内務省の管理下に組織化がなされていた。ルター派は正教以外では最も優遇された公認宗教であったが、それでも正教徒を改宗させることについては刑法によって厳しく禁止されていた。

とは言え、宗教問題に対する態度は、内務省や司法省、国民教育省といった世俗的行政機能を担うべき官庁、あるいはセナートのような司法機関と、ポベドノスツェフを総監とするイデオロギー官庁である宗務院とでは当然に異なっていた。正教による国家統合を至上命題とするポベドノスツェフは、大臣委員会の場で、あるいは直接各大臣に、正教会に有利な政策の実施を要請した。これに対して各官庁がどのように対応したかは、近代ロシアの官僚制化の程度を測る上で一つの物差しになるであろう。そこに現れた政治過程は、少なくともロシア帝国の宗教政策を抑圧やナショナリズムの観点からのみ見るような単純な見方を支持するものではない。

もとより正教による国家統合という目標そのものが放棄されることはなく、統治の合理性を重視する内務行政といえども、それとのせめぎ合いを免れることはできなかった。それでも、一八九〇年代後半、信教国家からの離脱が進み、宗教的同化の追求が時代に合わなくなると、司法と同様、内務行政についても、抑圧的な施策はかなり弱まる。内務行政の合理化、宗務院からの独立という意味での世俗化が進んでいく。

二〇世紀に入ると、ロシアは信仰の自由そのものの承認に進む。ロシア人バプテスト運動の指導者が流刑地から戻され、南ロシアのバプテスト同盟の年次大会も再開されるようになった。頻発するストライキや農民騒擾への対応に追われ、バプテストどころではなくなったのが主たる原因であるといわれる。(1) 一九〇二年四月に内相になったプレーヴェとヴィッテの権力闘争においても、宗教問題はもはや争点とはならなかった。一九〇三年二月二六日の詔書には宗教的寛容が盛り込まれた。(2) 同年三月二二日に裁可された新しい刑法典には、正教徒を分離派やセクトに引き入れることに対しては罰則が設けられていたものの、正教からの改宗者を得ようとする試みそのものを罰する規定は置かれていなかった。このことは、世紀転換期のロシアにおける信教国家からの離脱の程度を見る上で注目されるべき点である。同年八月九日、バプテストはペテルブルクにおいてはじめて公の場で洗礼の儀式を執り行った。(3)

日露戦争のさなかの一九〇四年七月、内相プレーヴェが暗殺される。後任のスヴャトポルク＝ミルスキーは社会の宥和の路線を選んだ。スヴォーリンは新しい内相の登場を春の訪れとして歓迎し、(4) ヴィッテはこの機会を捉えて復活を意図した。(5) スヴャトポルク＝ミルスキーの改革案には、個人の自由で独立した活動をより広く認めることが盛り込まれていた。そこでの宗教的寛容の扱いについて、スヴャトポルク＝ミルスキーはペテルブルク府主教に意見を求めたうえで、ヴィッテが議長を務める大臣委員会に検討を委ねた。(6) もはやヴィッテには、ポベドノスツェフの顔色をうかがう必要はなかった。ヴィッテは正教会が魅力を欠き、統合力を喪失しているとした。民衆にとって魅力的になるための改革が必要であった。それまで意見を徴されることのなかったポベドノスツェフは反対し、ニコライも一応は彼の顔を立てたが、結局、その意見が顧みられることはなかった。(7) こうして、事実上ヴィッテが起草し、革命的気運が盛り上がる中で出された一九〇四年一二月一二日の勅令には、第六項として宗教的寛容が謳われることになった。さらに一九〇五年四月一七日の勅令において信教の自由が宣言され、正教から他の教派への改宗が合法化された。ヴィッテはそれを自らの功として誇ることができた。[8] もとよりヴィッテは信念として良心の自由を奉じていたのではない。このとき彼がそれを採用したのは、実務家としての柔軟性ゆえのことであった。それでも、立憲制とは異なり、良心の自由そのものは、ヴィッテの基本思想と矛盾してはいなかったのである。

注

（1）Andrew Q. Blane, “Protestant Sects in Late Imperial Russia,” in: Andrew Q. Blane (ed.), *The Religious World of Russian Culture. Essays in Honour of Georges Florovsky*. Vol. 2 (The Hague; Paris, 1975), p. 286.

（2）*Андроцук В.В.* Преступления против религии по законодательству России (конец XIX – начало XX в.). М., 2016. С. 96.

（3）R. S. Latimer, *Under Three Tsars: Liberty of Conscience in Russia, 1856–1909* (London, 1909), p. 103.

（4）*Гурко В.И.* Черты и силуэты прошлого: правительство и общественность в царствование Николая II в изображении современника. М., 2000. С. 358.

（5）Гурко. Указ. соч. С. 363.

（6）Paul W. Werth, *The Tsar’s Foreign Faiths: Toleration and the Fate of Religious Freedom in Imperial Russia* (Oxford, 2014), pp. 202–203.

（7）John Shelton Curtiss, *Church and State in Russia: The Last Years of the Empire, 1910–1917* (New York, N.Y., 1972), p. 211.

（8）*Кони А.Ф.* Сергей Юриевич Витте // А.Ф. Кони. Собрание сочинений. Т. 5. М., 1968. С. 256.

第四章　ロシア帝国と東アジア

一八九〇年代、ロシアを取り巻くヨーロッパの国際関係は複雑であった。ロシアはイギリスとの間に長く紛争の火種を抱えていた。一八六〇年代、中央アジアに領土を拡大したロシアは、インドを領有するイギリスにとって徐々に脅威を与えるようになり、重要な緩衝国としてのアフガニスタンやペルシアに対する影響をめぐる両国の対立は厳しさを増す。第二次アフガン戦争によってアフガニスタンを保護国化したイギリスとロシアの間に生じたパンジェ国境紛争のために、一八八五年春、両国は戦争の一歩手前まで行った(1)。これと連動して、朝鮮の巨文島がイギリスによって占拠された。

他方、露土戦争後にベルリン会議を主催してロシアが得ていた成果の多くを失わせ、バルカンをめぐって対立するオーストリアと同盟関係にあったドイツに対しても、ロシアには根深い警戒心があった。アレクサンドル三世はデンマーク出身の皇后とともにドイツへの強い不信感をもち、外相ギールスの勧めにも拘らず、一八八七年には、一八八一年に締結された三帝同盟の更新を認めなかった。ビスマルクの努力によって辛うじて結ばれた再保障条約も、一八八八年のヴィルヘルム二世即位以後、露独関係がいっそう悪化したため、一八九〇年には更新されなかった。一八九二年から本格的に始まる関税戦争は露独間の緊張をいっそう高めた。

他方、一八九〇年代前半の東アジアにおいては、なおヨーロッパ諸国の間に深刻な利害対立は存在していなかった。早くから東アジアに関わっていたイギリスは、長江流域を中心とする清の南部に権益をもち、李鴻章らはイギリスによる経済支配の拡大を抑制することに努めていた。しかし、長江以北においてイギリスの利権と呼べるものはなお「関内外鉄路」建設への関与等に限られており(2)、清の北部に関心をもつロシアとの間で棲み分けが可能であるとみなされていた。一八八五年から一九〇二年までの間に三度イギリス首相を務めたソールズベリ卿は、中国はすべての列強に十分なビジネスチャンスを与えるものであり、そこで生じる問題は外交で解決可能であると考えていた。対立が生じるとしても遠い将来のことであって、緊急の対応を要するものではないとされたのである(3)。

もとより、東アジアの諸国と隣接するロシアは、他のヨーロッパ諸国にはない問題を抱えていた。特に中国人居留民や朝鮮人移民の扱いは重要であった。思うようにスラヴ系の移民が来ず、農民も極東の気候に対応した農業技術を習得できないなかで、ロシア極東において東アジアの人たちへの依存が進む。生活物資の調達も東アジア人商人の手を借りずにはままならなかった。現地の行政責任者であるプリアムール総督にとって、国境を越える物と人の流れをコントロールし、この地域でのロシアの国益を守ることは、なかなかに難しい問題であった。

それでも、アレクサンドル三世の時代には、東アジアの問題はそれほどロシアのメディアの関心を惹いてはいなかった。対外政策において、主たる関心はなお近東などを舞台としたヨーロッパの国際関係に向けられており、そこでロシアの威信と利益をどのように守るかが重視されていた。

一八九〇年代半ばの日本の登場はこうした状況を変えるものであった。東アジアの権力均衡がにわかに不安定化し、シベリア横断鉄道も新たな政治的意味をもつにいたった。東アジアは国際政治の舞台として欧米諸国の関心を惹くようになったのである。さらに、三国干渉によって可能になった、露清国境を越える満洲横断線の敷設は、経済的観点と軍事的観点の双方から、ロシアとこの地域との関わりに新たな局面をもたらした。

本章では、東アジアとロシアの関わりを、満洲横断線の敷設、欧米諸国との関係、ロシア極東への移民という三つの視角から検討し、一九世紀末、ロシアが東アジアに関わることによって生じたアイデンティティの揺らぎを明らかにする。

注

（1）本章では、ロシアで起こった出来事についてはは露暦を、国外において起こった出来事についてはグレゴリオ暦（以下「新暦」）を用いる。
（2）関内外鉄路については以下を参照。Arthur Lewis Rosenbaum, "The Manchuria Bridgehead: Anglo-Russian Rivalry and the Imperial Railways of North China, 1897-1902," *Modern Asian Studies*, vol. 10, no. 1（1976）, pp. 41-42.
（3）David Gillard, *The Struggle for Asia, 1828-1914 : A Study in British and Russian Imperialism*（Methuen, 1977）, pp. 157-158, 166.

第一節　満洲横断鉄道の敷設

一　一八八〇年代の露清関係とシベリア横断鉄道構想

ロシア帝国の辺境としてのロシア極東は一九世紀後半に成立する。ヨーロッパ世界の東端であるイルクーツクに置かれた東シベリア総督府の管轄下に沿海州が新設され、その行政府がアムール川河口のニコラエフスクに置かれたのは一八五六年のことであった。二年後の一八五八年五月、東シベリア総督ムラヴィヨーフ＝アムールスキーと黒龍江将軍奕山との間で結ばれた愛琿条約の第一条により、アムール川左岸がロシア領となった。これは総督ムラヴィヨーフの個人的なイニシアティヴによるところが大きく、必ずしもロシアの確立した国策に基づくものではなかった。

アムール川右岸の大興安嶺では、ロシア領内にも分布する少数民族のオロチョンが狩猟中心の生活を送っていた。その向こうは、当時はなお、ロシア人にとってほとんど未知の世界であった。一八六四年、軍人として満洲を探検したクロポトキンは、大興安嶺を越えて松嫩平原に入り、シベリアとは気候風土を異にする世界に出会ったときの同行のカザークの目の輝きについて、興味深い記述を残している(1)。

当時露清関係は概して安定していたが、一八六四年回族の反乱が起き、さらに東トルキスタンの主要な部分がイギリスを後ろ盾とするヤークーブ・ベクの支配下に入ると事態は流動化する。当時中央アジアにおいてイギリスと対立していたロシアは、六七年タシケントに総督府を置き、西トルキスタンを勢力下に収めつつあったが、初代総督のカウフマンは、七一年初夏、独断でセミレチエ州軍務知事のカルパコフスキーを派遣して、イリ地方を占領してしまった。[2] 七六年五月、彼は境界について協議すべく、ヤークーブ・ベクのもとに使節を送った。[3]

露土戦争のさなかの一八七七年一二月、東トルキスタンは左宗棠率いる清国軍によって回復され、清はロシアに対して占領地の返還を求めた。七九年九月に露清間で結ばれたリヴァディア条約は、領土の割譲をはじめとして、ロシアの要求に沿った内容であったため、清国内は強く反撥し、交渉にあたった崇厚は死刑を宣せられた。清の強硬な態度に直面して、当時テロルの頻発により国内が騒然としていたロシアは条約の改定に同意し、八一年二月、あらためてペテルブルク条約が結ばれる。八四年一一月一六日（新暦）、清は東トルキスタンに迪化（現在のウルムチ）を省都とする新疆省を設置した。[4] ハバロフスクにプリアムール総督府が設置されたのと同じ年である。[5] 翌一八八五年、いわゆる塞防派としてロシアに対する警戒を唱えた左宗棠が世を去っている。

一八八〇年代において、アムール川右岸の清国領に対するロシア人の関心を惹いたのは、清国最北端の地漠河を中心とした一帯における金鉱の発見であった。公権力の支配が十分に及ばないこの土地で、越境した多くのロシア人が金を採った。[6] これは清当局を警戒させることとなり、北洋大臣李鴻章の指揮のもと、清政府は彼らを排除し、一八八八年、漠河金廠という株式会社を設立して金の採掘を始めた。この事業はロシアに対する辺境地域の防衛とともに近代的な企業形態の満洲への導入を企図した洋務の実験であり、[7] 義和団事件によるロシア軍の侵入まで続けられた。

このように、光緒帝時代の前半はなお清の国力がそれなりに充実していた時期であった。軍事的にも、清の力はなお侮りがたいものがあった。海軍による戦闘においては英仏に太刀打ちできなかったものの、清仏戦争における陸戦では、清軍はフランスに対して有利に戦いを進めていたのである。これに対して極東におけるロシアの軍事力は強力とは言い難かった。チター―ハバロフスク間の交通がきわめて不便であったため、[8] プリアムール軍管区の中で、[9] 一定の規模の正規軍を駐屯させられるのはザバイカル州までであり、その先は大量の兵員の輸送も、食糧をはじめとする兵站物資の輸送も困難であって、ロシアは軍事力の基本的部分をカザークに依存しなければならなかった。[10] カザークは家族とともにその土地に定住して軍務に就く人々で、州単位で編成され、軍務知事の指揮下にあった。

アムール川流域において、陸上の動員力に勝る清との間で本格的な軍事的紛争が生じたとき、ロシアは国境を守ることができない。これが一八八〇年代において、政府部内の多くの人々に、シベリア横断鉄道建設の必要を強く感じさせるにいたった理由の一つであった[11]。初代プリアムール総督となったА・Н・コルフは、一八八六年、上奏文のなかでこの地域の軍事的脆弱性を説き、鉄道建設の必要を訴えた。しかしこれに対して当時の蔵相ヴィシネグラツキーが財政的事情から難色を示すなど、政府内の議論が完全にまとまっていたわけではなかった[12]。

一方、南ウスリー地方のロシア領としての発展は、Н・П・イグナーチエフが天津条約の履行をめぐって紛糾した英仏と清の間を仲介したことによって、六〇年一一月、清との間に北京条約が結ばれ、ウスリー川右岸がロシア領となったことに始まる。七〇年から翌年にかけ、極東の中心的な港としての機能が、ニコラエフスクから新たに建設されたウラジオストクに移された。八〇年に市に昇格したウラジオストクは、市会をはじめとした行政制度を整えるとともに、義勇艦隊によって黒海沿岸のオデッサと結ばれ、以後国際的な商取引の中心として重要性を高めていく。

南ウスリー地方が急速に発展し、また海港としてのウラジオストクの経済的・軍事的重要性が高まるにつれて、この都市とヨーロッパ・ロシアをできるだけ短時間で結ぶという課題が人々の関心を引くようになるのは自然なことであった。満洲を横断する鉄道を通し、これをシベリア横断鉄道と連結するという案も、Н・В・コプィトフ提督がはじめて提唱した一八八七年以来[13]、政府部内で検討されていた[14]。もとより、清の陸軍がなお強力であると考えられていた間は、それに対する反対も強かった。プリアムール総督府が導入されたときの東シベリア総督であり、その導入に頑強に抵抗したД・Г・アヌーチンもこれに反対した[15]。それは必ずや露清間の紛争のもとになると考えられたのである。一八八〇年代の清における統治の刷新を重視するアヌーチンにとって[16]、満洲横断線を建設しようとすることはあまりにも非現実的な試みであった。

アレクサンドル三世時代の対外政策は基本的に平和の維持を基調としていた。[17] しかしアレクサンドルはシベリア開発と極東の安全保障に対しては強い関心をもっており、彼の支持に基づいて、一八九一年五月、ウラジオストクとハバロフスクとの間にウスリー鉄道の建設が始まった。さらに九二年八月、交通大臣であった四三歳のヴィッテが蔵相となる。アレクサンドル三世の大きな期待を担って登場した彼は、シベリア横断鉄道の建設を特別に重視し、それを柱とする大がかりな経済戦略を推進していく。[18]

二　満洲における鉄道の敷設

元来、ロシアは、太平洋へのアクセス（それを安定的に確保するための土地と軍事拠点の確保）に強い関心をもっていた。ロシアが大国として、多くの海外植民地と強力な海軍力をもつイギリスに対抗していくためには、それが必要だったのである。ムラヴィヨーフ＝アムールスキーによって端的に示されるように、アムール川の水運がロシアの指導層にとって常に重要な関心事であったのもそのためである。シベリア横断鉄道をウラジオストクにまで到達させることも、ぜひとも実現させるべき目標であった。

しかし、シベリア横断鉄道建設に際し、当初考えられていたアムール川沿いのルートには不利な点が多かった。地形が鉄道の敷設に適さず、技術上の困難が大きかったのである。大きく湾曲していて距離が著しく長いことに加え、洪水による線路の冠水への対策や、大河であるアムール川への架橋が必要であった。さらに廉価な水運との競争にさらされるブラゴヴェシチェンスクより下流に関しては、収益面でも問題があった。[19]

単に上流の難所を迂回するだけでなく、ヨーロッパ・ロシアを最短距離で太平洋とつなぐ満洲横断線が現実的な選択肢となったのは、一八九五年五月以降のことである。[20] 一八九四年八月一日（新暦）に始まった日清戦争において清は敗北を重ね、翌九五年四月、日本との講和条約に調印する。この条約によって、清は台湾や澎湖諸島、遼東半島の割譲を余儀なくされた。加えて二億両という巨額の賠償を負わされ、その支払いのために外国に対して借款を求めなければならなくなった。このとき、ロシア、ドイツ、フランスの三国は協調して日本に圧力をかけ、遼東半島を清に還付させていた(21)。ロシアは三国干渉を主導することによって、清に対して恩を売る形を作り出したのである。また、依然として日本は清にとって警戒を要する大きな軍事的脅威であり、清は安全保障のために外国の助力を求めなければならなかった。このような清の窮状を目の当たりにして、ロシアの政府部内では満洲横断線の敷設権獲得を目指す動きが活発化した。

中には満洲横断線の建設に反対する意見もあった。外務省アジア局長のД・A・カプニストは、この路線の経済的利点のみにとらわれるのは危険であり、その政治的リスクに目を向けるべきであるとした(22)。この路線を建設すれば、ロシアは北満の行政を引き受けることになり、ひいては軍事占領に進まざるを得なくなるであろう。それは清の分割に道を開くことになる。それゆえカプニストは、満洲にロシアが鉄道を敷設する場合の最も無難なルートとして検討されていた、黒龍江省のみを通るルートを提案した。このルートの沿線の土地に対しては他国も関心をもたず、また黒龍江省は人口も少ないから、抵抗を招くおそれも少ないと考えられたのである(23)。九五年三月四日の段階では、ヴィッテもこの案を支持していた。しかし九五年の終わりには、ヴィッテは満洲横断線を推進する態度を鮮明にした(24)。

これに対して、カプニストとともに満洲横断線に反対したのが、当時プリアムール総督を務めていたC・M・ドゥホフスコイである。一八八四年以来、ロシア極東はプリアムール総督の統治下にあった。通常プリアムール総督は軍人であり、現地軍の指揮権をもつ軍管区司令官として辺境の防衛を担うとともに、行政長官として地域の開発や治安維持に対しても責任を負っていた。軍服を着た将軍が地域における統治機構の最上位に位置することは、何よりも軍隊をコントロールする上で好都合であった。通常軍隊は軍事の素人である文官に指揮されることを好まないからである。住民に対する当局の権威づけという点から見ても、その政治的効果は小さくなかった。

ただし、総督制は適用範囲を限定された特別法による支配であって軍法による支配ではなく、総督のもとで軍事と行政が一体化していたわけではない。両者の比重は状況によって変化しうる。軍事的緊張が高まれば当然に軍管区司令官としての面の比重が高まるであろう。しかし、地域の治安や発展が常に軍事的手段によってよく実現されるわけではない。民政には固有の課題があり、それを適切に処理するには行政官としての力量が必要になる。軍人に求められる能力と行政官に求められる能力が必ずしも同じでないことについては論を俟たないであろう。

もとより総督府の管轄する区域は広大であり、総督自身が具体的な問題を常に直接取り仕切ることは難しい。軍事についても行政についても、事情は地域によってかなり異なっていたのである。比較的歴史の浅い領土には、行政単位として県ではなく郡が置かれていたが、各州の問題を実際に処理することはその長官である軍務知事に委ねられていた。[25]総督の果たすべき役割の中心はむしろ中央との関係の維持・強化であった。彼らは中央の政策に基づき、地域の統治に関して大きな方針を決めるとともに、中央に向かってその地域の重要性を訴え、ツァーリをはじめとする政府中枢の関心をそこに向けさせることに努めた。しかし、中央が必ずしも辺境の事情を正しく理解しているとは限らない。中央の事情によってなされた政治的決定や立法措置が現地の統治に悪影響を及ぼすこともないとは言えない。それだけに、総督は地域の将来に関わる事柄につき、ときとして中央の方針に異を唱えなければならなかった。

一八九六年一月一一日の意見書の中で、ドゥホフスコイは、満洲という外国の（しかもロシアの領事も外交代表もいない）地に長い鉄道を敷設することの危険性を指摘し、漸進的に事を進めることを主張した。近い将来において、満洲全域をロシアが安定的に掌握する可能性は低いのであるから、ロシア領内を通るアムール線は軍事的に重要であり、ぜひとも優先的に敷設すべきである。ドゥホフスコイの見るところでは、現在ロシア極東は補給の困難を抱え、それゆえ軍事的に脆弱であるが、何年か経てばシベリア横断鉄道のかなりの部分が開通することによって、ロシアにとって有利な状況が生まれる。この間が正念場であり、これを持ちこたえるためにも、鉄道の敷設に際して国際的な摩擦を引き起こしてはならないというのが彼の基本的な考えであった。[26]

満洲に敷設されるべき鉄道としては、カプニストと同様、ザバイカル州のスレチェンスクから大興安嶺を越えて墨爾根《メルゲン》（現在の嫩江）に抜けるルートの建設を支持した。墨爾根からはブラゴヴェシチェンスクに支線を引くのがよい。それとともに、ドゥホフスコイはウラジオストクと吉林を結ぶルートを提案した。当時清国内において李鴻章のイニシアティヴで直隷の山海関から奉天（現在の瀋陽）を経て吉林にいたる鉄道の建設が計画されていた。[27] 一八八一年、唐山と胥各荘の間で開通した唐胥鉄路は、イギリスからの借款によって、蘆台、天津に延びていた。東へも古冶、山海関、さらに関外へと延長され、日清戦争までに山海関と錦州の途中の綏中県まで開通して、関内外鉄路と改称されていた。[28] ドゥホフスコイは、ウスリー線のニコリスコエ（現在のウスリースク）から寧古塔《ニングダ》（現在の寧安）を経て吉林に至る路線を建設することを主張したのである。[29] 将来はさらに吉林から伯都訥《ベドゥネ》（現在の扶余）への延伸も可能であるとされた。二つの路線が完成する頃に国際情勢が好転していれば、松花江に沿った墨爾根―伯都訥間の鉄道敷設権と沿線の土地の取得もありえないことではなかった。[30] ドゥホフスコイは、鉄道の敷設に際しては、単に敷設権を得るだけでなく、沿線の土地を購入・取得すべきであると考えていたのである。[31]

外国に鉄道を敷設する目的には、政治的なものと経済的なものがある。鉄道敷設の政治的・軍事的側面を重視する場合、路線の安全確保が重要な課題となり、可能なら周辺の土地所有権だけでなく領有権も獲得することが望ましい。ドゥホフスコイはこの立場をとった。ドゥホフスコイは、満洲北部を通る路線を推奨する際、最小限の土地確保や購入を重視し、最終的には北満の一部の領土化を目論んでいた。このようなことは、満洲をまっすぐ横断するような路線の場合には非現実的となる。長い距離にわたる鉄道沿線の、しかも人口稠密な地域の割譲をもたらすような国境線の変更には、とうてい克服できない抵抗が生じるからである。

これに対して、経済的な側面を重視する場合には、出資者を満足させる収益性が重要になる。競争力を維持するためには運賃を低く抑える必要がある。また、ヨーロッパ・ロシアから満洲への商品搬入を重視する場合には、ザバイカルと満洲中心部との、少しでも早い連結が必須である。他の路線や交通手段との競合も避けなければならない。ドゥホフスコイの案のように、延伸してくる関内外鉄路と連結することは、いずれは避け難いとしても、ぎりぎりまで（ヨーロッパ・ロシアからの安定的で廉価な商品搬入が可能になり、南からの商品流入に対抗できるようになるまで）遅らせなければならない。三国干渉を主導して日本に遼東半島を還付させたヴィッテはこの立場をとった。

このような論争の勝負ははじめからついていた。積極的な極東政策に意欲を燃やしていたニコライ二世はドゥホフスコイの意見を斥け、ヴィッテの方針を支持する。(32) シベリア横断鉄道の一日も早い開通を待ち望むニコライにとって、チタとウラジオストクを最短距離で結ぶ満洲横断鉄道の建設という選択肢が現れたとき、これに抗うことは困難であった。

三　黄海へのアクセスと関内外鉄路

一八九六年春、ニコライ二世の戴冠式に出席するために李鴻章がモスクワを訪れた。ヴィッテは、周到な配慮に基づいて李との交渉の場を準備し、外相ロバノフ＝ロストフスキーとともに交渉に臨んだ。卓越した交渉者であると同時に独自の近代化戦略をもち、そのゆえにそれぞれの祖国において似たような役回りを演じることになる二人がここに相見え、一か月に及ぶ交渉を行った。(33) 最終的に、五月二二日、ヴィッテは満洲横断鉄道の敷設を李に認めさせた。一五年の間、それぞれの領土に対する日本の攻撃に対して、両国が軍事協力を約するとともに、清を救援するロシア軍の便宜を図ることを表向きの理由として、ロシアは清から、黒龍江将軍及び吉林将軍の管轄地域を通ってウラジオストクに至る鉄道路線の建設に対する同意を獲得したのである。[34]その後の北東アジアの運命を大きく左右する、いわゆる露清密約である。下関での交渉当事者であった李鴻章は、ここでもまた、将来自分に対する大きな非難を招くことになる条約に署名したことになる。[35]

ロシアにとって、満洲横断鉄道の敷設権獲得は、長年の課題であった太平洋における不凍港獲得に道を開くものでもあった。[36]もともとロシアは太平洋岸に不凍港を求めていたが、従来その候補とされていたのは馬山や釜山など朝鮮の港であり、それらへのアクセスは、経済的にも戦略的にも、大きな関心を集めていた。[37]日清戦争のさなか、一八九五年三月二二日の『ノーヴォエ・ヴレーミャ』に掲載された論文では、ロシアが安い対価で太平洋岸（朝鮮）に、釜山のように、軍港として、またシベリア横断鉄道の終点（太平洋岸における起点）として役立つ不凍港を得ることが強く求められていた。[38]

日清戦争後、そのために都合のよい状況が開かれた。日本は強硬な姿勢により、清からの独立を得た朝鮮をロシアの側に追いやった。露館播遷により、一八九六年二月一一日から一八九七年二月二〇日まで、高宗はロシア公使館で国務を執り行っていた。このような状況下では、満洲に鉄道敷設権を得たロシアが朝鮮に不凍港をもち、それと本線とを鉄道で結ぶことも、非現実的な案とは言えなかったであろう。もとより、これらの港をロシアが押さえようとすれば、日本との間に深刻な緊張が生じることを覚悟しなければならない。それをどれほど深刻に考えるかは、日本の軍事力に対するロシア側の評価にかかっていた。

満洲横断鉄道の建設が現実的になったとき、不凍港は黄海沿岸に求められることになった。李に満洲横断鉄道の敷設を認めさせる際、ヴィッテは、幹線上の適当な駅からからの黄海への支線建設も希望し、李との交渉の場に持ち出した。八月五日、ヴィッテはスヴォーリンに、ゲージの問題を除き清との間でほとんど話がついたと語っている。[39]しかしゲージの問題は重要である。標準軌での敷設は、それが清の鉄道であるとの説明を可能にする。これに対して、広軌により敷設すれば、それが事実上ロシアの鉄道となることを意味するのである。結局これがネックとなって話はまとまらなかった。あるいはもともと敷設を認める気のなかった李鴻章は、相手が呑めない条件を出すことで、断念させようとしたのであろう[40]。

八月二七日（露暦九月八日）ベルリンにおいて、名目上敷設権を付与された露清銀行と清国駐露公使の間で満洲横断鉄道の敷設契約が締結された[41]。この契約に基づき、露清銀行は沿線の土地を付属地として所有する。付属地は同社の所有地（民有地）であるにすぎず、清の主権が及ぶ。買戻しが予定されているから期限付きであり、同社が所有権をもっている点で土地に対する支配は強力であるが、法的には、永代借地契約に基づく租界や、領事裁判権を認めただけの居留地に近い。しかし、もともと民有地であるところを収用するのであるから、地権者の同意が得られない場合には強制収用となり、権力行使を伴う。これを外国企業に委ねることの法的問題性について、清の側には十分な認識がなかったと言わなければならない。

契約の第六項で、付属地の行政権・司法権は鉄道を敷設・運営する会社に与えられることになっていた。清国政府と企業との契約（行政契約）に基づき、会社が警察権を行使するが、権利をもつだけではなく、会社の負担による治安維持の責任を負うことになる。また、行政をロシア人が握っていることが必ずロシア帝国の利益になるというわけでもない。ロシア式の統治制度が機能しなければ、統治コストがかさみ、国家の威信を低下させることになるであろう[42]。

契約では、本線をどこに敷設するかについても具体的に示されなかった。幹線のルートは、黄海における不凍港に通じる支線敷設の問題とも密接に関係する。支線を敷設しようとするなら、本線をより南に敷設するのが好都合である。一八九七年一月二二日の東清鉄道理事会で、黄海にいたる広軌の路線を敷設する案がまとめられる。二月三日の理事会で、С・И・ケルベヅ副理事は、南ルートがだめならせめて黄海の港に接続する広軌の支線を敷設してはどうかと提案した[43]。

二月、ロシア側より本線の南方への移動（海拉爾《ハイラル》から斉斉哈爾《チチハル》で南下、嫩江西岸を通り、郭爾羅斯《ゴルロス》前旗を経て、伯都訥で松花江を渡り、吉林、寧古塔、東寧を経てウスリースクに至る）が提案された。三月に、露清銀行北京支店の開店祝いに北京に出向くウフトムスキーに対して、ニコライ二世は、本線を南に移動させ、支線を敷設して満洲横断鉄道を関内外鉄路と接続させること、及び朝鮮の港への支線敷設に対する権利の付与を求めることを指示した。李鴻章との交渉を委ねられたウフトムスキーは、本線を南に移動させることに努力を集中した[44]。ロシアの影響の及ぶ範囲を最北部に限定しようとしていた李鴻章にとって、人口稠密な南の地域での鉄道敷設はとうてい呑めるものではなかった[45]。南ルート案には張広才嶺山脈を越えるための適当な場所がないという技術的な難点があり、結局はロシアもこの案を放棄することになったことを考えれば[46]、ウフトムスキーの交渉の仕方は必ずしも賢明とは言えなかった[47]。九七年夏、清はロシアによる黄海への支線敷設権要請も拒絶した[48]。

このとき、清ではヴィッテを不安にする動きが出ていた。資金難から頓挫していた関内外鉄路の延伸につき、検討を再開したのである。胡燏棻がこの路線の建設責任者（関内外鉄路督弁）に任命される。その資金は当然香港・上海銀行などイギリス資本に期待されることになる。牛荘（営口）は満洲への入り口であり、イギリス領事館もあった。南満洲に対するロシアの影響が強まるのに対抗させるため、イギリスを引き入れようとしたのである[49]。

競合する路線ができて、満洲への物流の入り口である営口とつながることは、平和的浸透というヴィッテの戦略自体を危うくさせるものであった。一八九六年一月の意見書で、ドゥホフスコイが関内外鉄路計画との接続を考え、先手を打ってウラジオストクに近い琿春と吉林を結ぶ区間をロシアのイニシアティヴで敷設し、影響下に置くことを説いたとき、ヴィッテはこれがロシアにとって経済的にいっそう不利な状況を作り出すだけであるとして反対した[50]。満洲における自らの経済的地位が確立する前にイギリスや日本の影響が強まることを、ロシアとしてはできる限り阻止しなければならなかった。

こうした関内外鉄路をめぐる三者の駆け引きは、一八九七年末から翌年にかけ、東アジアの国際関係が大きく動いたことでその意義を減じさせた。状況を動かしたのはドイツの膠州湾租借である。これに便乗して旅順と大連の港を租借し、南満支線の敷設権も獲得したことで、ロシアが技術的にも政治的にも難しい南ルートにこだわる理由はなくなった。ここに満洲横断鉄道の路線が確定する。九八年五月、確定した路線が松花江と交わるところに、北満の新しい中心となる都市ハルビンの建設が始まった。

この年の三月二八日、ドゥホフスコイ総督はトルキスタン総督に転出し[51]、代わって、それまで副総督としてドゥホフスコイに仕えていたグロデーコフがプリアムール総督になった。第三節で見るように、軍務知事としてタシケントの暴動に遭遇し、これを力で抑えつけようとしたグロデーコフは、今度はプリアムール総督として、一九〇〇年夏、義和団事件に際して発生した「アムール川の流血」事件に対処することになるのである[52]。

四　その後

満洲横断鉄道（以下「東清鉄道」と呼ぶ）の建設は、満洲の将来に対してだけでなく、隣接するロシア極東の将来に対しても大きな影響を与えるものであった。ドゥホフスコイ総督がこの問題に大きな関心をもったのは当然である。満洲を横断してザバイカル州とウラジオストクを結ぶ鉄道を敷けば、路線を守備し安全な運行を保障するためには相当の軍事力が必要になる。他方、この路線を敷いても、アムール川流域への兵員輸送及び物資補給の状況は直ちには改善されず、この地域は軍事的に脆弱なままである。ヴィッテがこれらの点にそれほど留意しなかったのは、彼の関心が鉄道敷設の経済効果に集中していたからであるとともに、彼が、清の統治能力とともに、共通の仮想敵日本の攻撃に対する抑止を可能にするはずの露清の友好関係を過信していたからである[53]。清に恩を売るために自ら主導して実現した遼東半島還付が日本の世論を反撥させ、北東アジアの緊張を高める危険についても、彼は十分に予想していなかったと言わなければならない。

ヴィッテは陸軍に関しては大陸諸国が強調して軍縮を進めるべきことを主張していた。一八九八年五月六日、ハーグでニコライ二世の提唱による第一回国際平和会議が開催された。ヴィッテ自身がこの会議の開催に向けてイニシアティヴをとることはなかったが、少なくとも彼はヨーロッパの平和維持に積極的であった。ヨーロッパ情勢の安定化を求め、そのためにドイツとの友好関係の維持を重視したのである。他方で、ヴィッテは海軍力の増強を抑制することには反対であった。アジア太平洋地域での英米の優位を固定するからである[54]。しかしそれ以上に彼の頭の中で大きな比重を占めていたのは、経済的な面から見た極東の重要性であり、彼はそこでのロシアの地位向上にきわめて高い優先順位を置いていた。ヴィッテにとって、満洲における利権は、政治的・軍事的リスクを最小限にとどめた上で、極東におけるロシアの地位向上のために最大限に活用されなければならなかった[55]。

もとよりそれにはコストが伴う。ロシア極東の安全保障と発展に焦点を合わせるとき、東清鉄道の敷設がロシア極東、ひいては北東アジア全体の発展のバランスに及ぼす影響は小さくない。それによってウラジオストクを中心とする沿海州の経済は活性化する半面、ブラゴヴェシチェンスクを中心とするアムール川流域の経済的比重は相対的に下がるであろう。さらに、将来遼東半島に向かう南部支線が開通すれば、旅順・大連がヨーロッパ・ロシアと結ばれることになり、ウラジオストクをも含め、ロシア極東は（ザバイカル州を除き）全体として地盤沈下を起こすことになる[56]。また、東清鉄道の敷設は中国人の流入を加速し、ロシア極東における人口バランスの維持と中国人居留民の管理はいっそう難しくなるであろう[57]。それに軍事的要因が加わるとき、事態がさらに複雑化することは不可避であった。

経済的戦略という視点を優先させるヴィッテによって、こうした問題は二義的なものとして扱われた[58]。しかし地域の行政を預かる総督や軍務知事は、発展の不均衡化や人口流動が地域の治安にもたらず影響に対して敏感にならざるを得なかった。満洲横断線の敷設に反対する意見書を出したとき、ドゥホフスコイは、国境の意義を軽視することの危険を強く意識していたといってよい。経済的浸透は政治的・軍事的問題を解決しない。既存の国境を前提としつつ、ロシア極東の安定と開発を実現することこそが、プリアムール総督としての彼の任務であった[59]。

その後、ヴィッテ自身も東清鉄道への依存が孕む危険を徐々に意識するようになった。一九〇二年秋、ヴィッテは極東旅行の後、ロシア領のみを通るアムール鉄道の敷設を提案している。日露戦争ののち、一九〇五年九月に締結されたポーツマス条約で、東清鉄道南満洲支線の長春以南が日本に引き渡されることになり、その後、一九〇七年七月の第一次日露協約に付属する秘密協定で、北満をロシアの、南満を日本の勢力圏とすることが合意された。しかし日本は依然としてロシア極東に対する軍事的脅威であった。東清鉄道はロシアの手に残ったが、ロシア国内のみを通ってイルクーツクとウラジオストクを結ぶ路線の必要が再認識され、あらためて調査が開始されることになった。ロシアの国内情勢と極東の軍事バランスを大きく変えた一〇年を経て、チタとウラジオストクを結ぶ鉄道の建設を、ロシアは一からやり直すことになったのである。

注

（1）P. Kropotkin, *Memoirs of a Revolutionist*, cheap edition（London, 1908）, pp. 191–192. 当時クロポトキンは軍人としてチタに勤務していた。Martin A. Miller, *Kropotkin*（Chicago ; London, 1976）, p. 56.

（2）Immanuel C. Y. Hsü, *The Ili Crisis : A Study of Sino-Russian Diplomacy, 1871–1881*（Oxford, 1965）, pp. 30–31.

（3）使節団を率いたのは後に陸相になるクロパトキンであった。彼の報告書は一八七九年に出版され、英訳（A. N. Kuropatkin, *Kashgaria. Eastern or Chinese Turkistan Historical and Geographical*（Culcutta, 1882））も出ている。

（4）Hsü, op. cit., pp. 193–195.

（5）松里公孝「プリアムール総督府の導入とロシア極東の誕生」左近幸村編『近代東北アジアの誕生―跨境史への試み』（北海道大学出版会、二〇〇八年）三二八頁。ハバロフスクはウスリー川がアムール川に合流する地点に位置する交通の要衝であり、一八八〇年四月二八日にニコラエフスクに代わり沿海州の州都となっていた。

（6）イゴリ・R・サヴェリエフ『移民と国家―極東ロシアにおける中国人、朝鮮人、日本人移民』（御茶の水書房、二〇〇五年）二二五頁を参照。

（7）川久保悌郎「清末における漠河金廠の創辦について―その経過を中心として」『集刊東洋学（東北大学）』第二三号（一九七〇年）、六一頁。

（8）当時チタからの郵便は、ペテルブルクまでは二週間弱で届いたが、ハバロフスクまでは、はるかに短い距離であるにも拘らず、二週間から、ときには一か月半もかかった。*Ремнев А.В.* Россия Дальнего Востока: имперская география власти XIX – начала XX веков. Омск, 2004. С. 307.

（9）プリアムール総督府設置に伴い、一八八四年七月一四日に東シベリア軍管区（一八六五年設置）はイルクーツク軍管区とプリアムール軍管区に分けられた。

（10）ドゥホフスコイ総督はカザークの重要性を強く意識していた。Там же. С. 300–301.

（11）一八九一年段階で、プリアムール総督指揮下の兵員二万四〇〇〇人のうち、戦闘能力のあるのは六割とされた。Steven G. Marks, *Road to Power: The Trans-Siberian Railroad and the Colonization of Asian Russia, 1850–1917* (Ithaca, N.Y., 1991), p. 27. 当時清の攻撃に対してロシア極東を防衛するには一〇万の兵力が必要であると考えられていた。*Ремнев.* Указ. соч. С. 301.

（12）*Суворин А.С.* В ожидании века XX: маленькие письма 1889–1903 гг. М., 2005. С. 501; Marks, op. cit., pp. 94–95.

（13）麻田雅文『中東鉄道経営史―ロシアと「満洲」一八九六―一九三五』（名古屋大学出版会、二〇一二年）三三頁。

（14）Marks, op. cit., pp. 42–44.

（15）Ibid., p. 44.

（16）松里、前掲、三一九―三二〇頁。

（17）ヴィッテは回想の中で、国家の威信と平和の維持を両立させたことをアレクサンドル三世の功績として高く評価している。*Витте С.Ю.* Сергей Витте. Воспоминания. Полное издание в одном томе. М., 2010. С. 312.

（18）Marks, op. cit., p. 117.

（19）Первые шаги русского империализма на дальнем востоке（1888–1903 гг.）// Красный архив. Т. 52（1932）. С. 97; Theodore H. von Laue, *Sergei Witte and the Industrialization of Russia* (New York, N.Y., 1974), pp. 150–151. 船主の反対もあった。John P. LeDonne, *The*

Russian Empire and the World, 1700–1917: The Geopolitics of Expansion and Containment (New York, N.Y., 1997), p. 205.

(20) *Романов Б.А.* Россия в Маньчжурии（1892–1906）. Л., 1928. С. 83–84.

(21) 清は調印に先立ち、かつて駐清ドイツ公使を務めたフォン・ブラントからこのことを知らされていた。川島真『シリーズ中国近現代史②　近代国家への模索　一八九四―一九二五』（岩波書店、二〇一〇年）一〇頁。イギリスは干渉に同調しなかった。Ian H. Nish, *The Anglo-Japanese Alliance: The Diplomacy of Two Island Empires 1894–1907* (London, 1966), pp. 28–29.

(22) この時期にアジア局に勤務したある外交官は、局長であったカプニストに対して厳しい批評をしている。*Соловьев Ю.Я.* Воспоминания дипломата, 1893–1922. М., 1959. С. 27.

(23) *Романов.* Указ. соч. С. 97–98; Andrew Malozemoff, *Russian Far Eastern Policy, 1881–1904* (New York, N.Y., 1958), pp. 73–74.

(24) 麻田、前掲書、三九頁。

(25) 両者の間には一定の潜在的緊張関係がありうる。総督が必要以上に軍務知事の行政に介入すれば緊張の度は高まり、機能不全に陥るであろう。*Ремнев.* Указ. соч. С. 307 及び松里、前掲、三三頁を参照。

(26) Первые шаги русского империализма на дальнем востоке. С. 87–88.

(27) 千葉正史『近代交通体系と清帝国の変貌―電信・鉄道ネットワークの形成と中国国家統合の変容』（日本経済評論社、二〇〇六年）一六五頁。

(28) Michael H. Hunt, *Frontier Defense and the Open Door: Manchuria in Chinese-American Relations, 1895–1911* (New Haven, Ct., 1973), p. 13; Романов. Указ. соч. С. 173. 計画では錦州―奉天―吉林―琿春と建設するはずであった。井上勇一『東アジア鉄道国際関係史―日英同盟の成立および変質過程の研究』（慶應通信、一九八九年）一六頁を参照。

(29) ディビッド・ウルフ著、半谷史郎訳『ハルビン駅へ―日露中・交錯するロシア満洲の近代史』（講談社、二〇一四年）一一七―一一八頁。

(30) Первые шаги русского империализма на дальнем востоке. С. 88–89.

(31) Там же. С. 89.

(32) *Ремнев.* Указ. соч. С. 361; Malozemoff, op. cit., pp. 74–76; John J. Stephan, *The Russian Far East: A History* (Stanford, Calif., 1994), p. 59も参照。

(33) 九年ののち、李と同様、ヴィッテも、自分が望まなかった祖国の対日戦争の後始末を任されることになる。

(34) Русско-китайские договорно-правовые акты（1689–1916）. М., 2004. С. 207–209.

(35) 李鴻章が亡くなったとき、清末の詩人黄遵憲は追悼の詩を書き、老いた李鴻章がロシアという「豺虎」に空しい期待を寄せていたことを記したという。陳舜臣『巷談　中国近代英傑伝』（集英社新書、二〇〇六年）四九―五〇頁。東清鉄道の敷設を認めたことについて、民国期の学者蒋廷黻は李鴻章の最大の失策とみなした。川島、前掲書、一三頁。

（36）Иностранное обозрение // Вестник Европы. 1897. No. 1. С. 400.

（37）和田春樹『日露戦争―起源と開戦（上）』（岩波書店、二〇〇九年）二五七頁。

（38）Незамерзающий порт на дальнем Востоке // Новое время. 1895. 22 март; *Сунь.* Китайская политика России, стр. 113–115.

（39）*Суворин А.С.* Дневник Алексея Сергеевича Суворина. М., 1999. С. 241.

（40）*Романов.* Указ. соч. С. 114–115.

（41）東清鉄道の敷設権がロシア政府でなく露清銀行に与えられたのは、ロシア国家に敷設を認めることによる反撥を避けようとした李の要求によるものである。露清銀行は鉄道建設資金調達のために一八九五年一一月に設立された。民間銀行の形をとったが、その実はロシア大蔵省が経営権を握り、ヴィッテの協力者ウフトムスキーが主導する国策銀行であった。Theodore H. von Laue, *Sergei Witte and the Industrialization of Russia* (New York, N.Y., 1974), p. 150; *Казанцев В.П., Сологуб Я.Л.* Русская Маньчжурия: опыт освоения и управления（1890-е годы – 1905 год）. СПб. 2012. С. 18.

（42）麻田雅文「日露戦争前後における中東鉄道収用地の形成と植民計画―満洲における特殊法域の誕生」『史学雑誌』第一一九巻第九号（二〇一〇年）一九頁。外国においてロシアが自国の法を行使するためには、対象を限定した特別法が必要になる。それが一九〇一年七月二〇日に出された「東清鉄道付属地内の法権に関するロシア帝国の勅令」である。

（43）ウルフ、前掲書、六五頁。

（44）*Лукоянов И.В.* «Не отстать держав ...»: Россия на Дальнем Востоке в конце XIX – начале XX вв. СПб., 2008. С. 101.

（45）*Романов.* Указ. соч. С. 170–172.

（46）ウルフ、前掲書、六八頁。

（47）*Лукоянов.* Указ. соч. С. 102; *Романов.* Указ. соч. С. 125, 127–128.

（48）Arthur Lewis Rosenbaum, "The Manchuria Bridgehead: Anglo-Russian Rivalry and the Imperial Railways of North China, 1897–1902," *Modern Asian Studies*, vol. 10, no. 1 (1976), pp. 45-46. ウルフ、前掲書、一一九頁。

（49）イギリス人技師キンダーの更迭という一見些末な事柄が、国家の威信に関わる問題になった（井上、前掲書、一八―二一頁）。

（50）Первые шаги русского империализма на дальнем востоке. С. 100–101.

（51）同じアジア・ロシアの総督職でも、トルキスタンと極東とでは、内地に近いトルキスタンの方が格上であり、プリアムール総督を務めたのちにトルキスタン総督になる事例が多い。短期間沿海州軍務知事を務めたД・И・スボーチチも、一九〇二年から翌年にかけてプリアムール総督を、一九〇五年から〇六年にかけてトルキスタン総督を務めている。グロデーコフも日露戦争後の一九〇六年一二月一五日にトルキスタン総督となり、一九〇八年まで務めた。

(52) グロデーコフの積極主義はここでも遺憾なく発揮された。George Alexander Lensen, *The Russo-Chinese War* (Tallahassee, Fla., 1967), p. 278.

(53) ヴィッテは、日露戦争において清が中立を宣言したのはロシアの清に対する侵略的態度のゆえであるとした。

(54) *Рыбачёнок И.С.* Россия и Первая конференция мира 1899 года в Гааге. M., 2005. C. 64–65. 一八九〇年代は世界的に太平洋及び海軍力への関心が高まった時代であった。

(55) Malozemoff, op. cit., pp. 74–75.

(56) *Ремнев.* Указ. соч. C. 303–304. 麻田、前掲書、二〇九―二一〇、二二八頁。

(57) Lewis H. Siegelbaum, "Another 'Yellow Peril': Chinese Migrants in the Russian Far East and the Russian Reaction before 1917," *Modern Asian Studies*, vol. 12, no. 2 (1978), pp. 317–318. ポシエト前交通相は中国人が鉄道を使ってシベリアに入り、商業を独占することを懸念した（麻田、前掲書、三四頁）。

(58) 前掲、二一二頁。

(59) ウルフ、前掲書、一一八頁。

第二節　ジャーナリズムと中国問題

一　中国問題の出現

ニコライ二世の時代には、日本の登場により、東アジアという地域が、政府のみならずジャーナリズムで活動する人々の視野にも入ってくるようになった。もっとも、政治の中心から遠く、政府の方針も確立していない東アジアの問題に関しては、メディアの方向性がはじめから定まっていたわけではない。たとえば、長い歴史と権威をもつ穏健リベラルの雑誌『ヨーロッパ通報』と、一八九六年に編集者となった右翼の言論人B・A・グリーングムト編集の新聞『モスクワ報知』は、内政問題については激しく対立していたが、東アジア政策に関する論調にはそれほど明確な違いはなく、むしろそれぞれがとるべき立場を模索していたといえよう。

そのなかで目を惹くのが、清に対して友好的な態度をとり、その解体を防ごうという立場であり、A・C・スヴォーリンやE・E・ウフトムスキーによって代表される。(1) 本節では主としてスヴォーリンの編集・発行した新聞『ノーヴォエ・ヴレーミヤ』に注目し、M・M・スタスュレーヴィチ編集の『ヨーロッパ通報』などと比較しつつ、一八九〇年代後半ロシアのジャーナリズムにおける東アジア問題の取り上げ方を検討する。ヴィッテが蔵相を務めた時期における東アジア情勢の推移を追いながら、この地域に関する欧米列強の動きとジャーナリズムの論調との関わりを明らかにするのがその目的である。(2)

スヴォーリンやウフトムスキーはともに西欧に対抗して清の側に立つことをロシアの国益と考えた。その背景には、ロシアの保守的ジャーナリズムに共通する、ヨーロッパとロシアを区別する発想があった。かつて汎スラヴ主義の思想家Н・Я・ダニレーフスキーは、一八六七年に刊行された『ロシアとヨーロッパ』で、ヨーロッパにスラヴ世界を対置することによってその普遍性を否定した。保守派ジャーナリズムの清に対する好意的態度は、この系譜の思想がそこで力をもっていたことと無関係ではないであろう(3)。

東アジアにおける対外関係に関する彼らの立場は、一八九〇年代後半、清に対して経済的手段による平和的浸透政策を推進したヴィッテと通じ合うところがあった。しかし、ヴィッテといえども初めから経済的浸透を清に対する基本政策としていたわけではない。そのことは、ブリヤート人П・А・バドマーエフに対する彼の肩入れに見ることができる。一八九三年に退職するまで、一七年にわたって外務省のアジア局に勤務するとともに(4)、チベット医学を修め、ペテルブルクで医療活動を行っていたバドマーエフは、一八九三年二月、当時は友人であったウフトムスキーを通じて、前年の八月蔵相に就任したヴィッテに意見書を提出し、その中で、モンゴル人やチベット人だけでなく西部や南西部の漢人の心も清朝から離れ、ロシアの庇護を求めていると主張した。もし彼らが戦略的にきわめて重要な蘭州に集まるようになれば、この町は清朝に対する蜂起の拠点となる。それによって清朝の力による支配は倒壊し、チベットやモンゴルは自発的にツァーリの支配を受け入れるようになるであろう。そのためには建設中のシベリア横断鉄道を、ザバイカルからゴビ砂漠経由で蘭州まで延伸させるべきであるとバドマーエフは論じた(5)。

ヴィッテはこの企てがうまくいけばロシアの得になり、失敗しても失うものはないと考えた。満洲横断鉄道の敷設が現実化する前だったこともあり、政府が直接関わることなく実施するという条件で、これを支持する意見を付してアレクサンドル三世に提出した。しかし、アレクサンドルはこの案を空想的として斥けた(6)。アレクサンドルは外交に関しては慎重であり、安易にイギリスと事を構えることを欲しなかった。清の解体リスクを高めることによる国際関係の不安定化や緊張は、彼の望むところではなかったのである。

アレクサンドルに提出した意見において、ヴィッテもまた、アジアにおけるロシアの役割に対するスラヴ主義的な主張を展開している。ただし、このときのヴィッテは、後のスヴォーリンやウフトムスキーのように、ロシアと清を結びつけることはなかった。彼はバドマーエフの意見に従って清朝を脆弱なものとみなし、西欧（特にイギリス）とロシアの対立において、清を西欧の側に位置づけていたのである。(7)

アレクサンドル三世が世を去る三か月前、一八九四年七月に始まった日清戦争は、大方の予想をはるかに超える日本の大勝に終わった。老大国清との戦争における新興国日本の勝利はロシアにとって衝撃であった。新しいパワーとしての日本の表舞台への登場は、アジア人にも西欧文明の模倣による近代化が可能であることを欧米に示すとともに、列強に東アジア政策の見直しを迫った。ロシアもまた、日清関係の将来をどう見るか、それに伴って露清関係を軸とするこれまでの伝統的な東アジア像をどのように修正するかという問題を突きつけられたのである。一八六〇年代以来、隣国として朝鮮と関わりをもってきたロシアは、イギリスに先を越されないように、朝鮮をめぐる問題の解決においても主導的な役割を果たさなければならなかった。(8)

日本という新しい力の出現が持つ意味を、とりわけ重く受け止めたのがスヴォーリンである。スヴォーリンの見るところ、日清戦争において、古い指導層の下にある清は戦う意欲をもたず、トルストイの理想に従うかのようにほとんど無抵抗の状態であった。日本はそんなことにはお構いなしに攻撃を加え、勝利したのである。(9) 日本という新しい国、黄色人種にして初めてヨーロッパ型の政府をもった、ロシアにとって敵になるやも知れぬ国の登場に対して、彼は強い関心を示した。それは一八世紀のヨーロッパ世界にロシアが登場したときに似ているが、日本は自らの古い文化の助けによって、ロシアよりも速く進むであろう。(10) 建設中のシベリア横断鉄道も、かつては想像もされなかった政治的役割を期待されるようになった。(11)

ウフトムスキーも国権主義的傾向の強い『モスクワ報知』に寄稿し、最も好ましい隣国である清を支援することこそがロシアの利益になるという立場から、積極的に行動することの必要を説いた。[12]日本は警戒すべき相手であり、その脅威に備える必要がある。しかしそれ以上に、ウフトムスキーは問題を基本的に英露対立という文脈で捉えた。ロシアは東アジアをイギリスの思うままにさせるわけにはいかないというのである。[13]この頃、ウフトムスキーはヴィッテと近い立場にあり、ヴィッテの主導のもとで一八九六年一月九日に開業した露清銀行の総裁となる。また、同年、ウフトムスキーは長い歴史をもつ新聞『ペテルブルク報知（Санкт-Петербургские ведомости）』の発行に当たるようになる。

日清戦争における日本の勝利は、スヴォーリンやウフトムスキーをはじめとするロシアの言論人に、東アジアにおけるロシアの国益を強く意識させた。下関交渉で日本が求めた遼東半島の割譲は、東アジアの国際秩序の根幹に関わる無理な要求であり、ヴィッテが主導して三国干渉により日本に遼東半島を還付させたとき、ロシアのメディアは一致してこれを歓迎した。日本の西洋化に対しては好意的であった『ヨーロッパ通報』も同様であった。[14]三国干渉は、日本に対する牽制と清の現状維持のためのヨーロッパ列強による国際協調として捉えられていたのである。

二　租借による中国分割

一八九〇年代、ドイツの皇帝ヴィルヘルム二世は、ドイツの国際的威信を高めて世論の支持を得るため、対外政策において格段に積極的な姿勢をとるようになった。[15]その舞台の一つが、退勢が顕著になっていたオスマン帝国である。一八九四年、帝国内のアナトリア東部ビトリス県で起こったアルメニア人虐殺事件を機に干渉を強めようとする英仏露は、一八九五年一月、オスマン帝国に行政改革を求め、一〇月、アブデュルハミト二世はこれへの署名を余儀なくされた。他方、ドイツ資本は早くからオスマン帝国内の鉄道利権獲得に強い関心を示していたが、一八九八年、バグダード鉄道建設をめぐる列強間の競争が生じ、近東における国際関係の焦点になっていた。

この時期、ドイツは極東にも積極的に関わるようになった。一八九七年七月一六日にロシアを訪問したヴィルヘルム二世は、ペテルゴフでニコライ二世と会談した際、長崎に代わる冬季の停泊地としてロシア海軍が清から使用許可を得ていた膠州湾の共同使用について打診し、ニコライの了承を得ていた。先帝アレクサンドル三世ほどドイツに対する警戒心をもたないニコライは、ヴィルヘルムにとって与しやすい相手であった。ヴィルヘルムは通商における露独接近を支持していた。(16)

ロシアがドイツに対して認めたのは膠州湾の共同使用だけであった。ところが、一一月一日に山東省の巨野県でドイツ人宣教師が殺害されると、それを口実に、同月一四日、ドイツ軍は青島砲台を占拠し、膠州湾を占領した。(17)露独関係は一時緊張したが、(18)深刻な事態にはいたらなかった。ロシアはドイツの行動を黙認し、不問に付した。のみならず、ニコライはツァーリとして自分の考えで動く好機と考え、その意を体したムラヴィヨーフ外相は、三国干渉によって日本から返還された遼東半島の先端にある旅順・大連の港の二五年租借案を出す。当初ヴィッテはこれに反対であった。(19)ドイツに続きロシアも清国領土の一部を獲得することによって、同様の動きが他の列強の間に広がれば、清の統合を害することになり、彼の平和的浸透戦略の前提としての友好的な露清関係、さらには清国による主権の維持と安定が脅かされると考えたのである。しかしニコライがこの案を支持していることがわかると、これに合わせてヴィッテも自分の清への浸透計画を変更せざるを得なくなった。(20)

一二月一四日、ニコライ二世は太平洋艦隊の一部に旅順行きを指示し、一五日、ロシア艦隊が旅順港に入る。十分な理由なしに軍事占領という形で既成事実を先行させることに対して、ヴィッテは反対であった。(21)この出来事は、ヴィッテによる東アジア政策の独占が終わったことを意味する。(22)ニコライは武力を行使せずに旅順を獲得したことで大いに満足していた。ニコライの意向を受けて政府内の態度が一致していたこともあり、ロシアのメディアもこれをテと同様ムラヴィヨーフの案に反対であったが、この時点でそれを公表することはなかった。[23] ドイツが膠州湾を占領したときに『ペテルブルク報知』で懸念を表明していたウフトムスキーは、ヴィッテと同様ムラヴィヨーフの案に反対であったが、この時点でそれを公表することはなかった。

翌一八九八年三月三日、ドイツと清の租借条約調印に先立ち、ロシアは清に対してムラヴィヨーフ案に基づく要求を行い、三月二七日、旅順・大連の港二五年租借に加えて、旅順・大連と満洲横断鉄道の一駅を結ぶ南満支線の敷設権（必要な場合は鴨緑江の河口にも支線を延ばす）を獲得した。旅順租借についても、ロシアのメディアはひとしくこれを支持した。政治家たちと同様、ロシアのメディアも、三国干渉に続いて旅順租借が行われることが対日関係においてもつ意味を深刻に考えなかった。日本の反撥とその影響に対する楽観があったのである。[24]

租借は国家間の条約に基づき主権の行使を一定期間他国に譲渡するもので、行政契約による租界や鉄道付属地の設定に比べればはるかに重大な主権の制約になる。それでも『ヨーロッパ通報』は、旅順租借が国際慣行に違反しておらず、完全に正当・合法的なものであり、自国民のショーヴィニズムを煽るイギリスの一部メディアによる攻撃には根拠がないとした。租借という形は、戦争による領土取得よりずっとましなものである。[25] 特にロシアによる旅順租借は、清が、敵対的な英日から自国を守ることをロシアに求めるための対価である。ドイツにとって膠州湾は本国から遠く離れた土地に過ぎないが、昔から太平洋に足場をもつロシアにとって、鉄道で内地と結ぶことができる旅順は大きな意義を有するとされた。[26]

しかし、事はそれだけではすまなかった。もともと反露的であったイギリスの世論は、ドイツの行動よりも、大義名分がなく、単に便乗しただけのロシアの行動に対して批判的であった。[27] 英露間では事態打開のために協定締結も試みられたが、結局実を結ばなかった。ロシアに対抗するという口実のもと、イギリスは、軍事的にはさして重要でない威海衛を占領し、七月には、ロシアが旅順・大連を租借している間という条件で、租借した。

従来からの英露の対立に攪乱要因としてのドイツが絡むことで、極東をめぐる国際関係は変化した。最強の経済力をもつがゆえに、清の領土保全と門戸開放、勢力均衡を第一としてきたイギリスは方針を変えつつあった。もともとロシアに対して宥和的であったソールズベリ首相は、ドイツとロシアが組まないよう配慮していたが[28]、ここにいたって勢力圏確保において遅れをとることに対するおそれが強まる。社会帝国主義者といわれるジョゼフ・チェンバレン植民地相のもと、長江流域にとどまらず、北部においても影響力の拡大を図ろうとする姿勢が顕著になり、ソールズベリの対露宥和路線は終焉を迎えようとしていた[29]。イギリスは中国分割を積極的に止めようとはしなくなったのである[30]。

このような新しい動きに対する評価は、メディアによって異なっていた。それまでほとんど同じであったメディアの立場に、徐々に違いが見られるようになった。最も楽観的であったのは経済界に読者をもつ新聞『ノーヴォスチ Новости』である。独露がイギリスと敵対するのは有害であり好ましくないが、独露の行動は他の列強からの特別の反応を引き起こさなかった。それによって近い将来国際紛争が起こる様子もない。そうである以上、ロシアもドイツに倣って中国分割に参加すればよいとされた[31]。また高名な教育家В・П・オストロゴルスキーの編集する雑誌『神の平安』は、列強は、トルコにおけるのと全く同様に、競い合いながらも共同で解体しつつある清を維持しているのであるとした[32]。ヨーロッパが協調して東アジアの秩序を安定させることは「白人の責務」であった。概して親独的であった『ヨーロッパ通報』も、中国における国際競争と平和的領土獲得の動きのもたらす結果に対して楽観的であった[33]。『ヨーロッパ通報』は、トルコと中国におけるヴィルヘルム二世の行動が、ドイツがヨーロッパ第一の軍事大国であるにも拘らず、米英以上に平和愛好的であり、その利益追求も、紛争を起こさないように配慮しつつなされているると考えた[34]。

正教と専制の絶対護持を掲げるグリーングムトのもとで新たな論調を打ち出したのが『モスクワ報知』である。かつて同紙は、ロシアの行動が他の列強とは異なり、ロシアの平和的・文明的使命によるものだとするウフトムスキーの論文を掲載していた。しかし、今や『モスクワ報知』は、帝国主義的競争へのロシアの参加を認めた。ロシアが不凍港を求めてシベリア横断鉄道を建設するとき、ヨーロッパ列強がそれに先立って利益を得ようとするのは予見できたことである。列強による中国分割は如何ともしがたいことであり、ロシアも他の列強と同様躊躇することなく迅速に行動すべきであった。(35)

列強による日清戦後の新しい関係構築の一環として、『モスクワ報知』はイギリスによる威海衛租借も容認した。それはイギリスが単に一つの軍港を手に入れたにすぎず、ロシアにとって恐れるに足りないことであり、山東半島という後背地をもつドイツがこの港を押さえることに比べればずっとましであった。日本が取ることはそれ以上に悪い。その場合には広島に加えて威海衛をもつことで日本は黄海全体を勢力下に収めることになるからである。イギリスによる威海衛租借は日本が再度戦争による利益獲得に走ることを抑止するはずであった。(36)

『ノーヴォエ・ヴレーミヤ』は全く異なる見方をした。同紙はドイツにとって宣教師殺害や秩序の混乱は占領のための単なる口実であり、そこには当初から膠州湾、さらには山東半島獲得への意志があったと見ており、(37)中国分割に進む趨勢に対する懸念をはっきりと表明した。中国分割は全国規模で政治的情熱に火をつけ、国内の均衡を壊す。それゆえ、たとえそれがロシアとの国境から遠いところでなされたとしても、ロシアの利益に反する。(38)清に対し、征服者、搾取者であった他のヨーロッパ列強とは違って、ロシアの関わり方はあくまで友好的なものであり、兄弟として、友としてのそれである。これまでロシアは常に調停者として行動してきた。北京条約も、ウスリー地方という従来の係争地が、英仏との間での仲介の労に対する報いとしてロシアに帰属することになったものである。シベリア横断鉄道の敷設が進む現在、アジア世界がこれまでのように孤立したままでいることは不可能であり、清の友好国であるロシアは、ヨーロッパの文化や文明を中国に伝える使命を負っている。(39)ロシアにとっては、清国解体のリスクを避け、あくまで中国に最低限の安定を確保することが重要であった。(40)

この時期、ロシアのメディアにおいては、英露間の対立を軸に中国問題を考える考え方が一般的であり、当時進んでいた康有為や梁啓超らによる戊戌の変法についても、『ヨーロッパ通報』のように改革そのものに共感する議論はあったものの[41]、多くのメディアはこれを英露対立の文脈で捉えていた[42]。戊戌の変法は、親露的であるとみなされていた李鴻章に親英・親日の勢力がとって代ろうとするものであり、これが成功すれば、ロシアの東アジア進出にとって妨げになるだろうと考えられたのである[43]。ツァーリの権威のもとでロシアの経済発展を指導していたヴィッテにも、清の政治改革を支援するという発想はなかった。もっとも、外交当局は英露関係の維持に努めており、両国の間では一八九八年の秋から協定締結のための交渉が進んでいた。一八九九年四月、イギリスの駐露大使チャールズ・スコットとロシアのムラヴィヨーフ外相は、イギリスは長城の北に、ロシアは長城の南に利権を求めないことで合意した[44]。しかし、この合意はどちらをも満足させなかった。『ノーヴォエ・ヴレーミャ』は、イギリスによる威海衛租借が、明白なロシアの勢力圏に踏み込むもので、従来中央アジアでとってきた緩衝政策の否定であり、ロシアも同様の行動をとるほか、平穏を維持する道はないとした[45]。

さらにこのような東アジアをめぐる国際関係にアメリカが加わり、事態は新たな展開を見せる。アメリカは列強による勢力圏の確保そのものに対して異を唱えた。アメリカにとってアジア太平洋は新たなフロンティアであり、遅れて進出し、未だ現実的な経済的利益をもたない国として、門戸が開放されていることが重要であった。同年八月、イギリスの海軍提督ベレスフォードが、『中国の解体（The Breakup of China）』と題する著書を出して、対清政策における英米協力を唱えたとき、中国通のアメリカ外交官ウィリアム・ロックヒルは、清の主権を侵害しているのはイギリスもロシアと同様であるとして著者を批判した[46]。ロックヒルは門戸開放の理念を掲げるべきことを説き、清の主権尊重と統合維持を説いた通牒を起草する。一八九九年九月、マッキンレー大統領のもとで国務長官を務めるジョン・ヘイが、日本を含む六か国にこの通牒を送付して、勢力圏の港湾使用料、鉄道運賃、通関料金の平等などにつき、同意を求めた。[47]

列強も正面からこれに異を唱えることはできず、イギリスが最初に同意し、他の国も、一定の留保はあったものの、これに追随した。ロシアのみ、対応が遅れた。ヴィッテは、アメリカによる門戸開放の呼びかけに対して、それほど簡単に列強が同意するとは考えず、当面模様眺めの態度をとるべきであるとしていた。

一二月一九日、ロックヒルはロシアの駐米大使カシーニを訪問し、賛同を求めた。カシーニは考え方そのものには異論はないとしつつも文書での回答を留保し、本国に指示を求めた。ヴィッテは満洲におけるロシアの優越的地位の維持にこだわった。露暦一二月二六日のムラヴィヨーフ外相宛書簡で、アメリカ案では勢力圏の範囲が不明確であるとして、東清鉄道と南満洲鉄道の運賃を他国と平等にすることに対しては絶対反対の態度を表明し、また通関料金について、大連港の特別扱いを求めた。他国が受け入れている以上、ロシアのみ異を唱えることはできないと考えるムラヴィヨーフ外相は、消極的態度によって露米関係に悪影響が生じることを恐れたが、結局ヴィッテの考えが政府内で支持を得、一二月三〇日の回答は、その考えが強く反映した、曖昧な内容のものになった。[48]

ところがこの通牒は大方の予想を超える反響を呼び、自国の対中国政策の理念を表現したものとして、アメリカの世論に大きな影響を与えたのみならず、イギリスのメディアでも賞賛を得た。これがその後の国際世論を形づくることになったのである。

三　義和団事件

中国情勢に急展開をもたらしたのが、一八九九年に山東半島を発火点として起きた義和団事件である。[49] 義和団事件は、東清鉄道の敷設に際して十分に顧みられることのなかったリスクを露呈させた。このとき、哲学者B・C・ソロヴィヨーフは「三つの会話」を書き、義和団事件にヨーロッパのキリスト教文明に迫る悲観的未来を見た。「汎モンゴル主義」の勝利を予言するソロヴィヨーフの議論はロシアの知的社会に強い印象を与え、大きな反響を呼んだ。賛同する『モスクワ報知』は、直ちに列強と協力して秩序の回復を行うべきであると主張した。[50]

これに対して、もともと清に対して同情的であり、ロシアの立場は他の列強とは異なるという主張をしてきた『ノーヴォエ・ヴレーミャ』や『ペテルブルク報知』は、概して被害に遭ったヨーロッパ人に同情するよりもむしろ義和団のほうに理解を示した。[51]

『ノーヴォエ・ヴレーミャ』は「中国人のための中国」という論文で、ヨーロッパは密かに抱いている中国分割の意図を捨てたほうがよいと論じた。軍事的に中国を屈服させることはできても、その意に反して統治することは容易でない。西欧が自らの文明を押し付ければすむといった簡単なものではない。中国文化とヨーロッパ文化は根本的に異なるのである。[52]このように論じて、『ノーヴォエ・ヴレーミャ』は、あえて火中の栗を拾うことのないよう、ロシア当局に慎重な対応を求めた。中国との関係において、ロシアはヨーロッパとは全く異なる。ロシアは中国と長い陸の国境を有し、長年にわたりよき隣人として付き合ってきた。義和団の鎮圧に加担するようなことになれば、ロシアはこれまで守ってきた伝統から永遠に離れてしまうであろう。しかも、中国は蟻塚のようなものであり、おとなしくしているところに下手に棒を突っ込んでかき回すことは危険である。[53]

一九〇〇年六月二一日、清がロシアを含む八か国に対して宣戦を布告すると、ロシアも戦闘に巻き込まれ、部外者ではいられなくなった。東清鉄道を守るという名目でロシアの正規軍が満洲に侵攻した。七月一五日、清軍のブラゴヴェシチェンスク砲撃があり、それに対する過剰反応として「アムール川の虐殺」が起きる。それでも『ノーヴォエ・ヴレーミャ』や『ペテルブルク報知』は慎重な姿勢を崩さなかった。『ペテルブルク報知』は、事件の責任が宣教師やヨーロッパの側にあるとした。宣教師の活動が中国人の体面を傷つけ、中国人の間に分裂を持ち込んだのである。

ロシア人は中国人をよりよく理解しており、他のヨーロッパ人に比べて特に有利な立場にある。[54]ヨーロッパは中国との間に平和的な友好・善隣関係を維持してきたロシアの経験に学ぶべきである。また別の論文では、人種や文化、対立する世界観の敵対という考え方に立って中国に西洋の文化を押し付けようとすれば、将来いっそう大きな災いを引き起こすであろうとされた。[55]

編集者のウフトムスキーは謙虚なスラヴ＝トゥラン世界に傲慢なゲルマン主義を対置するという定型的な問題の立て方を踏襲した。そもそも清がロシアに支持を求め、両者の間に信頼関係ができつつあったときに起こったドイツによる膠州湾占領は、「卑劣なチュートン人」がスラヴ人に対してとってきた行動と同じであった。[56]加えて、義和団事件はアジアの緊迫した情勢のなかで起こった。高度な独自の文化をもつアジアは、いずれ自己主張を始めるであろう。賢明な日本人は既に外国人への無条件の従属の危険を悟りつつある。[57]フランスによって派遣された安南人兵士は日本人との接触によってどのような影響を受けるであろうか。イギリスが動員しているインド兵が、インドにおいて不満が高まっているという噂を聞いたとき、そのままとどまるであろうか。中国で起こっていることがアジアの他の地域に波及しないはずはないとウフトムスキーは論じた。[58]ヴィッテは、清国政府と列強の間で調停を行おうとしていた李鴻章に協力させるため、彼を上海に派遣した。

『ノーヴォエ・ヴレーミヤ』も、ロシアに必要なのは中国に、より正確には中国の北半分に平和を回復することだとする。たしかにアムール川の両岸の文化水準は一様ではないから、対岸の清国領に関心をもたずにロシア領の安全を保障することは難しい。しかし、だからといってそのために無関係の地域まで占領するべきだということにはならない。あくまで必要最小限の範囲を押さえることのみを課題とすべきである。また現在満洲横断鉄道の建設が進んでおり、その作業継続のために必要な地点に一定の軍事力を配備することは必要であろう。しかし、そのために新たな領土の獲得を考えてはならない。新領土整備のための出費はロシアを弱体化させるであろう。あるいはカフカースや中央アジアと同様に満洲の領有を夢見る向きがあるかもしれない。しかし、カフカースは七〇年かけて統治のためのシステムを作り出すことによりやっと領有を実現したのであり、中央アジアは満洲がもたない政治的意味をもっていた。ロシアの政治的威信はアジアにはなく、ひとえにヨーロッパと近東にかかっている。満洲横断鉄道の敷設が停滞している間に、ドイツはバグダード鉄道の獲得に向けて最後の歩を進めようとしている。(59) 慌てて満洲にのめりこむ前に、やるべきことがたくさんある。

編集者のスヴォーリンは、中国はかつてのロシアと同様だとする。かつてロシアはヨーロッパにとって謎であり、現在のような強国になるとは予想されていなかった。中国も、今はヨーロッパから侮りを受けていても、この先どのように変わるかはわからない。他の国民を自分たちの尺度で測るべきではなく、彼ら自身の流儀で生きる権利を尊重すべきである。(60) スヴォーリンは、中国の将来を必ずしも暗いものとは考えていなかった。しかし、中国を恐れるべしという、黄禍論の立場にも立たなかった。

連合軍が北京に向かって進軍しているさなかの八月六日、ヴィルヘルム二世はニコライに、ドイツが義和団によって公使を殺害されていることを理由に、自国のヴァルダーゼー将軍を連合国総司令官として推薦した。(61) ドイツに対して同情的であったニコライはこの人事の提案者にさせられてしまい、他の列強も、被害者としての立場を打ち出した君主の案を斥けることは儀礼上できなかった。八月一四日、連合軍が北京攻撃を開始する。二〇日、清国政府はそれまでの態度を変え、義和団を見捨てた。

戦後処理について、メディアの立場は分かれた。スヴォーリンは七月二八日及び三〇日（共に露暦）の『ノーヴォエ・ヴレーミヤ』に掲載した署名記事で、ロシアはアジアの側に立つべきであるとして、ロシアを盟主とし、清とオスマン帝国を加えた三帝国同盟を提案した。これによって地球上の人口の三分の一、ヨーロッパの二倍の人口がロシアの陣営に入ることになる。もちろん三国は対等ではなく、清やトルコはロシアに従属すべきものと考えられていた。[62]西欧列強と戦争状態にある清に加え、一方でアルメニア人虐殺をめぐって欧米世論の非難を浴び、他方でバグダード鉄道の敷設権をめぐって国際的な関心を引いていたオスマン帝国との同盟を説く彼の提案は物議を醸し、ジャーナリズムの中でも極端な議論として受け止められた。『ノーヴォスチ』は、健康なロシアと病める清やトルコが同盟することの愚を指摘し、清がこれまでどおり存続することは不可能であるとした。同盟するならむしろ日本であった。[63]

こういった議論に答えるため、スヴォーリンは八月、『ノーヴォエ・ヴレーミャ』の署名記事で集中的にこの問題を論じ、西欧とは距離をとって、清にいっそう接近すべきであるとした。清とよい関係をもつために、外交官をはじめとして、中国語を習得した人材の育成が必要である。[64]ロシアは調停者としての役割を果たすことによって、事態を収拾し、鎮静化を促せばよい。重要なのは軍事や植民地化でなく政治的影響力をめぐる争いである。ドイツが連合軍総司令官としてヴァルダーゼーを送り込もうとしていることの意味を考える必要があるとして、アジアとの関係構築に対する柔軟な見方の必要を訴えた。[65]スヴォーリンは清の現状維持が可能であるという立場に立った。ロシアがロマノフ朝成立以前の動乱の時代から時とともに脱却したように、中国人自身による秩序形成が可能であると考えたのである。[66]

ヨーロッパの国際協調を重んじる人々の中には、中国文化とヨーロッパ文化の角逐を対立する文明の闘争とみる黄禍論的な見方が強かった。北京解放の直前、黄禍論の代表的論客であったソロヴィヨーフが世を去ると、C・H・トルベツコイがその衣鉢を継いで黄禍論を唱えた。トルベツコイは穏健なリベラルであり、専制に対する批判的な姿勢と西欧的な改革への関心をもっていた。改革しなければ、近代的なヨーロッパの科学技術で武装したモンゴル人の群れに屈することになる。[67]トルベツコイにおいて、国内問題について穏健なリベラルであることと、東アジア政策においてヨーロッパ中心主義的な立場に立つこととは全く矛盾しなかったのである。

『ヨーロッパ通報』もトルベツコイに近い立場をとった。リベラルなこの雑誌は、列強による統一行動の実現を評価し、日本と結ぼうとするイギリスによる妨害にも拘らず、列強は相互に接近しつつあるとみていた。司令官としてヴァルダーゼーを受け入れたのはその表れであった。清におけるドイツの軍事力は小さく、ヴァルダーゼーはヴィルヘルムに近い政治的軍人であって、誇るべき軍功があるわけではない。ヴィルヘルムが彼を推薦したのは、清での影響力確保を狙ったためである。それにも拘らず、フランスも含め、列強はヴァルダーゼーの司令官就任を受け入れた。そこにはドイツによる自国の民族感情の抑制とフランス世論への配慮があった。『ヨーロッパ通報』の見るところ、これは望ましい国際秩序への第一歩であった(68)。

中国問題は始まったばかりである。日本が中国と同様の状態にあったのはそう昔のことではない。短期間に日本が劇的な変化を遂げたように、中国も変わる可能性を秘めている。軍事力を強めた清に対して、ロシアは国境を守らなければならないとして、未来への楽観と日々の問題解決に終始する態度を戒め、清に潜在的脅威を見ることで、『ヨーロッパ通報』はソロヴィヨーフの予言に現実的な意味を認めた。清を、もはや独立の未来をもたないトルコと同一視するのは危険であった(69)。

国内問題に関してはトルベツコイと立場を異にする『モスクワ報知』は、九月上旬に一連の社説で、ソロヴィヨーフやトルベツコイの問題提起に対する自らの立場を表明した。『モスクワ報知』はまず、露清関係は危機に瀕しているとして黄禍論に理解を示し、「平和愛好」を唱えるメディアを批判する(70)。ただ『モスクワ報知』はソロヴィヨーフのペシミズムには反対し、キリスト教的西洋と異教的東洋の闘争の行く末を明るく描いた。その勝者として立ち現れてくるべきは、自らの世界史的使命を自覚したロシアである(71)。そのように考える『モスクワ報知』にとって、リベラルなメディアが、黄禍論を援用しつつ、正教や専制をロシアの「内なる中国的精神（внутренняя китайщина）」として批判するのは許しがたいことであった(72)。

スヴォーリンやウフトムスキーがこのような考え方に与しなかったのは言うまでもない。『ペテルブルク報知』の一九〇〇年八月三一日号に、黄禍を唱え、それを避けるために中国分割を説くトルベツコイの「編集部への手紙」が掲載されると、[73]スヴォーリンはこれを批判した。トルベツコイの提案する政策は失うものがあまりにも多く、経済的に不合理である。黄色人種の数を恐れる必要も、彼らがヨーロッパに攻めてくると考える必要もない。黄色人種とうまくやるほうがロシアにとってははるかに有益である。[74]中国分割論に対しては、スヴォーリンは絶対反対であった。ポーランド分割から一〇〇年経ってもポーランド人はドイツ人ともロシア人とも融合していない。分割が問題の解決になるとは、スヴォーリンは考えなかった。内政問題に関してはトルベツコイと立場が近い『ペテルブルク報知』も、トルベツコイの中国分割論を批判する論文を掲載した。著者によれば、中国を分割したら、ロシアは清の代わりに複数の隣国をもつことになる。その一つ一つは清ほど危険でないにしても、少なくともそうした状態はいっそう厄介であった。[75]

四　英独協定とロシアによる満洲占領

一九〇〇年八月の北京解放後、実際に問題となったのはもはや中国分割や領土獲得でなく、清国内における安定した秩序の確立であり、義和団事件のような出来事の再発防止であった。それに対する考え方をめぐって、列強の間には不協和音が目立つようになった。ドイツは報復を最優先し、これから中国をどうするかといった問題には関心を示そうとしなかった。イギリスもドイツに与した。両国は、皇太子の父にして西太后の側近であった載漪をはじめとする義和団事件の責任者が処罰されない限り、清国政府と講和交渉を開始することはできないとした。

『ヨーロッパ通報』はこの主張に異議を唱える。命令に従って愛国的義務を履行した独立国の政治家や臣民の引渡しを求めるのは国際法に反する。ドイツの案は、清に国際法を適用することの不可能を前提としており、中国人を野蛮人扱いするものである。異人種の国民に対してこのように自覚的に侮辱を加えることほど、極東に平和と安定をもたらすうえで不適当なやり方はない。事件の責任者とされる人々は清国政府を代表し、また西洋人に対する一般民衆の抜きがたい敵意を代弁する人々である。民衆に人気の高い彼らを厳罰に処するならば、民衆の間に外国人に対する新たな憤激を引き起こし、消えかかった火を再燃させ、西洋に対して友好的な政策をとることを不可能にするであろう。ドイツ案はきわめて近視眼的で、事件の表層しか見ていないとされた(76)。ここにいたって『ヨーロッパ通報』は『ヨーロッパ列強への協調路線からいくぶん距離をとり、清との平和を重視する『ノーヴォエ・ヴレーミヤ』の立場に接近した。

それでも『ヨーロッパ通報』には依然として黄禍論の名残があった。民衆の間にある根深い反西洋感情を強めることは、やがて中国が西洋を範とした軍備を有するにいたったとき、その災厄をいっそう大きくするであろうという危惧が、『ヨーロッパ通報』にはあった(77)。これは『ノーヴォエ・ヴレーミヤ』には見られない発想であった。また、『ノーヴォエ・ヴレーミヤ』に比べ、『ヨーロッパ通報』は、イギリスに対するほど厳しくドイツを批判することはしなかった。『ヨーロッパ通報』にはなお、ヨーロッパが連帯して中国に対することへの期待が残っていたのである。

これを打ち砕いたのが英独の協定である。一〇月一六日、英独はロンドンで、門戸開放の理念を支持する協定に署名した(78)。秘密裏に準備された英独協定は、ロシアをはじめ、他の列強にとって衝撃であった。『ヨーロッパ通報』は英独協定によって八か国の共同行動という幻想が最終的に崩れたとした(79)。その後始まった清との交渉においても、列強間に立場の違いが顕在化した。厳しい報復を求める英独とは異なり(80)、アメリカは清に対して過度に厳しい要求を行うことに反対した。これにロシアとフランスが追随して、列強が二つに分かれることになった(81)。

この協定で、英独両国は、それぞれの勢力圏において沿岸・河川の航行及び通商自由の原則をとるとともに、清において領土を求めず、帝国の一体性を保全すべく努めることを約した。ロシアの経済の弱さを自覚していたスヴォーリンは、中国における門戸開放提案には否定的であった。門戸開放政策は、ヨーロッパで商工業が最も発展しているイギリスとドイツにとって利益になる。両国は他国もこれに倣うことを求めているが、それはロシアの勢力圏においても英独の経済的支配を許すことになり、競争力の弱いロシアの商業に損失をもたらす。他のヨーロッパ諸国は、ロシアのように、中国人をはじめとするアジア人と平和に暮らす能力をもたないから、他の国々がロシアの勢力圏に入ってくれば、混乱が生じることは避けがたい。中国の南部や中央部は他国の好きなようにさせたらよいが、北部に関する門戸開放はできないとスヴォーリンは主張した(82)。

しかしながら、清にとってはロシアも好ましい隣人とは言い難かった。満洲に建設中の、二〇〇〇キロメートルに及ぶ鉄道の防衛を目的として、一九〇〇年七月満洲に侵攻したロシア軍は、八月末に黒龍江省域を、九月下旬に吉林省域を、一〇月初めに奉天を占領していた。第三国が清において領土を求めようとするとき、各々は自らの利益を守る権利を留保するとした英独協定の第三項は、ロシアの満洲占領を念頭に置き、暗にそれを批判するものであった。

満洲全土を制圧したロシア軍は、一一月一三日、奉天の盛京将軍増祺と秘密協定を結び、ロシア軍の駐留を認めさせた。この報が北京に届くと、宮廷は承認を拒み、李鴻章も反撥した(83)。一九〇一年一月三日、イギリスの『タイムズ』紙が秘密協定を暴露し、ロシアは国際的な批判を浴びる。翌四日、露清間で交渉が開始されたが、成果を見ることはなかった(84)。『タイムズ』は三月一四日号で、ロシアが満洲を切り離し、個別交渉を行っていることを非難した(85)。

ロシアのジャーナリズムには、露清関係についてさまざまな議論が現れた(86)。『ノーヴォエ・ヴレーミャ』は、ロシアは隣国清との間に長い国境を有しており、今回ブラゴヴェシチェンスクで起きたような予期せぬ攻撃から国境を防衛する必要があると論じた。両国の「条約」によって敷設されつつある東清鉄道についても同様である。そのためにロシアが清の地方当局と個別の協定を結んだことを清の領土の全一性に対する侵害であるかのように言い立てるのは不当であるとした[87]。

『ヨーロッパ通報』もロシアの行動を弁護した。露清間に起こったのは宣戦布告を伴った戦争であり、戦時に交戦国の領土を一時占領することは国際法に適っている。そもそも今回のロシアの軍事行動は、準備のできていないブリアムーリエが義和団でなく清国軍によって攻撃を受けたことに対する反撃として始まったのであり、ブラゴヴェシチェンスクで起こった虐殺も、部分的にはそれによって説明される。ロシアには満洲を領有する意図などはない。領有すれば、ロシアは大きな財政的負担とともに、新たに複雑な問題を抱え込むことになるからである。治安が回復されれば、ロシアは直ちに占領地を清に返還するであろう[88]。

『ヨーロッパ通報』は一貫して、ロシアの満洲占領が清国軍による攻撃に対する反撃としてやむを得ずなされたものであり、ロシアの置かれた状況は、他の列強とは全く異なるという立場をとった[89]。また、英独を切り離し、ロシアの満洲での行動に関心をもつのがイギリス（及び日本）のみであることを示そうとした[90]。その一方で、イギリスの新聞が満洲問題におけるロシア外交の失敗を書き立てていることについて、『ヨーロッパ通報』は、広報戦略の面からロシアの外交当局に苦言を呈している。ロシアが多弁を弄して清との友好を語り戦争を否定する一方で、正確な協定文を示さなかったために、逆に疑いを深め、イギリスを利する結果になったのである[91]。

『ヨーロッパ通報』によれば、最近の出来事は、時の政府の合意だけを頼りに、清のような当てにならぬ国に鉄道を建設することのリスクについて、当事者さえもよく理解していなかったことを明らかにした。残念ながら、今となっては、鉄道を全面的に放棄するのでない限り、満洲から完全に手を引くことはできない。しかしそうだとしても、満洲との関わりは、鉄道を支障なく利用するのに必要な最小限の範囲に限定すべきである[92]。

五　その後

一九〇二年一月、日英間に同盟が結ばれた。この出来事はロシアのメディアを驚かせた。『ヨーロッパ通報』の見るところ、この同盟条約は新興国日本にとって大成功である。イギリスは光栄ある孤立を捨てて日本に対し軍事的義務を負った。両国は、清と朝鮮の不可侵を条約の目的に掲げているが、かつて朝鮮の独立を脅かしたのは清と日本であり、清の統一を脅かしたのはイギリスと日本であった。今やそのような国はなく、その防衛を理由とした同盟は不要のはずである。この条約は、同じく清の不可侵を謳い、しばらく大騒ぎした後、忘れ去られてしまった、一九〇〇年の英独協定を想起させるとされた[93]。中国分割の先鞭をつけたイギリスと日本が、今や清の不可侵を政治的ドグマにしている。これに対しては、露仏も関係を強化して対応する必要があろう[94]。

このような『ヨーロッパ通報』の立場からすると、三月一八日の『ノーヴォエ・ヴレーミャ』が、反独姿勢を貫こうとするあまり、バグダード鉄道への参加をめぐる、フランスのデルカッセ外相に対する同国ナショナリストの攻撃に同調しているのは解せないことであった[95]。外国では、ロシアのメディアは政府に言われたとおりを書いていると思われており、まして『ノーヴォエ・ヴレーミャ』はどういうわけか半官報のように見られている。露仏同盟を強化しなければならないときに、ロシアの新聞にフランス政府に対する攻撃が載るのは好ましいことではない[96]。

一九〇二年三月二六日（露暦）、ロシアは清との間で、翌年の九月二六日までに、三段階に分けて撤兵することを約束した[97]。海外のメディアはこれが日英同盟の圧力によるものであるとした。『ヨーロッパ通報』は、それが領土獲得の利益にならないことの自覚によるものであるとし、ロシアとしてやるべきことはやったと、肯定的評価を与えた[98]。その成否は、清の出方のみならず、他の列強、特にイギリスと日本の行動にかかっている。とは言え、清の国内は不安定であり、排外暴動のおそれがある。撤退が容易でないことは、『ヨーロッパ通報』といえども認めないわけにはいかなかった(99)。

ヴィッテは、露清銀行と東清鉄道によって、ロシアが清における経済的利益を拡大することを目指した。しかし、経済のみで英独に対抗するには、ロシアの力は弱すぎた。販売すべき商品も供与すべき資本も欠くロシアが中国で利益を上げるとすれば鉄道事業のほかはない。鉄道利権が重要になればなるほど、それは付属地の確保と不可分になり、守るには軍事力が必要になる。東清鉄道の保全を国家の威信と結びつけてしまった以上、ロシアには安易な撤退はできなかった。一旦東アジアにおいて国家の威信が争点化すると、経済的合理性の論理だけで十分な政治力を確保することは難しい(100)。ヴィッテの見通しは甘かったと言わざるを得ない。

清との良好な関係を維持しようとしたヴィッテも、結局は清からできるだけの譲歩を引き出そうとした。ヴィッテは必ずしも信念の人ではなかったのである。違いはもはや強硬さの程度の差にすぎなくなっていた。ロシアは一九〇二年一〇月八日に第一期の撤兵を行ったのみで、駐兵を継続した。秋に極東を旅行したヴィッテは、それまでの積極的な経済的浸透政策を諦め、東清鉄道付属地への植民政策を積極化させる方針に転換した。

スヴォーリンは、ヴィッテが前のめりになり、極東に過度の比重をかけるのは、ロシア全体の利益にとって危険なことであり、ロシアが抱える問題の根本的解決には役立たないと見ていた(101)。実際、東アジアにおいて守るべきものを抱え込んでしまったロシアは、門戸開放を標榜しつつ、清に対して共同で後見を行おうという列強の流れに同調できなかった。ロシアと他のヨーロッパ列強のどちらが清に対して苛酷であったかということとは無関係に、ロシアは国際社会において浮き上がってしまった。満洲と朝鮮をめぐって対立を深める日露の間で、列強は模様眺めの姿勢をとり、どちらに対しても積極的な加担はしなかった。それでも、日本と同盟を結んだイギリスはもとより、満洲において日英と共同歩調をとりつつあったアメリカからも、好意の眼差しが向けられたのは日本に対してであった。

注

（1）ウフトムスキーは、一八九〇年から翌年にかけて皇太子ニコライの東アジア旅行に随行し、大部の旅行記（Путешествие на Восток его Императорского Высочества государя наследника цесаревича, 1890–1891. Тт. 1-3. М., 1992）を書いた人として知られている。伝統的なアジアを美化・肯定した彼は、ロシアとアジアの結びつきを強調し、両者を西欧に対置した。David Schimmelpenninck van der Oye, *Toward the Rising Sun: Russian Ideologies of Empire and the Path to War with Japan*（DeKalb, Ill., 2006）, pp. 50–51 を参照。

（2）一八九〇年代には李鴻章や伊藤博文もなお政治力を保っており、ヴィッテを加えた三者の相互関係は東アジアの歴史に大きな影響を与えた。

（3）Louise McReynolds, *The News under Russia's Old Regime: The Development of a Mass-Circulation Press*（Princeton, N.J., 1991）, p. 183.

（4）*Единархова Н.Е.* Русские в Монголии: основные этапы и формы экономической деятельности（1861–1921 гг.）. Иркутск, 2003. С. 123.

（5）За кулисами царизма: архив тибетского врача Бадмаева. Изд. 2-е. М., 2011. С. 51–52.

（6）Steven G. Marks, *Road to Power: The Trans-Siberian Railroad and the Colonization of Asian Russia, 1850–1917*（Ithaca, N.Y., 1991）, p. 138.

（7）バドマーエフの案が成功すれば、ロシアはアジアの諸問題において支配的な地位を得るであろうとされた。Sidney Harcave, *Count Sergei Witte and the Twilight of Imperial Russia: A Biography*（Armonk, N.Y., 2004）, pp. 55–56.

（8）*Сунь Чжинцин.* Китайская политика России в русской публицистике конца XIX – начала XX вв.: «желтая опасность» и «особая миссия» России на Востоке. М., 2005. С. 119.

（9）*Суворин А.С.* Маленькие письма // Новое время. 1895. 11 фев.

（10）*Суворин А.С.* Маленькие письма // Новое время. 1895. 4 марта.

（11）*Суворин А.С.* Маленькие письма // Новое время. 1895. 15 апр.

（12）*Сунь.* Указ. соч. С. 122–123.

（13）*Ухтомский Э.Э.* Накануне осложнений // Московские ведомости. 1895. 12 апр.

（14）*Сунь.* Указ. соч. С. 111, 135.

（15）Paul M. Kennedy, "German World Policy and the Alliance Negotiations with England, 1897–1900," *The Journal of Modern History*, vol. 45, no. 4（Dec. 1973）, p. 609.

（16）*Ламздорф В.Н.* Дневник: 1894–1896. М., 1991. С. 35.

(17) ヴィルヘルム二世はニコライ二世の領土に対する関心を知っていた。*Сунь*. Указ. соч. С. 174.

(18) 『ヨーロッパ通報』は、ロシアが、列強の中で特にドイツとの関係維持に対して、必要以上に配慮してきたと論じた。Иностранное обозрение // Вестник Европы. 1897. Сент. С. 353.

(19) 和田春樹『日露戦争—起源と開戦・上』(岩波書店、二〇〇九年)、二五九—二六〇頁。*Сунь*. Указ. соч. С. 169.

(20) *Игнатьев А.В.* С.Ю. Витте-дипломат. М., 1989. С. 71.

(21) *Милютин Д.А.* Дневник генерал-фельдмаршала графа Дмитрия Алексеевича Милютина. 1891–1899. М., 2013. С. 530.

(22) *Лукоянов И.В.* «Не отстать от держав...»: Россия на Дальнем Востоке в конце XIX – начале XX вв. СПб., 2008. С. 322–323.

(23) *Сунь*. Указ. соч. С. 171–172; *Ухтомский Э.Э.* К событиям в Китае: об отношении Запада и России к Востоку: рубеж XIX – XX веков. СПб., 1900. Изд. 2-е. М., 2011. С. 68–69.

(24) 和田、前掲書、二〇八—二〇九頁。

(25) *Сунь*. Указ. соч. С. 172, 174.

(26) Иностранное обозрение // Вестник Европы. 1898. Апр. С. 843.

(27) T. G. Otte, "Great Britain, Germany, and the Far-Eastern Crisis of 1897–8," *The English Historical Review*, vol. 110, no. 439 (Nov. 1995), pp. 1177–1178.

(28) Edmund S. Wehrle, *Britain, China and the Antimissionary Riots, 1891–1900* (Minneapolis, Minn., 1966), p. 102; Kennedy, op. cit., p. 613.

(29) Otte, op. cit., p. 1169.

(30) Andrew Roberts, *Salisbury: Victorian Titan* (London, 2000), pp. 687–689.

(31) *Сунь*. Указ. соч. С. 159, 170–171.

(32) За границей // Мир божий. 1898. Ноя. С. 26.

(33) Иностранное обозрение // Вестник Европы. 1898. Апр. С. 845–847.

(34) Иностранное обозрение // Вестник Европы. 1898. Дек. С. 786–787.

(35) Москва, 16-го марта // Московские ведомости. 1898. 17 марта.

(36) Москва, 2-го апреля // Московские ведомости. 1898. 3 апр.

(37) Германия и Китай // Новое время. 1897. 3 дек.

(38) С.-Петербург, 17-го марта // Новое время. 1898. 18 марта.

(39) 東アジアとの関係におけるロシアの自己認識にはスラヴ主義とヨーロッパ主義の両面があった。S. C. M. Paine, *Imperial Rivals*:

（40）*China, Russia, and their Disputed Frontier* (Armonk, N.Y., 1996), p. 236.
（41）Исторический момент // Новое время. 1898. 18 марта.
（42）Иностранное обозрение // Вестник Европы. 1899. Янв. С. 389.
（43）*Сунь.* Указ. соч. С. 180–181.
（44）Schimmelpenninck van der Oye, op. cit., pp. 159–160, 171 ; *Сунь.* Указ. соч. С. 177–179.
（45）*Лукоянов.* Указ. соч. С. 341 ; A. E. Campbell, "Great Britain and the United States in the Far East, 1895–1903," *The Historical Journal*, vol. 1, no. 2 (1958), pp. 167–168 ; Rosenbaum, op. cit., pp. 54–57.
（46）О соглашении с Англии // Новое время. 1898. 9 апр.
（47）Kenneth Wimmel, *William Woodville Rockhill : Scholar-Diplomat of the Tibetan Highlands* (Bangkok, 2003), pp. 89–90, 94.
（48）Michael H. Hunt, *Frontier Defense and the Open Door : Manchuria in Chinese-American Relations, 1895–1911* (New Haven, Ct., 1973), p. 30.
（49）*Игнатьев.* Указ. соч. С. 114–115 ; Campbell, op. cit., pp. 168–169.
（50）*Ремнев А.В.* Россия Дальнего Востока : имперская география власти XIX – начала XX веков. Омск, 2004. С. 360.
（51）Москва, 10-го июня // Московские ведомости. 1900. 11 июня.
（52）Schimmelpenninck van der Oye, op. cit., pp. 165, 202–203.
（53）Китай для китайцев // Новое время. 1900. 11 июня.
（54）*Сунь.* Указ. С. 194–195.
（55）Там же. С. 186–187.
（56）Там же. С. 190–191.
（57）*Ухтомский.* Указ. соч. С. 69–70.
（58）Там же. С. 75.
（59）Там же. С. v.
（60）Что нам нужно в Китае? // Новое время. 1900. 21 июля.
（61）*Суворин А.С.* Маленькие письма // Новое время. 1900. 25 июля.
（62）このときヴァルダーゼーは現地にさえいなかった。Wimmel, op. cit., p. 108.
（63）*Суворин А.С.* Маленькие письма // Новое время. 1900. 28 июля.
（63）*Сунь.* Указ. соч. С. 197–198.

(64) *Суворин А.С.* Маленькие письма // Новое время. 1900. 5 авг.
(65) *Суворин А.С.* Маленькие письма // Новое время. 1900. 15 авг.
(66) *Суворин А.С.* Маленькие письма // Новое время. 1900. 16 авг.
(67) Martha Bohachevsky-Chomiak, *Sergei N. Trubetskoi: An Intellectual among the Intelligentsia in Prerevolutionary Russia* (Belmont, Mass., 1976), p. 120.
(68) Иностранное обозрение // Вестник Европы. 1900. Сент. С. 350–353.
(69) *Там же.* С. 353–355. その脅威を取り除くためには清帝国を複数の独立国家に分割することも視野に入れる必要があるとされた。Иностранное обозрение // Вестник Европы. 1901. Янв. С. 392.
(70) Москва, 4-го сентября // Московские ведомости. 1900. 5 сент.
(71) Москва, 5-го сентября // Московские ведомости. 1900. 6 сент.
(72) Москва, 6-го сентября // Московские ведомости. 1900. 7 сент.
(73) *Сунь.* Указ. соч. С. 209.
(74) *Суворин А.С.* Маленькие письма // Новое время. 1900. 2 сент.
(75) *Сунь.* Указ. соч. С. 211–212.
(76) Иностранное обозрение // Вестник Европы. 1900. Окт. С. 823–824; Дек. С. 803.
(77) *Там же.* С. 804.
(78) 和田、前掲書、三六八―三六九頁。
(79) Иностранное обозрение // Вестник Европы. 1900. Ноя. С. 391–392.
(80) Иностранное обозрение // Вестник Европы. 1900. Дек. С. 805.
(81) 『ヨーロッパ通報』はアメリカの態度を好意的に評価した。アメリカは速やかな平和回復を望む点でロシアと立場を同じくするとされた。Иностранное обозрение // Вестник Европы. 1900. Дек. С. 804–805; 1901. Янв. С. 391.
(82) С.-Петербург, 8-го октября // Новое Время. 1900. 9 окт.
(83) 和田、前掲書、三六五―三六六、三六九―三七〇頁。
(84) 前掲、三七九―三八一、三八五―三八六頁。
(85) Иностранное обозрение // Вестник Европы. 1901. Апр. С. 827.
(86) *Сунь.* Указ. соч. С. 216–217.

(87) С.–Петербург, 13-го января // Новое Время. 1901. 14 янв.; С.–Петербург, 18-го марта // Новое Время. 1901. 19 марта.

(88) Иностранное обозрение // Вестник Европы. 1900. Ноя. С. 394.

(89) Иностранное обозрение // Вестник Европы. 1901. Апр. С. 826.

(90) Там же, стр. 828–830.

(91) Иностранное обозрение // Вестник Европы. 1901. Май. С. 380–381.

(92) Там же. С. 382–384.

(93) Иностранное обозрение // Вестник Европы. 1902. Маpт. С. 368–370.

(94) Иностранное обозрение // Вестник Европы. 1902. Апр. С. 816.

(95) Там же. С. 819.

(96) Там же. С. 824.

(97) 和田、前掲書、四二六頁。

(98) Иностранное обозрение // Вестник Европы. 1902. Май. С. 394.

(99) Там же. С. 395–396.

(100) クロパトキン陸相やプレーヴェ内相は政治的計算もあってヴィッテに反対した。Edward H. Judge, *Plehve: Repression and Reform in Imperial Russia, 1902–1904* (Syracuse, N.Y., 1983), pp. 153, 158.

(101) *Ремнев А.В.* Самодержавие и Сибирь: административная политика второй половины XIX – начала XX веков. Омск, 1997. С. 170; *Динерштейн Е.А.* А.С. Суворин: человек, сделавший карьеру. М., 1998, С. 295–296.

第三節　移民問題と黄禍論

一　問題の所在

一八九〇年代のヨーロッパで、「黄色人種」がもたらす脅威について警告する議論が現れた。いわゆる黄禍論である。経済的繁栄とヨーロッパ文明の優越に対する確信の時代であった一九世紀が過ぎ行くなかで、自分たちの世界の分裂の兆しが感じられていただけに、膨大な人口を有する中国が長い眠りから覚めたら何が起こるだろうかと想像することは、かつてチンギス・ハンの騎馬軍団にその東半分を席巻された歴史的記憶をもつヨーロッパ人に、漠然たる不安と、アジア人に対する恐れの感情を呼び起こした。

九〇年代後半、中国人に欠けている（と思われていた）進取の精神や俊敏さ、柔軟さを備えた日本人が表舞台に現れたとき、それまで空想的なものでしかなかった黄禍論はにわかに現実味を帯びることになった。日本人が中国人の眠りを覚まし、両者が提携するとき、ヨーロッパに大きな禍がもたらされるであろう。ヨーロッパは分裂して相互に争っているときではない。これが黄禍論の基本的な考え方である。それは世紀末の政治論に付きもののペシミズムを伴いつつ、ヨーロッパの分裂と油断に対して警鐘を鳴らす議論であった。

他方、ヨーロッパの中心から遠く隔たり、現実にアジア系の人々と接触する北米の太平洋岸やロシア極東には、文明や国際政治に関わる大きな議論とは別に、黄禍を現実のものとして身近に感じる二つの理由があった。一つは中国人をはじめとするアジア系移民の流入である（ただし、北米では一八八〇年代に、中国人の新たな移民が事実上禁止されていた)。もう一つは、一八九〇年代以降、海を隔てて向かい合う日本が強大な軍事力をもつようになり、有事の際にはまず北米の太平洋岸やロシア極東がその攻撃を受けると思われたことである。それゆえこれらの地域において、黄禍は地域の生活そのものに対する現実の脅威として感じられ、そのことが、白人優位の社会を脅かすと思われたアジア系の人々に対する人種偏見をいっそう強めることになった。

こうした偏見にさらされたのが、一九世紀末から二〇世紀の初頭にかけて東アジアの国々から北米西海岸やロシア極東にやってきた移民たちである。このうち、北米の日本人移民とロシア極東の朝鮮人移民は、いずれものちにそれぞれの国でよき市民として社会の発展に重要な貢献をすることになる。彼らはともに二度の世界戦争の試練を乗り越えて白人優位の社会のなかに根をおろし、そこで市民としての地位を獲得していった。しかしそこにいたるまでの道のりは平坦ではなかった。本節では、人種主義というこの時代の一側面を端的に表すものである黄禍というスローガンに注目しながら、先行研究に依拠しつつ、太平洋岸の東アジア系移民の歴史を概観する。

二　黄禍論

(一) 英米の黄禍論

世紀末のヨーロッパは自文明の恒久的優越という見方から脱却しつつあった。文明の衰亡と交替という議論が人気を博しており、黄禍もまた、このような観点から論じられた。中国が覚醒して勢力を増し、衰退しつつあるヨーロッパにとって代わる可能性を論じることは、あながち荒唐無稽とは思われなくなっていた。一八九三年、中国の脅威を論じたイギリスのチャールズ・ピアソンはこのような傾向を代表する人である。彼はダーウィンやスペンサーの強い影響のもとにあったが、その歴史観は適者である優秀なヨーロッパ人の繁栄を恒久的なものとみなすほど楽観的ではなかった。それぞれの人種がもつ政治的影響力はその優秀性によって決まるわけではない。彼の著書『国民性情論』のなかでヨーロッパ人の未来に予見されたのは、さらなる進歩ではなく停滞であった(1)。

同書において中国と日本が積極的に区別されていないことにも現れているように、一八九〇年代前半のヨーロッパにおいて、日本はまだ極東の国際情勢における一人前のアクターとはみなされておらず、関心の焦点はやはり英露の対立であった。しかし、日清戦争後、日本とロシアの関係が緊張をはらむようになると、国際的な利害対立が大衆レベルの認識に反映し、より日本に比重を置いた黄禍論が流行した。ロシアに資本を供給していたフランスやベルギーにおいてこうした議論が力をもつのは自然なことであったが、ロシアの関心を極東に向ける必要があったドイツでも黄禍論の流行が見られ、皇帝ヴィルヘルム二世自身がその代表的な提唱者となった。

この点で事情を異にしていたのがイギリスである。当時、イギリスの主たる関心は帝国主義的競争の主たる舞台であったアフリカに向けられていた。そこでの植民地獲得においてイギリスは優越的位置を占めており、それもあって、一八九九年から一九〇二年にかけて戦われた南アフリカ戦争においては、ヨーロッパ諸国の同情は概してブール人の側に集まった(2)。しかし、イギリスにとっても、この戦争は決して楽な戦いではなかった。他方、中国に進出していたイギリスは、極東情勢に対しても無関心でいるわけにはいかなかった。一八九一年に着工したシベリア横断鉄道が完成すれば、極東での軍事バランスは大きく変わることが予想された。極東でロシアの政治的・軍事的影響力が増大することに対するイギリスの危惧は、同じくロシアに対して警戒心を抱く日本との協力を選択肢として浮かび上がらせ、一九〇二年一月、両国は同盟関係に入った(3)。

もっともこの同盟はロシアとの戦争を想定したものではなく、あくまで対露交渉力を高めるためのものであった。イギリスの世論が親日・反露で固まっていたわけではなく、論壇にはロシアとの協調を説く議論も(4)、ヘンリー・ノーマンのように黄禍に対する警告も見られたのである。たしかに、広大な植民地を有するイギリスの大衆にとって、国際政治における自国の利益に対してロシアが及ぼす脅威より、日本の勝利と中国の覚醒がもたらす白人一般の威信低下のほうが理解しやすかったであろう。ヨーロッパの国同士が争っている間に同盟した日中が攻撃するという黄禍論のイメージがイギリスとも無縁でなかったことは、H・G・ウェルズが一九〇八年に発表したSF作品の中で、来るべき人種戦争における日中協力を設定していることにも現れている。(5)

しかし、概してイギリスでは黄禍論がそれほど強く現れることはなく、(6)高級紙や評論誌ではむしろこれに批判的な議論が強かった。例えばデメトリアス・ボールジャーやオットー・エルツバッチャーは一九〇四年に、黄禍を煽るフランスの政界や言論界を批判し、むしろロシアこそが脅威だと説いた。(7)黄禍論の意図がイギリスに対する攻撃にあるとして、これへの賛同が国益に反することを指摘するボールジャーの議論も、文明化する日本と停滞する中国の差異を強調し、両者の提携を非現実的とみなして日英同盟を正当化するエルツバッチャーの議論も、ともに空想的な脅威の吹聴によって現実の国益を損なうことに対する批判であり、(8)別に彼らにアジアの人々に対する特別な共感があったわけではない。多くのイギリス人にとって、日本とロシアとはいずれも自分たちとは異質な存在であり、それぞれとの距離は、時と人に応じて異なり得るものであった。(9)

イギリス及びイギリスと同盟した日本がロシアと対立しているという東アジアの状況において、アメリカ合衆国の同情は前者の側にあった。(10)もとより、一八九〇年代、太平洋やアジアへの関心を強めつつあるアメリカに、日清戦争後の日本に対する警戒もないわけではなかった。(11)しかし、やはりいっそう大きな警戒を呼び起こしたのはロシアであった。海軍の戦略家として高名なアルフレッド・マハンは将来における英露間の戦争を想定し、アメリカはイギリスと組んで海軍力によりロシアの拡大を阻止すべきであると説いており、彼の議論は一九〇一年合衆国大統領となるセオドア・ローズヴェルトに大きな影響を与えていた。(12)

もう一つの理由はアメリカ合衆国の世論が日本に対して好意的であったことである。これはアメリカ社会においてアジア系の人々に対する偏見がなかったということではない。一八四八年のゴールドラッシュ以来、アメリカ合衆国では多くの中国人労働者がカリフォルニア州を中心に鉱山労働や鉄道建設に従事していた。一八六九年に大陸横断鉄道が完成した後、彼らと白人労働者との対立・抗争が激化し、これを受けて制定された一八八二年のいわゆる中国人排斥法は中国人の移民を一〇年にわたり禁止した。一八八五年から二期合衆国大統領を務めたクリーヴランドやローズヴェルトをはじめ、当時の多くの政治家は中国人移民を排除することに賛成していた(13)。アジアからの移民、なかんずく中国人移民の流入が好ましくないとする見方は、アメリカ社会において広く支持されていたのである。

しかし、少なくとも表向きは、これは人種差別とは考えられていなかった。当時のアメリカのアジア人観においてはなお文明論が優位にあり、それゆえ停滞的な清と革新的な日本とは異なった扱いを受けていた。日本は、文明化の道を歩むアジアの国としてむしろ好ましい印象を与えており、日清戦争でもアメリカの世論は日本に好意的で、その勝利を文明の勝利として評価した(14)。それもあって、日本人は中国人とは異なり、移民の全面停止を被らなかった。そもそも、一八九八年に併合されたばかりのハワイを除けばアメリカ合衆国にいる日本人はまだ少数で、その存在はそれほど重大な問題とは考えられていなかった(15)。

人種主義はなお普遍的文明に対する信念の陰に隠れて（あるいはそれと未分離で）自覚されなかった。帝国主義的な信念をもっていたローズヴェルトは、普遍的な文明の範疇に入れられるものであれば、アジア的なものであっても受容することができた(16)。一八九九年に出版された新渡戸稲造の『武士道』を高く評価したのもこのような傾向の表れであろう。こうしたアメリカの価値基準からすれば、中国の覚醒や文明化は本来望ましいことであった。その根底には、古い伝統を墨守する清が動揺し、倒壊するようなことがあるとしても、この国にヨーロッパ諸国のような利権をもたないアメリカ合衆国の国益には直接影響しないという考えがあった。

もちろん、たとえばマハンも覚醒した中国に対する警戒の必要を感じてはいた(17)。高名な自然主義作家で、社会主義者を標榜していたジャック・ロンドンも、日露戦争の従軍記者として満洲に滞在していた一九〇四年、ハースト系の新聞『サンフランシスコ・イグザミナー』に「黄禍」という文章を書き、もし日本が中国の膨大な人口を労働力として利用することができるようになれば、アングロ＝サクソンにとっても脅威となりうると述べた。[18]その露骨な人種偏見を批判されたロンドンは「私はまず白人であり、しかる後に社会主義者だ」と答えたという。[19]しかし、世紀転換期のアメリカ合衆国では、なお黄禍の問題は二義的であり、上層の人々にとっては、むしろ急増する南東欧からの移民が主たる関心事であって、社会ダーウィニズムの影響のもとに「劣等な」移民の排除が説かれていた。

他方、安価な労働力であるアジア系移民の流入による影響を直接受けていたカリフォルニアなど西海岸諸州では、差別の対象であった南東欧出身者を含む白人労働者と中国人労働者などアジア系移民との間に早くから緊張があった。そこではアジア人排斥運動は労働運動と密接に結びついており、労働組合がその先頭に立っていた。以前から中国人排斥論を展開していた著名な急進主義的エコノミストのヘンリー・ジョージも労働組合を全面的に支持していた。[20]一九〇四年、アメリカ労働総同盟はサンフランシスコで開かれた大会において、中国人に加えて日本人や朝鮮人の労働者も組織から排除することを決定した。

(二)ロシアの黄禍論

ロシア帝国において、ヨーロッパとアジアにまたがる国としてのアイデンティティの複雑さが認識されるようになるのは一九世紀後半になってからであり、この世紀の前半においては、ロシアの独自性と優越性の弁証を目指すナショナリストといえども、ヨーロッパ世界と訣別することはできなかった。たとえば一八四〇年代のスラヴ派（いわゆる初期スラヴ派）は、主として正教によってロシアの独自性と優越性を説明しようとしたが、彼らにとって正教とは単なるロシアの民族宗教ではなく、全ヨーロッパ的意義を有する普遍宗教であった。それゆえ初期スラヴ派の人々は、キリスト教的普遍主義の拘束から完全に解放されてはいなかったのであり、ヨーロッパという文明世界を前提としてはじめて、彼らはロシアの存在を意味づけることができたのである。また、スラヴ派にとって、アジアはなお彼らの文明世界の外にあった。彼らはロシア固有の政治体制としての専制を擁護したが、彼らにとってそれは国民の主体性と君主の無制限権力とが矛盾なく両立する理想的な政治体制であり、決してアジアに見られる専制政治と同列に置かれるべきものではなかった。

初期スラヴ派の場合には、視野がヨーロッパに限定されていたことによって、文化相対主義的な傾向と普遍主義的な傾向とを一つの思想のなかに並存させることができた。しかし一九世紀の後半になり、ヨーロッパそれ自体が相対化されるにいたったとき、これら二つの結合は次第に困難になっていく。ダニレーフスキーは、初期スラヴ派からロシアの独自性という主張を継承しつつも、歴史的文化類型という概念を用いることによって、ロシアをヨーロッパから切り離し、スラヴ世界に帰属させた。ヨーロッパの中での独自性を主張するのでなく、スラヴ世界の盟主という地位を割り当てることによって、ロシアにヨーロッパから独立した地位を認めようとしたのである。[21]とは言え、反西欧の立場からロシアとアジアの結びつきを強調し、明示的に親アジア的な議論を展開したウフトムスキーやユーラシア主義者[22]とは違って、ダニレーフスキーに必ずしもアジアに対する共感があったわけではない。彼の立場からすれば、スラヴ世界はアジアからも切り離されるべきものであった。[23]

これに対して、初期スラヴ派のもっていたもう一つの側面であるキリスト教的普遍主義を継承し、それによって黄禍論に接近したのがソロヴィヨーフである。ソロヴィヨーフには、ロシアの独自性に対する関心は希薄であった。初期スラヴ派において西欧に対置されていたロシアは、ソロヴィヨーフにおいては西欧とともに西方に属することになり、アジアがこれに対置される。ただし、一八九〇年の段階では、ソロヴィヨーフは中国と日本に対して異なった評価を与えている。中国と異なり、日本は西方文明の味方であるとされたのである。[24]しかし、総じて一九世紀のロシアにおいて、アジア人といえば中国人であり、数の上ではるかに少ない日本人や朝鮮人が問題になることはそれほど多くなかった。

このようなロシアの東アジア観を動揺させたのが一八九四年から翌年にかけての日清戦争である。新しいパワーの出現によって、ロシアがもはや露清関係を軸とするこれまでの伝統的な東アジア像に安住するわけにはいかなくなったことは明らかであった。[25] ヨーロッパに対する日中提携という黄禍論の悪夢がにわかに現実味を帯びてきた。ソロヴィヨーフはヨーロッパの分裂回避を求め、ヨーロッパで説得力をもつモンゴルによる支配の歴史的記憶に訴えた。一九〇〇年、死を前にした彼は、『三つの会話』に付された「反キリストに関する短編物語」で黄禍を説く。たしかに日本人と中国人の間には敵意がある。しかしヨーロッパ人を眼前にしたとき、それは意味を失い、日本の提唱する「汎モンゴル主義」が力を持ち始める。[26] 二〇世紀はモンゴル人種がヨーロッパを脅かす時代となることが予想された。ソロヴィヨーフにとって、義和団事件はそれを裏付けるものにほかならなかった。[27] 黄禍論を唱えたヴィルヘルム二世は、モンゴルの嵐からヨーロッパをめぐる守護者であった。ソロヴィヨーフは、一九〇〇年六月二四日に草された「ドラコン」という詩の中で彼への期待を表明している。[28]

たしかにロシアは欧米よりも早く、日清戦争の時点で、日本という国家の台頭による東アジア秩序の変化を感じ取り、これに対して敏感に反応したと言えよう。[29] しかし、ロシア国内には、ニコライ二世をはじめとして日本の軍事力に対する過小評価が根強くあり、[30] これが極東でのロシアの積極的な政策を支えていた。これに異を唱えたのが一八九八年七月に陸相となったクロパトキンである。彼は、黄色人種の脅威という黄禍の基本的なアイデアはもっていたものの、当面はドイツを主たる脅威と考え、極東で日本と事を構えるのは合理的でないと主張した。[31] それにも拘らず、日露開戦に際し、彼は陸相を解任されて満洲軍司令官に任命され、困難な闘いを任された挙句、敗軍の将としてその責任を追及されることになる。

日露戦争ののち、ロシア帝国の国際情勢に対する認識のなかで東アジアの比重は相対的に低下し、ロシアの関心はバルカンをはじめとするヨーロッパ情勢に向かうことになった。これに伴って米英とロシアとの対立が緩和されていった反面、英独の対立関係がしだいに鮮明になり、ヨーロッパの分裂の危機はますます増大していく。こうした状況の変化はクロパトキンの態度を大きく転換させた。一九一〇年刊行の『ロシア軍の諸課題』第三巻第三六章で、クロパトキンはヨーロッパにおける衝突の回避を訴えた。ロシアにとって、スラヴ諸民族が独立を達成した今となっては、オーストリアとの平和を損なってまでバルカンに介入する必要はない[32]。中央アジアでのイギリスとの紛争も避けられるべきであり、黄色人種の攻撃に備えてむしろこの国と同盟すべきである[33]。日本が着々と軍備を強化していると き、ヨーロッパの国同士が対立するのは無意味であり、ヨーロッパは来るべき人種間の戦争に備えなければならない。日露戦争は、その前哨戦にすぎなかったとされる[34]。

一九一三年に公刊された最後の著書『露中問題』[35]で東アジア問題の重要性を訴えた際、クロパトキンはわざわざこの章を補論として巻末に付した。クロパトキンがこの著書を発表したのは、清朝が倒壊し、第一次世界大戦が間もなく始まろうとしているときであった。日本の台頭とヨーロッパの危機を前にして、かつて極東での軍事行動に慎重な態度をとりながら、日露戦争における敗将としての不名誉を負わされたクロパトキンは、今や典型的な黄禍論の提唱者として立ち現れるにいたったのである。

三　東アジア諸国からの移民

㈠アムール州における中国人居留民

辺境統治において民族問題は特別な重要性を有する。一般に、広大な帝国の辺境において支配民族は少数であり、その多くは軍事・行政機能を担う都市に集中する。ロシア帝国も例外ではなかった。例えばアジア・ロシアにおいて、ロシア人の多くは都市に居住していた。都市が発展すれば、周囲から新たな人口が流入する。それがロシア人である場合も、非ロシア人である場合もあった。その結果として生じるロシア人と非ロシア人の間の摩擦をどうコントロールするかは、辺境行政の重要な問題であった。

後にプリアムール総督になるН・И・グロデーコフは、一八八〇年代、シルダリヤ州軍務知事としてトルキスタン総督府の置かれたタシケントに勤務し、この地域の住民管理を経験している[36]。一八八三年六月二日、汎スラヴ主義者として知られたチェルニャーエフ総督時代に、三九歳でこの職に任じられた彼は、翌年チェルニャーエフが総督を辞めたのちも、八九年まではН・О・ローゼンバッフ総督のもとで、その後はА・Б・ヴレフスキー総督のもとで、引き続きシルダリヤ州軍務知事を務めている[37]。

タシケントでは、アンホール運河を境としてロシア人地区とアジア人地区に分かれており、アジア人住民に対する行政は基本的に現地名望家（アクサカル）に依存する間接統治によっていた。ロシアの都市に一定の自治を制度化した一八七〇年六月一六日裁可の都市機関設置法第三五条は、非キリスト教徒の市会議員を認めており（ただし全議員の三分の一を越えることはできない）、タシケントの市会にはアジア系住民も代表を送っていた[38]。一八八七年、ロシア人地区の発展のために主としてアジア人地区への増税によって歳入を倍増させる案が出されたとき、タシケント市会のアジア人議員はこれに反対した。増税がほとんどロシア人地区の開発のためのもので、衛生状態の改善など、アジア人地区のために遣われる額は予算のごく一部だったからである。グロデーコフはアジア人地区の指導者を入れ替えるが、支出の不均衡に対する抗議は続いた。アジア人議員はアジア人地区の衛生状態改善のための十分な支出を求めた。これはタシケントにおける重要な争点であった。(39)

一八九二年、ロシア帝国でコレラが流行し、タシケントでも多くの死者が出た。防疫のためのアジア人地区での当局の措置が住民の不満を募らせ、ロシア人住民が水に毒を入れたとの噂も流れて、六月二四日、激しい暴動が起きた。双方の指導層が和解の道を探り、民族的な亀裂の顕在化を防ぐべく努めたのに対して、アジア人地区をコレラ蔓延の源とみなす軍務知事のグロデーコフは、住民間の対立を鎮静化させるよりもむしろアジア人住民に対するロシア人の敵意を煽るような行動をとったとされる。(40)さらにアジア人地区に軍隊を入れて武力で暴動を鎮圧し、アジア人社会を十分監督しなかったとして名望家の逮捕を命じるなど、強硬な姿勢を貫いた。後日開かれた軍事法廷は、グロデーコフが事態の認識を誤り、暴動を抑止できなかったとしてその責任を問い、軍務知事の職を解いた。(41)その後グロデーコフは、一八九三年一〇月一二日、プリアムール副総督に任命され、タシケントでの住民管理の失敗という苦い経験をもって極東に異動することになる。(42)

タシケント暴動において事態を深刻にしたのは、一八八〇年代の中葉、当局の統制の及ぶ範囲を超えてタシケントに大量に流入した下層ロシア人の存在である。(43)彼らの衛生観念はアジア人住民以下であり、タシケントの社会秩序にとって深刻な不安定要因であった。六月二四日の暴動に彼らが関わっていたことは、ロシア当局によっても十分認識されており、一八九三年にはロシア人貧民をタシケントから排除しようとする努力が強められた。(44)

これに対して、ロシア極東において秩序の不安定化要因と考えられたのは、ロシア人ではなく中国人や朝鮮人の流入であった。一九世紀の後半は彼らの人口移動が進む時期であった。禁じられていたにも拘らず早くから私懇の形をとって進んでいた満洲への移住は、一八六〇年、封禁政策の解除により公式に認められることになった。ロシア極東における経済の活性化は、満洲のなかでも特にロシア領と隣接する地域に多くの中国人を引き寄せ[45]、松花江や嫩江、牡丹江や図們江の流域は、ブラゴヴェシチェンスクやハバロフスク、ウラジオストク、ポシエトといった、近接するロシアの都市の後背地となった[46]。

　もとより、山東省出身者を中心とする中国人の移動は、アムール川やウスリー川の手前で止まることはなかった。経済が活性化したロシア極東の諸都市はその吸引力によって、朝鮮人や日本人とともに、それよりもはるかに多くの中国人を引き付けた。一八八四年にハバロフスクにプリアムール総督府が置かれてから、ロシア極東に流入するアジア系移民にどう対処するかは代々の総督にとって難しい問題であり、抑制措置がとられることもしばしばあった。一八九二年にはこの地域での外国人による土地購入が禁止された[47]。

　アムール州では、愛琿条約以前から入植が進んでいたゼーヤ川南地区（いわゆる江東六十四屯）のように、中国人が集中して居住している地域に対しては、ロシア側は一定の配慮をし、彼らが引き続き居住することを認め、「ロシア人住民が彼らに対して侮辱や迫害を加えることのないよう」居留地として「満洲当局（маньчжурское правительство）」の管轄下に置かれることになった。「その満洲人住民は、恒久的にその居住地にとどまることができる」旨、定められたのである[48]。居留民の数は比較的一定しており[49]、ゼーヤ川流域の金鉱で働く労働者の比率が高かった。東シベリア総督ムラヴィヨーフはアムール州でロシア人農民の鉱山での雇用を禁止し（一九〇七年に解除）、中国人の雇用を奨励したが、実際に中国人労働者の雇用が本格化したのは一八八〇年代の後半からであった[50]。その他農業に従事する者が三分の一を占め[51]、また、穀物や食肉、生活用品を扱う商人も、ブラゴヴェシチェンスクに住む中国人のかなりの部分を占めていた[52]。一八九〇年六月二七日、サハリンに向けて旅をしていたチェーホフは、スヴォーリンに宛てて、アムールで出会った中国人に対する好意的な印象を書き送っている[53]。

㈡沿海州における中国人居留民

沿海州における中国人居留民の動向は、アムール州とはかなり趣を異にしていた。一八六〇年の北京条約により、ウスリー地方が清からロシアに割譲されて以来、政府はウスリー地方へのスラヴ系の人々の入植を奨励していた。しかし、一八六一年四月二七日法第五条及び第一〇条による特典（土地の分与と一定期間の免税・兵役免除）の付与にも拘らず、入植はなかなか進まず、流入してきたのは中国人をはじめとするアジア系の人々であった。この地方の急速な発展に比例して、一八八〇年には六六二八人であった沿海州の中国人人口はその後急速に増え、一八九七年には三万二八一人を数えている(54)。その三分の二は出稼ぎ労働者であり、特に一八九一年ウスリー鉄道の建設が始まり、一八九〇年代にはそのために多くの中国人が雇用された。農民は一割強にすぎなかった(55)。

ここでも商業は中国人居留民の重要な営みであった。沿海州の流通は、地域の住民に食糧や生活用品を供給する中国人商人の活動を抜きにしてはあり得なかった。一八九七年の沿海州都市における商人世帯を母語別に見るとき、中国系はロシア系の五倍以上であり、小商いに限ってみると、中国系はロシア系の九倍以上になった。彼らは国境を越えて活動し、南ウスリー地方で満洲産品を販売した。中国人商人の中心は山東省の出身者であり、琿春など地場の商人を露清間の交易から駆逐していった(56)。

沿海州において中国人商人が大きな役割を果たしたのは、一つには、ヨーロッパ・ロシアから遠く離れたこの地方の生活が、ロシア人のみでは完結しなかったことによる。都市部に食糧を供給できるだけの内地からの農民の移住は進まず、移住した者もこの地域に適した農業技術をもたなかった。それゆえ沿海州の生活は隣接する満洲からの物資の輸入に大きく依存していたのである。

陸軍技術部門出身の軍人行政官で、一八八八年一〇月の着任以来一〇年にわたって沿海州軍務知事を務めたP・Φ・ウンテルベルゲルの主導のもと、沿海州では次第に中国人管理を彼らの自治に委ねるようになり、一八九一年二月一五日にハバロフスク、ウラジオストク、ニコリスコエ（現在のウスリースク）で、政府の立法に基づくことなく、中国人及び朝鮮人の居留民自治会が制度化された(57)。これはロシア農村における農民自治の仕組みに倣って警察や司法などを居留民自身に委ねるものであった(58)。ロシア人とは異質な中国人の同化は不可能であるという前提に立つウンテルベルゲルにとって、彼らを排除することが困難であるとすれば、隔離して自治を認め、それによって管理コストを抑えるほかに選択肢はなかったと言えよう。

有力なロシア商人の中には、課税と監督強化によって中国人商人を排除しようという動きが現れた(59)。ウンテルベルゲルにとっても、地域経済におけるアジア人労働者への依存は好ましいものではなく、スラヴ系の労働者をできるだけ多くロシア極東に呼び入れてアジア人労働者への依存を脱することが、この地域の健全な発展にとってぜひとも必要であった。それにも拘らず、地域経済が活性化するにつれて、アジア系の労働者に対する需要は高まっていた(60)。沿海州の経営はアジア系移民なしでは立ち行かなかった。規制を厳格にすることによって彼らが労働に携わる可能性を排除すれば、極東の経済発展に支障が出ることは明らかであったから、当局としてもアジア人労働者に退去を強制するだけでは事はすまなかった。

一八九三年三月九日、八年半務めた前任者のコルフに代わって二代目のプリアムール総督になったドゥホフスコイは、中国人居留民の管理について、ウンテルベルゲルとは異なった考えをもっていた。移民の受入れそのものに対しては、彼はウンテルベルゲルよりも前向きであった。ドゥホフスコイにとって、地域開発という目的実現のためにロシア人だけでは不十分であり、外国の資本や労働力に対して門戸を開放しなければ地域の停滞は不可避であると考えられた(61)。中国人商人も排除すべきではない。彼らの排除は流通の混乱と物価上昇を招くからである。

しかしもちろん、ロシア極東はロシア人が優越する土地でなければならず、異民族を受け入れるにしても同化が図られなければならなかった(62)。一八九七年五月二七日にウンテルベルゲルが内地のニジェゴロト県知事に任じられて極東を去った後、ドゥホフスコイの指示によって中国人居留民団自治会が閉鎖された。自治会は、地域管理の費用を負担させるためには有益であったが、期待された紅胡子など非合法集団の取締りには役立たなかった。もはや中国人や朝鮮人を特別扱いする理由はないと考えられたのである。[63] 労働力としての可能性をもつ先住民の活用もまた、中国人や朝鮮人への過度の依存によりロシア極東が外国人に乗っ取られてしまうのを防ぐ手段として、ドゥホフスコイが真剣に考えたことであった。[64] 官吏に土地を与えて農業の手本を示させたり、農民をカザーク身分にしたりするなど、ドゥホフスコイは次々に改革を起案した。[65]

㈢ウンテルベルゲル総督の朝鮮人移民対策

同じアジア系移民でも、中国人移民と朝鮮人移民とでは性格が異なっていた。中国人移民は多くが出稼ぎであり、国境を往来して商売をする人たちも少なくなかったのに対して、数の上で中国人移民に及ばない朝鮮人移民にはより強い定着志向があった。ウスリー地方がロシア領になって以来、朝鮮北東部咸鏡北道から国境を越えてロシア領に入ってきた朝鮮人の多くは故郷を捨ててきていた。朝鮮が鎖国をしていた時代には、越境しようとする者は朝鮮側で捕らえられれば厳罰に処せられた。[66] しかし生活苦にあえぐ人々は、その危険を冒してでも越境してロシア領内に入ってきたのである。

移住した朝鮮人は主として農業に従事し、その勤勉さによってロシア極東の農業生産に貢献した。極東地域のスラヴ系住民にとって、朝鮮人移民は経済的な脅威ではなかった。彼らはスラヴ系の人々と同じ職をめぐって競合することはそれほどなかったのであり、この点で下層の白人労働者と職をめぐって摩擦を起こした北米のアジア系移民とはかなり事情が異なる。また、朝鮮人移民は伝統的な習俗を守ることについて熱心であったものの、積極的に正教に改宗し、ロシア語を習得する者も少なくなかった。総じて彼らはロシア帝国のなかで比較的に温和で従順な人々であったと言うことができる[67]。

それにも拘らず、革命前のロシア極東において、朝鮮人移民に対する当局の扱いは常に好意的というわけではなかった。アジア人移民一般に関わる問題に加え、変動する東アジアの国際情勢、とりわけ日本の軍事力に対する警戒が、帝国内の朝鮮人の地位を不安定なものにした。日露戦争後、改善されつつある日露関係を背景に日本が韓国への支配を強めたことは、彼らの運命に複雑な影を落とした。

一九〇五年、プリアムール総督となったウンテルベルゲルは、朝鮮人移民に対し厳しい態度をとった人物として知られている。その政策は総じて朝鮮人の排除を意図するものであったと言ってよい。たとえばアムール州の金鉱でアジア人労働者を雇用するには総督の許可が必要であったが、ウンテルベルゲルはこの権限を最大限に行使して朝鮮人労働者を金鉱から排除しようとしたとされる[68]。ウンテルベルゲル総督は中央に対し、アジア人労働者を排除することの必要を訴えた[69]。彼の提案から生まれた一九一〇年六月二一日法は、一九一一年一月一日をもってプリアムール総督府とザバイカル州内で外国人を官業に雇用することを禁止し、それによって政府が目指すアムール鉄道の早期竣工を著しく阻害した[70]。総じてウンテルベルゲルがとったアジア系移民排除の方針は、明らかにロシア極東の経済発展と矛盾する面をもっており、彼もそのことを自覚していた[71]。

ウンテルベルゲル総督のこうした態度は同時代人の中でも際立っており、それはアジア系移民一般に対する嫌悪とは明らかに異質なものであろう[72]。それを人種偏見の表れとして理解してよいかどうかはなお慎重な検討を要する事柄である[73]。少なくとも、帝立ロシア地理学協会の正会員でもあり、ロシア極東の事情に精通していたウンテルベルゲルのこうした態度を、無知や誤解で説明することはできない。やはりそこには、ロシア極東のあるべき姿や望ましい同化についての見方に彼特有のものがあったと考えるべきであろう[74]。ロシア極東における朝鮮人移民の社会的・政治的包摂について考えるとき、ウンテルベルゲルのような指導者がこの地域の開発に関してもっていた構想全体の検討と評価は避けて通ることのできない課題である。

注

(1) ピアソンについては飯倉章『イエロー・ペリルの神話—帝国日本と「黄禍」の逆説』（彩流社、二〇〇四年）第六章及び第七章に詳しい。なお『国民性情論』は、はじめ社会主義文学を志し、後に児童文学に転じた中島茂一（孤島）により翻訳され、大隈重信の設立した大日本文明協会から一九〇九年に刊行されている。

(2) David Gillard, *The Struggle for Asia, 1828–1914* (London, 1977), p. 169.

(3) ドイツをはじめとする大陸諸国は批判的であった。Ian H. Nish, *The Anglo-Japanese Alliance: The Diplomacy of Two Island Empires 1894–1907* (London, 1966), p. 219.

(4) 横手慎二『日露戦争史—二〇世紀最初の大国間戦争』（中公新書、二〇〇五年）一七頁。

(5) H. G. Wells, *The War in the Air and Other War Forebodings* (New York, N.Y., 1926), pp. 229–230, 235–236, 246–247.

(6) 東田雅博『図像のなかの中国と日本—ヴィクトリア朝のオリエント幻想』（ミネルヴァ書房、一九九八年）一九九頁。

(7) ハインツ・ゴルヴィツァー著、瀬野文教訳『黄禍論とは何か』（草思社、一九九九年）五八頁。

(8) 飯倉、前掲書、一九六—一九七頁。

(9) オーストラリアやニュージーランドでは黄禍論が少なからず見られた（東田、前掲、一九一頁）。

(10) 長田彰文『セオドア・ルーズベルトと韓国—韓国保護国化と米国』（未来社、一九九二年）四四—四七頁。

(11) ハワイ併合も日本への警戒がその直接の動機であったという。入江昭『増補米中関係のイメージ』（平凡社ライブラリー、二〇〇二年）五二頁を参照。

(12) 長田、前掲書、八四—八五頁。

(13) ゴルヴィツァー、前掲書、八六頁。一八八五年に大陸横断鉄道が完成するカナダでは、同じ年に成立した中国人移民法により中国人移民に対して五〇ドルの人頭税を賦課することになった。

(14) 入江、前掲書、三二、四三、五三頁。

(15) Roger Daniels, *The Politics of Prejudice: The Anti-Japanese Movement in California and the Struggle for Japanese Exclusion* (Berkeley and Los Angels, Calif., 1977), p. 21.

(16) 飯倉、前掲書、三八—四一頁。

(17) 入江、前掲書、五一―五二頁。

(18) 辻井栄滋「Yellow Peril（黄禍）をめぐって―J・ロンドンの場合」『地球的作家ジャック・ロンドンを読み解く　大自然と人間―太古・現在・未来』（丹精社、二〇〇一年）二七頁。

(19) Philip S. Foner (ed.), *Jack London, American Rebel: A Collection of His Social Writings together with an Extensive Study of the Man and His Times* (New York, N. Y., 1947), p. 59.

(20) ゴルヴィツァー、前掲書、六八、八四頁。

(21) David Schimmelpenninck van der Oye, *Toward the Rising Sun: Russian Ideologies of Empire and the Path to War with Japan* (DeKalb, Ill., 2001), pp. 50–51.

(22) 革命後の一九二〇年代、ロシア思想の中の反西欧主義的な傾向は亡命ロシア人の間でユーラシア主義の流れを生む。ユーラシア主義者たちはロシアのヨーロッパからの分離をさらにいっそう徹底させるとともに、スラヴ世界に替えてユーラシア世界とロシアとの一体性を強調した。H・C・トルベツコイはそれを「チンギス・ハンの遺産」と呼んだ。Nicholas V. Riasanovsky, "The Emergence of Eurasianism," *California Slavic Studies*, vol. 4 (1967), p. 51. トルベツコイの主著『ロシアと人類』には邦訳がある。満鉄東亜経済調査局にいた島野三郎の訳した『西欧文明と人類の将来』で、大川周明の行地社出版部から一九二六年に刊行されている。ユーラシア主義者の中からは「ユーラシア人種」なるアイデアも出された。Mark Bassin, "Russia between Europe and Asia: The Ideological Construction of Geographical Space," *Slavic Review*, vol. 50, no. 1 (Spring 1991), pp. 15–16.

(23) Ibid., pp. 11, 13.

(24) ゴルヴィツァー、前掲書、一一七頁。

(25) *Суворин А.С.* В ожидании века XX: маленькие письма 1889–1903 гг. М., 2005. С. 485.

(26) ソロヴィヨフ著、御子柴道夫訳『三つの会話―戦争・平和・終末（ソロヴィヨフ著作集5）』（刀水書房、一九八二年）、二〇八―二〇九頁。

(27) 前掲、二五九―二六〇頁。

(28) *Соловьев В.С.* Стихотворения и шуточные пьесы. М., 1922. С. 187; *Молодяков В.Е.* «Образ Японии» в Европе и России второй половины XIX – начала XX века. Москва–Токио. 1996. С. 125.

(29) マリーナ・コヴァルチューク「日清戦争がロシア世論に与えた影響―日本に対する新しいイメージの形成」『大阪大学言語文化学』第一二巻（二〇〇三年）、一三三頁。

(30) 横手、前掲書、八八、一〇五頁。Richard Stites, "Russian Representations of the Japanese Enemy," in: John W. Steinberg et al. (eds.), *The*

（31）*Russo-Japanese War in Global Perspective: World War Zero* (Leiden; Boston, 2005), p. 405.

（32）Schimmelpenninck van der Oye, op. cit., pp. 90–91.

（33）*Куропаткин А.Н.* Русско-китайский вопрос. СПб., 1913. С. 205–206.

（34）Там же. С. 211–212.

（35）Там же. С. 217–218; *Ремнев А.В.* Россия Дальнего Востока: имперская география власти XIX – начала XX веков. Омск, 2004. С. 327.

（36）この本には二種類の邦訳がある。のちにハルビン特務機関長となる安藤麟三が訳し、原著が出たのと同じ一九一三年に、陸軍将校の団体である東京偕行社から刊行された『露支問題』と、徳富蘇峰の民友社から一九一四年に刊行された大井包孝訳『満蒙処分論』である。後者は補論が第一章に置かれ、九章立てとされている。原著刊行から時を経ずして二種類の邦訳が出たことは、取り上げられた問題に対する当時の日本での関心の高さをうかがわせる。

（37）グロデーコフは遊牧民であるキルギス人・カザフ人の民族誌的研究に関心をもっていた。しかし彼がタシケントにおいて相手にしたのは主として定住民としてのウズベク人であった。グロデーコフの現地住民を分類する方法や着眼点は、彼の異族人に対する見方を知る上で一つの手掛かりを与えるであろう。

（38）チェルニャーエフについては竹中浩「汎スラヴ主義と露土戦争―大改革後ロシアの保守的ジャーナリズムにおけるナショナリズムの諸相」『阪大法学』第五九巻第三・四号（二〇〇九年一一月）一五八―一六六頁を参照。

（39）都市機関設置法はゼムストヴォ機関設置法に比べて辺境でも比較的適用が容易であった。この法律は一八九二年六月一一日に改正され、国家行政機関の統制が強化された。

（40）Jeff Sahadeo, *Russian Colonial Society in Tashkent, 1865–1923* (Bloomington, Ind., 2007), p. 94.

（41）Ibid., pp. 102–103.

（42）Ibid., pp. 103–104.

（43）プリアムール副総督が設置されたのは一八九二年四月二日である。Дальний Восток России в материалах законодательства 1890–1895. Владивосток, 2006. С. 109. グラデーコフは一八九四年四月一二日にウラジオストクに到着した。

（44）Sahadeo, op. cit., p. 113.

（45）Ibid., pp. 117–118.

（46）荒武達朗「一八七〇―一九〇年代北満洲における国境貿易と漢民族の移住」『アジア経済』第四六巻第八号（二〇〇五年八月）、六、一八頁。

（46）前掲、九頁。

（47）イゴリ・R・サヴェリエフ『移民と国家―極東ロシアにおける中国人、朝鮮人、日本人移民』（御茶の水書房、二〇〇五年）、一三四―一三五頁。グラーヴェはこれを積極的に評価している。ウエ・グラーウェ『極東露領に於ける黄色人種問題』（南満洲鉄道株式会社庶務部調査課、一九二五年）三九頁。

（48）Русско-китайские договорно-правовые акты（1689–1912）. М., 2004. С. 62.

（49）把握されているアムール州の中国人の数は、一八八〇年一万五〇〇人、一八九七年一万二五四二人であった（サヴェリエフ、前掲書、二一六頁）。なお一八九七年の調査によるブラゴヴェシチェンスクの人口は三万二八三四人であった。Азиатская Россия. Т. 1. СПб., 1914. С. 350.

（50）サヴェリエフ、前掲書、二二六頁。

（51）前掲、二二八頁。一八九二年六月一八日に裁可された国家評議会意見により、外国人による極東での土地所有が禁止された。Дальний Восток России в материалах законодательства 1891–1895. С. 121.

（52）サヴェリエフ、前掲書、二一九頁。

（53）*Чехов А.П.* Собрание сочинении. Т. 11. М., 1956. С. 476–477.

（54）サヴェリエフ、前掲書、二一六頁。

（55）前掲、二二七―二二八頁。

（56）荒武、前掲、一六頁

（57）*Сергеев О.И., Лазарева С.И., Тригуб Г.Я.* Местное самоуправление на Дальнем Востоке России во второй половине XIX – начале XX в.: очерки истории. Владивосток, 2002. С. 231.

（58）一八八二年四月二七日に出された東シベリア国有地農民の自治規則をモデルとしていた。*Нестерова Е.И.* Управление китайским населением в Приморском генервл-губернаторстве（1884–1897 гг.）// Вестник ДВО РАН. 2000. No. 2. С. 44.

（59）*Соловьев Ф.В.* Китайское отходничество на Дальнем Востоке России в эпоху капитализма（1861–1917 гг.）. М., 1989. С. 55.

（60）Lewis H. Siegelbaum, "Another 'Yellow Peril': Chinese Migrants in the Russian Far East and the Russian Reaction before 1917," *Modern Asian Studies*, vol. 12, pt. 2（Apr. 1978）, pp. 328–329.

（61）サヴェリエフ、前掲書、一四二頁。特にウスリー鉄道の建設は彼らの力なしには不可能であった。Всеподданнейший отчет приамурского генерал-губернатора генерал-лейтенанта Духовского. 1893, 1894 и 1895 годы. СПб., 1895. С. 24; David Wolff, *To the Harbin Station: The Liberal Alternative in Russian Manchuria, 1898–1914*（Stanford, Calif., 1999）, p. 15 を参照。

(62) *Ремнев А.В.* Россия Дальнего Востока: имперская география власти XIX – начала XX веков. Омск, 2004. С. 306–307.

(63) Всеподданнейший отчет. С. 18; *Граве В.В.* Китайцы, Корейцы и Японцы в Приамурье: отчет. СПб., 1912. С. 111–112; *Соловьев.* Указ. соч. С. 72; Нестерова. Указ. соч. С. 47–48.

(64) *Ремнев.* Указ. соч. С. 303. 沿海州及びアムール州の住民並びにザバイカル州の異族人を兵役に就かせることが議論されたとき、ドゥホフスコイ総督はこの問題を審議する委員会の委員になっている。*Шилов Д.Н., Кузьмин Ю.А.* Члены государственного совета Российской империи, 1801–1906: биобиблиографический справочник. СПб., 2007. С. 311. ドゥホフスコイはブリヤートに対するラマ僧の影響力を警戒し、同化の手段としてキリスト教の受容を重視した。彼はまた、ロシア当局の権威を受け入れず、納税しない、ゼーヤ川左岸の中国系住民の問題を重要視していた。

(65) *Торгашов П.И.* Сибирские воспоминания 1883–1903 // Голос минувшего. 1914. No. 11. С. 103–104. しかし、結局は実らなかったとされる。

(66) *Унтербергер П.Ф.* Приморская область. 1856–1898 гг: очерк. СПб., 1900. С. 110.

(67) *Граве.* Указ. соч. С. 186–187. 第三代のグロデーコフ総督は朝鮮人の国籍取得を奨励した。サヴェリエフ、前掲書、一四四頁。対照的にアルセーニエフの朝鮮人に対する見方は厳しい。アルセーニエフ著、長谷川四郎訳『デルスウ・ウザーラ―沿海州探検行』(平凡社、一九六五年)一四一頁。

(68) *Граве.* Указ. соч. С. 146.

(69) ウンテルベルゲルは日本に対して強い警戒心をもっていた。加納格「ロシア帝国と極東政策―ポーツマス講和から韓国併合まで」『法政史学』第七五号(二〇一一年三月)、九頁。今日でも、ロシア極東で反アジア人感情が高まるときにはウンテルベルゲルの名前が引き合いに出されるという。Andrew Meier, *Black Earth: A Journey through Russia after the Fall* (New York, N.Y., 2003), p. 242.

(70) サヴェリエフ、前掲書、一六〇―一六二頁。

(71) *Ремнев.* Указ. соч. С. 460–461.

(72) ユ・ヒョヂョン「利用と排除の構図―一九世紀末、極東ロシアにおける『黄色人種問題』の展開」原田勝正編『「国民」形成における統合と隔離』(日本経済新聞、二〇〇二年)二四八―二四九頁。

(73) サヴェリエフはウンテルベルゲルが朝鮮人に対し特に排斥的ではなかったとしている。サヴェリエフ、前掲書、一五四―一五五頁。

(74) *Унтербергер.* Указ. соч. С. 114–115.

小括

ロシアはヨーロッパとアジアにまたがった国である。そのことは、ヨーロッパの側からロシアを貶める理由ともなったし、逆にロシアの知識人が自分たちの立場のヨーロッパとの違いを際立たせる際にも言及された。ロシアのユーラシア的性格が一九世紀末ロシアの東アジア政策にどの程度影響したのかは判断の難しい問題であるが、東アジアをめぐる議論の背後に、ロシアのアイデンティティに対する関心があったことは否定し難いであろう。さらに、太平洋へのアクセスはロシアにとって決定的な意義をもっており、それを実現するシベリア横断鉄道がこの地域に対するロシアの関心の中心に来るのも避け難いことであった。そのような特殊事情を考慮せずに東アジアにおけるロシアの行動を論じることは生産的でない。

もちろん、そうした事情があるからといって、ロシアが当時の国際的な権力政治から離れて行動することは不可能であった。東アジアとの関わりをめぐる考察が十分な深化を遂げないうちに、ロシアは、伝統的なライバルであったイギリスに日本とドイツという新たなアクターを加えた複雑な関係の中に置かれた。満洲横断鉄道敷設の道を選び、満洲という地域が国家の威信と固く結びついてしまったとき、ロシアはもはや東アジアにおける自らの未来について、時間をかけて考える余裕をもたなかった。スヴォーリンのように視野の広い言論人や『ヨーロッパ通報』のような比較的冷静なメディアにとってさえ、とりうる言論の幅はきわめて狭いものにならざるを得なかった。ゼムストヴォの果たすべき役割の問題をめぐって『モスクワ報知』と『ヨーロッパ通報』の間に生じたような激しい論争は、そこには生じなかった。それは、必ずしも政府の統制によるものではなく、当時のロシアが置かれた状況を踏まえつつ展開することの可能な政策の幅の狭さがもたらした結果だったのである。

日露戦争によって日本の国力が世界に示されたとき、滅びゆく清に代えて日本を標的とする黄禍論が勢いを増すことになる。世界戦争に先行する時代において、白人が支配的地位を占める欧米社会の中で、黄禍を論じた一連の言論が生み出され、一定の社会的・政治的影響力を獲得し、それによってアジア人に対する人種主義的なステレオタイプが形成された。官民ともに、ロシアがこのような思考から自由であることはできなかった。それはもはや、アジアとヨーロッパという対比のどこにロシアを位置づけるかということとは質的に異なる問題であった。

とは言え、通常黄禍論としてひとまとめにされている議論も、よく見ると内部に相当異なった内容を含んでいる。本章で検討したように、黄禍に対する考え方は英米とロシアとで異なっていたし、そのいずれにおいても、東アジアにおける、あるいは国際社会における日本の地位の変化に伴い、日清戦争以前、日清戦争と日露戦争の間、そして日露戦争以後と、議論の内容が変化した。それゆえ、黄禍論そのものを実体化し、単一の固定した人種偏見の体系として捉えることには慎重でなければならない。また、こうした偏見が、ロシア極東への東アジア系移民の処遇を決定したと決めつけることも明らかに当を失する。ロシア極東においては、微妙なバランスの中で、地域の開発とロシア人の優越という二つの課題を追求しなければならなかったのである。

もとより、アジア出身の個々の移民集団に対する具体的な処遇が人種偏見と全く無関係であったと考えることは不可能であり、知識人や言論人の作り出した共通の言説のもとに、外からやってくる脅威への警戒と、アジア系移民の存在が地域の安定を損なうことに対する警戒とが連動し、相互に増幅し合った可能性も、否定することは難しいであろう。しかしながら、国際関係に関わる大きな議論としての黄禍論と、アジア系移民に対する地域での具体的な差別や排斥の関係を見るためには、政府間関係をはじめとする統治の枠組みやジャーナリズムの在り方の検討を通じて、中央と地方、言論と政策がどのように結びついていたのかを具体的に明らかにしていく必要がある。アジア系移民の政治的包摂の過程に踏み込もうとするならば、末端の行政組織が彼らのコミュニティをどう組み込んだかという問題も無視することはできない。さらに土地制度の問題も重要な意味をもっている。土地の所有は市民としての地位と深く関わっており、北米日本人移民も社会的上昇を目指して農業に進出したように、ロシア極東の多くの朝鮮人も農業に従事して生計を立てたことから、この点は特に検討に値する。

こうした問題を分析していくことによって、世紀転換期の東アジアに起こった出来事をさらに広い文脈のなかに位置づけうると同時に、他の地域や政治社会に起こった出来事との比較可能性についても、いっそう正確な理解をもつことができるであろう。東アジア系の移民に対する差別的な政策をこの時代のマイノリティ政策の一つの類型として考えることができるか否か、そして黄禍論がどの程度現実との関わりをもっていたかも、このような精密な実証を踏まえてはじめて論じることが可能になると考えられるのである。

結び

一九〇五年九月にポーツマス講和条約が締結された頃、ロシア国内では革命がさらに盛り上がりを見せていた。緊迫した政治状況を理解して、逡巡するニコライ二世に政治体制の変更を強く迫ったのは、米国ポーツマスでの講和交渉をまとめて帰国したヴィッテであった。ヴィッテの助言を受け入れ、一〇月一七日、ニコライは国会の開設を宣言した。これに伴って大臣会議も改組され、行政の全体を統轄しうる大きな権限をもった議長職が新設された。ロシアにはじめて首相が誕生したのである。この職には大臣のひとりが就くことも、また大臣でない者が就くことも可能であった。初代の議長となったのはヴィッテである。かつてゼムストヴォに対して否定的な態度をとったヴィッテは、今やシーポフをはじめとするゼムストヴォの有力者たちの助力を仰がなければならなかった。しかし結局両者の協力はうまくいかなかった(1)。

一九〇六年四月二三日（露暦）に公布された国家基本法により、それまでの国家評議会は公選議員を含むものに改組され、加えて公選制の国会（ドゥーマ）が新設された。国家基本法公布直後に発足した第一国会で最大の勢力となったのはイデオロギー色の強い知識人優位の立憲民主党（カデット）であり、農民の支持をも取り付けたことで議席の三分の一以上を占めた(2)。これに対しゼムストヴォ穏健派を代表して選挙に参加したもう一つの政党一〇月一七日同盟（オクチャブリスト）の獲得した議席数は三パーセント以下であった。この国会では農業問題が最大の争点になり、政府と国会とが激しく衝突した結果、七二日後に解散された。右派からも左派からも疎まれ、信頼を得ることができなかったヴィッテは、対立を収束させることができなかった。アレクサンドル三世の信任のもとに辣腕を振るったヴィッテの政治的能力は、新しい政治的環境のもとでの議会操縦には適していなかったと言うほかはない。

一九〇六年五月、ヴィッテの後を受け大臣会議議長の職に就いたゴレムィキンはつなぎであり、(3)七月、内相を務めていたストルイピンが議長になった。そのもとで召集された第二国会は三か月余りで解散され、政府は土地貴族の意向が選挙結果により強く反映するように選挙法の改正を行う。新たに選出された第三国会では一〇月一七日同盟が三分の一以上を占めた。ストルイピンは国会との間に比較的安定した関係を作り、第三国会は五年の任期を全うした。この間に、国会はロシアの政治生活の中で次第に定着し、限られた範囲ではあれ一定の機能を果たすようになった。

ヴィッテは最終的に過去の人となった。それでも上院である国家評議会に議席をもっており、一九一四年の初めまでしばしば出席した。しかし特定の党派に加わることはなかった。一九〇七年一月に国家評議会議員に任じられたコーニも同様であった。コーニは長く法曹として司法の世界で働いたリベラルではあったが、左派に全面的に与することはなく、人を選んで右派とも付き合うことができた。党派の外にとどまり、是々非々で行動するというのが彼の選択であった。コーニは同様の立ち位置にあったヴィッテを自分たちの無党派グループに入れようと提案したが、仲間の支持を得ることはできなかった。(4)ヴィッテは孤立していた。彼が何かをなす道は完全に閉ざされた。(5)大臣会議議長を辞してから亡くなるまでの九年はヴィッテにとって失意の日々であった。

首相となったストルイピンは共同体の解体と保守的な自作農の創設を目的とした農業改革をはじめ、さまざまな内政改革のプランを実施しようとした。その多くは過去にヴィッテが必要と認めたものであった。しかし、高まる不満に抗して改革を完遂するには、ストルイピンが国会から得ることのできる支持はあまりにも弱いものであった。ニコライ二世の信任も失い、孤立したストルイピンは、一九一一年九月、キエフの劇場で暗殺されてしまった。同じ頃に『ノーヴォエ・ヴレーミャ』を手放したスヴォーリンも、翌年の八月、ペテルブルクで世を去った。(6)一九〇五年革命以後、この新聞は立憲君主制のもとでロシアが漸進的改革を続けることを支持していた。(7)

深刻な社会的対立を和らげる手段をもたないまま、一九一四年七月、ロシアは第一次世界大戦に突入する。ヨーロッパが二つに分かれ、総力戦を戦うことになった。ロシアにとって目的のよくわからない戦いのために、多くの兵士の血が流された。このとき、内閣を組織していたのは、五か月前、再度大臣会議議長となっていたゴレムィキンであった。彼は一九一六年の二月まで、二年にわたってその職にとどまり、困難な状況の中で忠実な臣としてニコライを支えることになる。

日露戦後恐慌に苦しんでいた日本にとって、第一次世界大戦は僥倖であった。これがなければ日本が日露戦争の後遺症から立ち直ることはさらに難しかったであろう。大戦のさなかの一九一五年三月一三日、議論を呼ぶ回想録を残してヴィッテが世を去った。それから一年半余り経った一九一六年一〇月、アムール鉄道が完成し、着工から四半世紀を経て、ロシア国内のみを通るシベリア横断鉄道が全線開通する。帝政の終焉をもたらす二月革命が起きる四か月前のことであった。

本書で取り上げた人々にとって、三〇〇年続いたロマノフ朝の統治が革命によってこれほど早く終わりを告げることはおそらく予想外だったであろう。しかし、近代化とともに君主制が変容していくことは、君主を戴くあらゆる政治社会にとって避けがたい運命である。時代の流れのなかで、社会の合理化と複雑化が進むにつれ、君主がもつ政治的な権威は低下する。統治の不安定化を免れようとするなら、体制が安定している間に、体制や権力の正統性を脅かすことのないよう配慮しつつ、「威厳ある部分」と「機能する部分」を切り離し、あらためて制御可能な関係を築かなければならない。それには「威厳ある部分」としての君主の役割を限定し、「機能する部分」に実質的な統治機能を移すことがどうしても必要である。これに失敗すると国家の求心力は著しく弱まり、利害の調整は阻害され、政治的安定は損なわれるであろう。それにも拘らず、国家統治が君主のイニシアティヴに大きく依存してきたロシアの場合、「威厳ある部分」と「機能する部分」の切り離しは特別に困難な課題であった。天皇制イデオロギーに搦めとられた戦前の日本と同様、帝政期のロシアにおいて専制という国体の呪縛は厳しかった。ロシアの政治体制が全能のツァーリ抜きで存続することはほとんど不可能だったのである。

ロシアと比較するとき、政治的動揺を生じさせることなしに社会の活力を利用する理念と技術において、西欧には明らかに一日の長がある。西欧が到達した正統思想である自由民主主義は、そのような理念と技術を提供し、長期にわたってその安定的発展を支えた。古い政治社会を新しい環境に適合させるために、新興国が西欧の経験に学ぼうとすることは無意味ではない。日本と同様、ロシアもそれを試みた。しかし、ロシアと西欧の関係は複雑であった。単にスラヴ主義的な人々と西欧主義的な人々の対立があっただけではない。同じ人が西欧主義的であると同時にスラヴ主義的でもあった。西欧で生まれたものをあまりにも条件の異なるロシアに適用することは、しばしば非現実的であった。加えて当時の西欧は、自身が大衆化や民主化の圧力に直面しており、単純に理想化するだけではすまない複雑な問題を抱えていた。知的に誠実であればあるほど、彼らはその事実に直面し、思想的対応を試みなければならなかった。しかもロシアは大国であった。西欧に憧れる一方で、そのような自らの心情に屈辱を感じていた。そうした屈折した心理が、彼らの西欧観をさらに複雑にしていた。

さらに、ロシアは国内に、特に西部辺境に、西欧を抱え込んでいた。ロシアの文化的支配を認めないバルト・ドイツ人やポーランド人が体制に及ぼす脅威を、ロシア帝国の支配者たち、そして有力なジャーナリストたちは常に感じていた。別にドイツ人やポーランド人が常に陰謀を企む危険な人々であったわけではない。しかし、彼らが民族意識の低い人々に影響を与え、政治的に覚醒させることは、体制を動揺させかねない危険を孕んでいた。それに対する予防のために、行政的標準化や、可能なら正教の教勢維持が図られなければならなかった。従属的な人々の支持を政府の側に引き付け、多数派のロシア人との和合を、可能なら同化を、実現しなければならなかった。しかし、従属的民族の政治的覚醒を呼び起こすことなしにポーランド人やドイツ人の影響力を殺ぐことは至難の業であった。

ロシアには西欧の模倣はできなかった。地方自治によって社会の活力を利用することへの関心は、世紀末に高まりを見せたが、その政治化への警戒は特別に強かった。文明国であるために必要な信教の自由への要請は、国教としての正教の維持との間で常にバランスをとらなければならなかった。「万国公法」の偽善性は、西欧自身によってもよく理解されていた。黄禍論は西欧の一体性にすがろうとして生まれた議論であり、理想化された西欧文明への執着を示すものであった。それに基づく西欧の行動は、世紀末において決して文明的とは言えなかった。しかし、ロシアも、東アジア諸国に対して、隣国としての、また同じく非西欧の国としての、友誼を貫くことができなかった。複雑な国際関係に搦めとられたロシアは、軍事介入に対する歯止めをもたなかった。しかし、それは黄禍論という思想の問題とは分けて考えるべきものであろう。

ロシアはヨーロッパと非ヨーロッパという二つの面をもった国である。それぞれの面をバランスよく理解することは難しい。研究する側もスラヴ派と西欧派のどちらかに与する傾向がある。しかし、一九世紀末は、西欧自身が多様性を増しつつあった時代である。大衆化と帝国主義という大きな時代の流れの中で、西欧のそれぞれの国が道を模索した。理念としての西欧文明という考え方は確たるものではなくなっていた。かつてのような西欧主義は、西欧に倣って近代化を進めようとする日本のような国においてさえ、もはや現実性をもちえなかったのである。それに対比される保守的な議論も、決して一方向ではなく、さまざまなベクトルをもっていた。議論をリベラル対保守反動の対立に単純化しないために、保守的な議論の力と向きについての理解を深めていくことの必要は、本書で確認された点の一つである。

ロシア政治思想について考えるとき、ロシア帝国という国家がもつ多元性の問題も避けて通ることはできない。ロシア帝国を多元的国家たらしめている要因には、民族、宗教、異文化世界との接触と交流といった、さまざまなものがある。それらは地域によって異なった現れ方をする。近代的な統治の実現は、その原理がいかに普遍的なものであっても、それぞれの地域の固有の事情に配慮しつつ行われなければならない。本書でも、地方自治を論じるときには西部諸県に、信教の自由を論じるときには沿バルト地域や南ロシア、ザカフカースなどに、特に注目しなければならなかった。東アジアとの関係を考えるときには、当然のことながら東シベリアや極東に目を向けることが必要になった。それぞれがロシアの辺境であり、相互に全くと言ってよいほど文化的な共通性をもたない地域である。このように、異なった民族的・歴史的背景をもつ多くの地域が、ロシア帝国においては一つの主権のもとに統治されてきた。中国人や朝鮮人など見たこともないヨーロッパ・ロシアの人々と、極東で東アジア人の圧力に晒されている人々が同じ国家を構成していた。統治原理の普遍性と地域的事情の個別性の緊張関係の中で、ロシアの政治生活は営まれてきたのである。その結果として構築される制度が、そしてそれを支える思想が、国民国家を生み出したヨーロッパ諸国とも、そして日本とも、著しく異なったものにならざるを得ないことは当然であろう。ロシアの歴史を学ぶ際には、そのことの意味を絶えず考えていかなければならない。

あらゆる政治的な動きを抑え込もうとした一八八〇年代と、新たな政治的胎動が顕著になる一九〇〇年代の間にある一八九〇年代という時代が、別の政治体制への準備を行う十分な条件を備えていたのかどうか、判断することは難しい。しかし、おそらく答は否であろう。そのことを認めつつ、あえて一八九〇年代という時代の意義を問おうとするとき、検討の中心がヴィッテになることには議論の余地はない。ヴィッテは帝政期ロシア最大の政治家のひとりであった。そのような政治家の常として、功罪半ばし、毀誉褒貶も著しい。しかし、ヴィッテの個性は彼だけを見ていてもわからない。彼と同じ時代を生きた多くの人々が、さまざまな問題をめぐって織りなす思想的構図の中に置いてみてはじめて、その相貌はより客観的に浮かび上がってくる。彼らはロシアの現実の中で、ヴィッテとは異なる形ではあるが、それぞれの場所に身を置き、そこでロシアの歩むべき道を模索した。彼らの模索が具体的な形で実を結ぶことはなかったとしても、模索そのものの歴史的意味を否定することも、やはり正当とは言えない。

ヴィッテはしばしばロシアの近代化を試みた人として論じられる。しかし彼はロシアを西欧化しようとしたわけではない。西欧的価値を意識的に追求してもいない。統治の制度は、その国の条件に適したものでなければ機能しないことを、彼はよく知っていた。同様に、多くの言論人も、ロシアと西欧の対比の中でアイデンティティを追求した。スヴォーリンをはじめ、本書で言及した人々は、いわゆる西欧主義者ではない。西欧的理念を掲げて民衆を啓蒙することは、彼らにとってそれほど意味のあることではなかったのである。

ロシアは、欧米先進国とは異なる条件のもとで、異なる道を辿って大国としての地位を築いた。そのことの対価を、今にいたるまで、払い続けている。その対価が、帝政期の政治的・思想的指導者たちによって増大させられたのか、あるいは減じられたのか、彼らの対応が賢明であったのか、不手際であったのか、一概に言うことはできない。ただ、その課題の大きさ、難しさを認識することなしに、われわれはロシアという隣国を理解することはできないであろう。

注

（1）Sidney Harcave, *Count Sergei Witte and the Twilight of Imperial Russia: A Biography* (Armonk, N. Y., 2004), pp. 182–185.

（2）加納格『ロシア帝国の民主化と国家統合―二十世紀初頭の改革と革命』（御茶の水書房、二〇〇一年）二二六―二二七頁。

（3）ゴレムィキンは、一〇月革命後まで生き延びるが、避難先で強盗に殺されるという悲劇的な運命を辿った。

（4）*Кони А.Ф.* Сергей Юриевич Витте // А.Ф. Кони. Собрание сочинений. Т. 5. М., 1968. С. 259–260.

（5）Там же. С. 276.

（6）David R. Costello, "Novoe Vremia and the Conservative Dilemma, 1911–1914," *The Russian Review*, vol. 37, no. 1 (Jan. 1978), pp. 34–35.

（7）Ibid., pp. 36–37.

あとがき

本書は、大学院の博士課程に進学してから今日まで、私が四〇年間にわたって続けてきたロシア政治思想史研究の一つのまとめである。四〇年というのは、本書に関わらせて言えば、ゼムストヴォや司法制度ができたときから日露開戦までの歳月に相当する。修業時代である昭和最後の一〇年間、そして四か月前に終わった平成の三〇年間、対象として選んだ政治家や言論人を理解しようと、自分なりに努めてきた。その一人ひとりに対して、今では言いようのない懐かしさを覚える。彼らの人生はロシアの歴史のかけがえのない一部であり、それらを知りえたことは、私にとって、何にもまさる幸運だった。彼らに対する私の理解は不十分であるかもしれない。しかし、政治的立場を問わず、共感をもってその生き方を理解するために、私ができるだけの努力をしたことは、彼らも認めてくれるであろう。

個人的なことであるが、私は本年の三月、定年により、三五年にわたって勤務した大阪大学を退職した。これだけの期間一つの大学で教え、最後にその大学出版会からの助成（平成三〇年度大阪大学教員出版支援制度による）を得て著書を刊行することについては、少なからぬ感慨がある。お力添えをいただいた方々に心からお礼を申し上げたい。在職中にあった多くのことを思い返しつつ、その間に亡くなった両親、そして、すべての面で常に私を支えてくれた家族に、多くの感謝とともに本書を捧げる。

二〇一九年九月一日

竹中　浩

月)，303–331 頁，第 39 巻第 2 号（1999 年 1 号)，159–202 頁
加納格『ロシア帝国の民主化と国家統合―二十世紀初頭の改革と革命』(御茶の水書房，2001 年)
木村毅『ドゥホボール教徒の話―武器を放棄した戦士たち』(恒文社，1979 年)
ゴルヴィツァー，ハインツ著，瀬野文教訳『黄禍論とは何か』(草思社，1999 年)
コヴァルチューク，マリーナ「日清戦争がロシア世論に与えた影響―日本に対する新しいイメージの形成」『大阪大学言語文化学』第 12 巻（2003 年)，125–136 頁
サヴェリエフ，イゴリ・R.『移民と国家―極東ロシアにおける中国人，朝鮮人，日本人移民』(御茶の水書房，2005 年)
杉浦秀一『ロシア自由主義の政治思想』(未来社，1999 年)
高橋一彦『帝政ロシア司法制度史研究―司法改革とその時代』(名古屋大学出版会，2001 年)
竹中浩『近代ロシアへの転換―大改革時代の自由主義思想』(東京大学出版会，1999 年)
松里公孝「〈研究ノート〉帝政ロシアの地方制度　1889–1917」『スラヴ研究』第 40 号（1993 年)，167–183 頁
――「19 世紀から 20 世紀初頭にかけての右岸ウクライナにおけるポーランド・ファクター」『スラヴ研究』第 45 号（1998 年)，101–138 頁.
高田和夫『帝政ロシアの国家構想―1877–78 年露土戦争とカフカース統合』(山川出版社，2015 年)
左近毅「ロシア人宗教集団ドゥホボールに関する文献（外国篇)」『人文研究（大阪市立大学文学部)』第 40 巻第 12 分冊（1988 年)，871–969 頁
塚本智宏「近代ロシア初等国民教育におけるツァーリ崇拝―一九世紀後半神の法『祈り』の教育の成立・展開を中心に」『稚内北星学園短期大学紀要』第 6 号（1993 年 10 月)，55–90 頁
ソロヴィヨフ著，御子柴道夫訳『三つの会話―戦争・平和・終末（ソロヴィヨフ著作集 5)』(刀水書房，1982 年)
鳥山成人『ロシアとヨーロッパ―スラヴ主義と汎スラヴ主義』(白日書院，1949 年)
原暉之「日露戦争後のロシア極東―地域政策と国際環境―」『ロシア史研究』第 72 号（2003 年 5 月)，6–22 頁
ユ・ヒョヂョン「利用と排除の構図―一九世紀末，極東ロシアにおける『黄色人種問題』の展開」原田勝正編『「国民」形成における統合と隔離』(日本経済新聞，2002 年) 201–259 頁
和田春樹「エス・ユ・ヴィッテ―帝国主義前夜のツァーリズムの経済政策」『歴史学研究』第 253 号（1961 年 5 月)，31–37，77 頁
――「近代ロシア社会の発展構造（一)（二)―一八九〇年代のロシア」『社会科学研究（東京大学社会科学研究所)』第 17 巻第 2 号（1965 年 11 月)，120–195 頁；第 17 巻第 3 号（1965 年 12 月)，111–206 頁
――「ロシア領極東の朝鮮人　1863–1937 年」『社会科学研究（東京大学社会科学研究所)』第 40 巻第 6 号（1989 年)，235–286 頁
――『テロルと改革―アレクサンドル二世暗殺前後』(山川出版社，2005 年)

Urry, James, *None but Saints: The Transformation of Mennonite Life in Russia 1789–1889* (Winnipeg, Man., 1989).

Von Laue, Theodore H., *Sergei Witte and the industrialization of Russia* (New York, N.Y., 1963).

Walicki, Andrzej, *The Slavophile Controversy: History of a Conservative Utopia in Nineteenth--Century Russian Thought* (Oxford, 1975).

Waldron, Peter, "Religious Toleration in Late Imperial Russia," in: Olga Crisp and Linda Edmondson (eds.), *Civil Rights in Imperial Russia* (Oxford, 1989), pp. 103–119.

Wardin, A. W. J., *Evangelical Sectarianism in the Russian Empire and the USSR: A Bibliographic Guide* (Metuchen, N.J., 1995).

Wcislo, Francis William, *Reforming Rural Russia: State, Local Society, and National Politics 1855–1914* (Princeton, N.J., 1990).

——, *Tales of Imperial Russia: The Life and Times of Sergei Witte, 1849–1915* (Oxford, 2011).

Weeks, Theodore R., *Nation and State in Late Imperial Russia: Nationalism and Russification on the Western Frontier, 1863–1914* (DeKalb, Ill., 1996).

Wehrle, Edmund S., *Britain, China and the Antimissionary Riots, 1891–1900* (Minneapolis, Minn., 1966).

Weissman, Neil B., *Reform in Tsarist Russia: The State Bureaucracy and Local Government 1900–1914* (New Brunswick, N.J., 1981).

Werth, Paul W., *The Tsar's Foreign Faiths: Toleration and the Fate of Religious Freedom in Imperial Russia* (Oxford, 2014).

Whelan, Heide W., *Alexander III and the State Council: Bureaucracy and Counter-Reform in Late Imperial Russia* (New Brunswick, N.J., 1982).

Wolff, David, *To the Harbin Station: The Liberal Alternative in Russian Manchuria, 1898–1914* (Stanford, Calif., 1999).（邦訳：半谷史郎訳『ハルビン駅へ―日露中・交錯するロシア満洲の近代史』講談社，2014年）

Wortman, Richard S., *Scenarios of Powers: Myth and Ceremony in Russian Monarchy from Peter the Great to the Abdication of Nicholas II* (Princeton, N.J., 2006).

Yaney, George L., *The Systematization of Russian Government: Social Evolution in the Domestic Administration of Imperial Russia, 1711–1905* (Urbana, Ill., 1973).

——, *The Urge to Mobilize: Agrarian Reform in Russia, 1861–1930* (Urbana, Ill., 1982).

Ⅳ　日本語文献

麻田雅文『中東鉄道経営史―ロシアと「満洲」1896–1935』（名古屋大学出版会，2012年）

阿部知二『良心的兵役拒否の思想』（岩波新書，1969年）

飯倉章『イエロー・ペリルの神話　帝国日本と「黄禍」の逆説』（彩流社，2004年）

石井規衛「ロシア近・現代史の一国史的考察（強制団体体制・官僚制的名望家体制・党＝「国家」体制）―論文集『ロシア専制の危機』（一九八四年）によせて」『ロシア史研究』第42号（1986年2月），65–96頁

垣見隆禎「帝政ロシアにおけるセナート改革と行政裁判（一）～（三）」『東京都立大学法学会雑誌』第38巻第2号（1997年12号），123–183頁，第39巻第1号（1998年6

——, "Bureaucracy and Nobility in Russia at the End of the Nineteenth Century," *The Historical Journal*, vol. 24, issue 3 (Sept. 1981), pp. 605–628.

Neilson, Keith, *Britain and the Last Tsar: British Policy and Russia, 1894–1917* (Oxford, 1995).

Otte, T. G., *The China Question: Great Power Rivalry and British Isolation, 1894–1905* (Oxford, 2007).

Owen, Thomas C., *Capitalism and Politics in Russia: A Social History of the Moscow Merchants, 1855–1905* (Cambridge, 1981).

Pearson, Thomas S., *Russian Officialdom in Crisis: Autocracy and Local Self-Government, 1861–1900* (Cambridge, 1989).

Petrovich, M. B., *The Emergence of Russian Panslavism, 1856–1870* (New York, N.Y., 1956).

Pipes, Richard, *Struve: Liberal on the Left, 1870–1905* (Cambridge, Mass., 1970).

Raeff, Marc, *Political Ideas and Institutions in Imperial Russia* (Boulder, Colo., 1994).

Rieber, Alfred J., "Bureaucratic Politics in Imperial Russia," *Social Science History*, vol. 2, no. 4 (Summer 1978), pp. 399–413.

Rogger, Hans, *Russia in the Age of Modernisation and Revolution, 1881–1917* (London; New York, 1983).

——, *Jewish Policies and Right-Wing Politics in Imperial Russia* (Basingstoke, 1986).

Rosenbaum, Arthur Lewis, "The Manchuria Bridgehead: Anglo-Russian Rivalry and the Imperial Railways of North China, 1897–1902," *Modern Asian Studies*, vol. 10, no. 1 (1976), pp. 41–64.

Samson-Himmelstjerna, Hermann von, *Russia under Alexander III: And in the Preceding Period*, tr. by J. Morrison (New York, N.Y., 1893).

Sanborn, Joshua A., *Drafting the Russian Nation: Military Conscription, Total War, and Mass Politics* (DeKalb, Ill., 2003).

Siegelbaum, Lewis H., "Another 'Yellow Peril': Chinese Migrants in the Russian Far East and the Russian Reaction before 1917," *Modern Asian Studies*, vol. 12, pt. 2 (Apr. 1978), pp. 307–330.

Schimmelpenninck van der Oye, David, *Toward the Rising Sun: Russian Ideologies of Empire and the Path to War with Japan* (DeKalb, Ill., 2001).

Starr, S. Frederick, "Tsarist Government: The Imperial Dimension," in: Jeremy R. Azrael (ed.), *Soviet Nationality Policies and Practices* (New York, N.Y., 1978), pp. 3–38.

Stephan, John J., *The Russian Far East: A History* (Stanford, Calif., 1994).

Szeftel, Marc, "Church and State in Imperial Russia," in: Robert L. Nichols and Theofanis George Stavrou (eds.), *Russian Orthodoxy under the Old Regime* (Minneapolis, Minn., 1978), pp. 127–141.

Thaden, Edward C., *Conservative Nationalism in Nineteenth-Century Russia* (Seattle, Wash., 1964).

Thaden, Edward C. (ed.), *Russification in the Baltic Provinces and Finland, 1855–1914* (Princeton, N.J., 1981).

Timberlake, Charles E. (ed.), *Essays on Russian Liberalism* (Columbia, Mis., 1972).

Fröhlich, Klaus, *The Emergence of Russian Constitutionalism, 1900–1904: The Relationship between Social Mobilization and Political Group Formation in Pre-revolutionary Russia* (The Hague; Boston; London, 1981).

Gillard, David, *The Struggle for Asia, 1828–1914* (London, 1977).

Hall, Coryne, *Little Mother of Russia: A Biography of Empress Marie Feodorovna* (1847–1928) (Teaneck, N.J., 2006).

Hamburg, G. M., *Politics of the Russian nobility, 1881–1905* (New Brunswick, N.J., 1984).

Harcave, Sidney, *Count Sergei Witte and the Twilight of Imperial Russia: A Biography* (New York, N.Y., 2004).

Judge, Edward H., *Plehve: Repression and Reform in Imperial Russia, 1902–1904* (Syracuse, N. Y., 1983).

Kennedy, Paul M., "German World Policy and the Alliance Negotiations with England, 1897–1900," *The Journal of Modern History*, vol. 45, no. 4 (Dec. 1973), pp. 605–625.

Klibanov, A.I., *History of Religious Sectarianism in Russia (1860s–1917)* (Oxford, 1982).

Kohn, Hans, *Pan-Slavism: Its History and Ideology* (Notre Dame, Ind., 1953).

Kravchinskii, Sergei Mikhailovich, *The Russian Peasantry: Their Agrarian Condition, Social Life and Religion* (New York, N.Y., 1888).

Latimer, R. S., *Under Three Tsars: Liberty of Conscience in Russia, 1856–1909* (London, 1909).

Lensen, George Alexander, *The Russo-Chinese War* (Tallahassee, Fla., 1967).

Lindenmeyr, Adele, *Poverty Is Not a Vice: Charity, Society, and the State in Imperial Russia* (Princeton, N.J., 1996).

Lukashevich, Stephen, *Ivan Aksakov, 1823–1886: A Study in Russian Thought and Politics* (Cambridge, Mass., 1965).

Mackenzie, David, "Kaufman of Turkestan: An Assessment of His Administration, 1867–1881," *Slavic Review*, vol. 26, no. 2 (Jun. 1967), pp. 265–285.

Malloy, James A., Jr., "Russian Liberalism and the Closing of the 1867 St. Petersburg Zemstvo," *Canadian Slavic Studies*, vol. 4, no. 4 (Winter 1970), pp. 653–670.

——, "A Police Assessment of Local Self-Government in Russia: The Third Section Reports on the Early Zemstvo," *Jahrbücher für Geschichte Osteuropas*, Neue Folge, Bd. 24, H. 4 (1976), pp. 499–511.

Malozemoff, Andrew, *Russian Far Eastern Policy, 1881–1904* (Berkeley, Calif., 1958).

Manning, Roberta Thompson, *The Crisis of the Old Order in Russia: Gentry and Government* (Princeton, N.J. 1982).

Marks, Steven G., *Road to Power: The Trans-Siberian Railroad and the Colonization of Asian Russia, 1850–1917* (London, 1991).

Miller, Forrestt A., *Dmitrii Miliutin and the Reform Era in Russia* (Charlotte, N.C., 1968).

McReynolds, Louise, *The News under Russia's Old Regime: The Development of a Mass--Circulation Press* (Princeton, N.J., 1991).

Mosse, Werner E., "Russian Bureaucracy at the End of the Ancien Régime: The Imperial State Council, 1897–1915," *Slavic Review*, vol. 39, no. 4 (Dec. 1980), pp. 616–632.

Ⅲ　英語文献

Ambler, Effie, *Russian Journalism and Politics: The Career of Aleksei S. Suvorin, 1861–1881* (Detroit, Mich., 1972).

Bassin, Mark, "Russia between Europe and Asia: The Ideological Construction of Geographical Space," *Slavic Review*, vol. 50, no. 1 (Spring 1991), pp. 1–17.

Becker, Seymour, *Nobility and Privilege in Late Imperial Russia* (DeKalb, Ill., 1985).

Blackwell, William, "The Russian Entrepreneur in the Tsarist Period: An Overview," in: Gregory Guroff and Fred V. Carstensen (eds.), *Entrepreneurship in Imperial Russia and the Soviet Union* (Princeton, N.J., 1983), pp. 13–26.

Blane, Andrew Q., "Protestant Sects in Late Imperial Russia," in: Andrew Q. Blane (ed.), *The Religious World of Russian Culture. Essays in Honour of Georges Florovsky.* Vol. 2 (The Hague; Paris, 1975), pp. 267–304.

Bohachevsky-Chomiak, Martha, *Sergei N. Trubetskoi: An Intellectual among the Intelligentsia in Prerevolutionary Russia* (Belmont, Mass., 1976).

Breyfogle, Nicholas, "Building Doukhoboriia: Religious Culture, Social Identity and Russian Colonization in Transcaucasia, 1845–1895," *Canadian Ethnic Studies*, vol. XXVII, no. 3 (1995), pp. 24–51.

——, *Heretics and Colonizers: Forging Russia's Empire in the South Caucasus* (Ithaca; London, 2005).

Brower, Daniel, "Islam and Ethnicity: Russian Colonial Policy in Turkestan," in: Daniel R. Brower and Edward J. Lazzerini (eds.), *Russia's Orient: Imperial Borderlands and Peoples, 1700–1917* (Bloomington, Ind., 1997), pp. 115–137.

Byrnes, Robert F., *Pobedonostsev: His Life and Thought* (Bloomington; London, 1968).

Butler, Nancy, "Vol'noe Slovo and the 'Zemstvo Union': Was Russian Liberalism Dead in 1881?" *Canadian Slavonic Papers*, vol. 16, no. 1 (Spring 1974), pp. 14–38.

Crush, Peter, *Imperial Railways of North China* (Hong Kong, 2013).

Curtiss, John Shelton, *Church and State in Russia: The Last Years of the Empire, 1910–1917* (New York, N.Y., 1972).

Emmons, Terence, "The Beseda Circle, 1899–1905," *Slavic Review*, vol. 32, no. 3 (Sept. 1973), pp. 461–490.

Emmons, Terence, and Wayne S. Vucinich (eds.), *The Zemstvo in Russia: An Experiment in Local Self-Government* (Cambridge, 1982).

Fallows, Thomas S., "The Russian Fronde and the Zemstvo Movement: Economic Agitation and Gentry Politics in the Mid-1890's," *The Russian Review*, vol. 44, no. 2 (Apr. 1985), pp. 119–138.

Fischer, George, *Russian Liberalism: From Gentry to Intelligentsia* (Cambridge, Mass., 1958).

Freeze, Gregory L., "A National Liberation Movement and the Shift in Russian Liberalism, 1901–1903," *Slavic Review*, vol. 28, no. 1 (March 1969), pp. 81–91.

——, *The Parish Clergy in Nineteenth-Century Russia: Crisis, Reform, Counter-Reform* (Princeton, N.J., Pr. 1983).

Захаровой, Б. Эклофа, Дж. Бушнелла. М., 1992.
Пирожкова Т.Ф. Революционеры-демократы о славянофильстве и славянофильской журналистике. М., 1984.
——. Славянофильской журналистика. М., 1997.
Пирумова Н.М. Земское либеральное движение: социальные корни и эволюция до начала XX века. М., 1977.
——. Земская интеллигенция и ее роль в общественной борьбе до начала XX в. М., 1986.
Проблемы реформирования России на рубеже XIX – XX вв.: к 100-летию со дня смерти Сергея Юльевича Витте. Сборник статей. СПб., 2018.
Проблемы общественной мысли и экономическая политика России XIX – XX веков: памяти профессора С.Б. Окуня. Сборник статей. Л., 1972.
Пыжиков А.В. Взлёт над пропастью, 1890–1917 годы. М., 2018.
Ремнев А.В. Россия Дальнего Востока: имперская география власти XIX – начала XX веков. Омск, 2004.
Сергеев О.И., Лазарева С.И., Тригуб Г.Я. Местное самоуправление на Дальнем Востоке России во второй половине XIX – начале XX в.: очерки истории. Владивосток, 2002.
Смолярчук В.И. А.Ф. Кони и его окружение: очерки. М., 1990.
Соловьев К.А. Политическая система Российской империи в 1881–1905 гг.: проблема законодательства. М., 2018.
Степанов В.Л. Н.Х. Бунге: судьба реформатора. М., 1998.
Твардовская В.А. Идеология пореформенного самодержавия: М.Н. Катков и его издания. М., 1978.
——. Александр III // Российские самодержцы: 1801–1917. М., 1993. С. 216–306.
Черникова Н.В. Портрет на фоне эпохи: князь Владимир Петрович Мещерский. М., 2017.
Чернуха В.Г. Внутренняя политика царизма с середины 50-х до начала 80-х гг. XIX в. Л., 1978.
——. Крестьянский вопрос в правительственной политике России (60–70 годы XIX в.). Л., 1972.
——. Правительственная политика в отношении печати: 60–70-е годы XIX века. Л., 1989.
——. Александр III // Александр Третий: дневники, воспоминания, письма. СПб., 2001. С. 5–40
Шелохаев С.В. Д.Н. Шипов: личность и общественно-политическая деятельность. М., 2010.
Цимбаев Н.И. Славянофильство: из истории русской общественно-политической мысли XIX века. М., 1986.
——. И.С. Аксаков в общественной жизни пореформенной России. М., 1978.
Христофоров И.А. «Аристократическая» оппозиция Великим реформам: конец 1850 – середина 1870-х гг. М., 2002.
——. Судьба реформы: русское крестьянство в правительственной политике до и после отмены крепостного права (1830–1890-е гг.). М., 2011

Зорькин В.Д. Чичерин (Из истории политической и правовой мысли). М., 1984.

——. Из истории буржуазно-либеральной политической мысли России второй половины XIX – начала XX в. (Б. Н. Чичерин) М., 1975.

Зырянов П.Н. Социальная структура местного управления капиталистической России. (1861–1914 гг.) // Исторические записки. No. 107 (1982). С. 226–302.

Игнатьев А.В. С.Ю. Витте-дипломат (Из истории дипломатии). М., 1989.

Казанцев В.П., Салогуб Я.Л. Русская Маньчжурия: опыт освоения и управления (1890-е годы – 1905 год) . СПб. 2012.

Карцов А.С. Русский консерватизм второй половины XIX – начала XX века (князь В.П. Мещерский). СПб., 2004.

Клейн Н.М. Земско-либеральное движение в Самарской губернии в 60–80-е годы XIX в. // История СССР. 1970. No. 6. С. 68–82.

Корелин А.П. Дворянство в пореформенной России 1861–1904 гг.: состав, численность, ко рпоративная организация. М., 1979.

Куликова С.Г. Консерваторы и земство: планы и результаты деятельности 1864–1914 гг. М., 2019.

Курило О.В. Очерки по истории лютеран в России (XVI – XX вв.). М., 1996.

Кушаков К.П. Южно-Маньчжурские беспорядки в 1900 году, или Боксерское восстание. М., 2009.

Левандовский А.А. Из истории кризиса русской буржуазно-либеральной историографии, А.А. Корнилов. М., 1982.

Лиценбергер О.А. Протестантские секты в немецких колониях Поволжья // Немцы в России: проблемы культурного взяймодействия. СПб. 1998. С. 245–252.

Лукоянов И.В. «Не отстать держав…»: Россия на Дальнем Востоке в конце XIX – начале XX вв. СПб., 2008.

Малинов А.В., Погодин С.Н. Владимир Иванович Герье. СПб., 2010.

Миграционные процессы среди российской немцев: исторический аспект. М., 1998.

Митрохин Л.Н. Баптизм: история и современность (философско-социологические очерки). СПб., 1997.

Морозов Е.Ф., Сергеев С.М. Опоздавший Потемкин // *Фадеев Р.А.* Кавказская война. М., 2003. С. 5–32.

Нардова В.А. Городское самоуправление в России: в 60-х – начале 90-х годов XIX в.: правительственная политика. Л., 1984.

Нарочницкая Л.И. Россия и национально-освободительное движение на Балканах 1875–1878 гг. к столетию русско-турецкой войны 1877–1878 гг. М., 1979.

Нестерова Е.И. Управление китайским населением в Приамурском генерал-губернаторстве (1884–1897-е гг.) // Вестник Дальневосточного отделения Российского академии наук. Т. 90 (2000). No. 2. С. 40–50.

Петров Ф.А. Органы самоуправления в системе самодержавной России: земство в 1864–1879 гг. // Великие реформы в России: 1856–1874. Под редакцией Л.Г.

Унтербергер П.Ф. Приморская область, 1856–1898 гг.: очерк. СПб., 1900.

——. Приамурский край, 1906–1910 гг.: очерк. СПб., 1912.

Фадеев Р.Ф. Кавказская война, М., 2003.

Чадов М.Д. Славянофилы и народное представительство: политическое учение славянофильства в прошлом и настоящем. Харьков, 1906.

Чичерин Б.Н. Вопросы политики. М., 1903.

——. Воспоминания. Т. 4: Земство и Московская дума. М., 1934.

——. Философия права. М.,1998.

Шипов Д.Н. Воспоминания и думы о пережитом. М., 2007.

Ясевич-Бородаевская В.И. Борьба за веру: историко-бытовые очерки и обзор законодательства по старообрядчеству и сектантству в его последовательном развитии с приложением статей закона и высочайших указов. СПб., 1912.

Ⅱ　革命後に書かれたロシア語文献

Ананьич Б.В. Россия перед революцией. 1895–1904 годы // Кризис самодержавия в России. 1895–1917. Л., 1984. С. 11–154.

Ананьич Б.В., Ганелин Р.Ш. Сергей Юльевич Витте и его время. СПб., 1999.

Ананьич Н.И. К истории отмены подушной подати в России // Исторические записки. Т. 94（1974）. С. 183–212.

Андрощук В.В. Преступления против религии по законодательству России（конец XIX – начало XX в.）. М., 2016

Боханов А.Н. Император Александр III. М., 2001.

Великие реформы в России: 1856–1874. Под редакцией Л.Г. Захаровой, Б. Эклофа, Дж. Бушнелла. М., 1992.

Динерштейн Е.А. А.С. Суворин: человек, сделавший карьеру. М., 1998.

Гармиза В.В. Земская реформа и земство в исторической литературе // История СССР. 1960. No. 5. С. 82–107.

Голечкова О.Ю. Бюрократ его величества в отставке: А.А. Половцов и его круг в конце XIX – начале XX века. М., 2015.

Русский консерватизм XIX столетия: идеология и практика. М., 2000.

Дронов И.Е. Сильный, державный: жизнь и царствование Александра III. 3-е изд., испр. и доп. М., 2012.

Дудзинская Е.А. Славянофилы в пореформенной России. М., 1994.

Духанов М.М. Остзейцы: политика остзейского дворянства в 50–70-х гг. XIX в.: критика е е апологетической историографии. 2-е изд. Рига, 1978

Зайончковский П.А. Попытка созыва земского собора и радение министерства Н.П. Игнатьева // История СССР. 1960. No. 5. С. 126–139.

——. Российское самодержавие в конце XIX столетия: политическая реакция 80-х – начала 90-х годов. М., 1970.

Захарова Л.Г. Земская контрреформа 1890 г. М., 1968.

1815 – 30 октября 1897). Т. 1. Пг., 1915.

Корнилов А.А. Общественное движение при Александре II, 1855–1881: исторические очерки. М., 1909.

Корнилов А.А. Очерки по истории общественного движения и крестьянского дела в России. СПб., 1905.

Кошелев А.И. Записки Александра Ивановича Кошелева. Берлин, 1884.

К.П. Победоносцев: pro et contra. М., 1996.

Куропаткин А.Н. Русско-китайский вопрос (Из наследия мировой политологии, no. 55). Изд. 2-е. М., 2015.（邦訳：安藤麟三訳『露支問題』東京偕行社, 1913 年；大井包孝訳『満蒙処分論』民友社，1914 年）

Ламздорф В.Н. Дневник: 1894–1896. М., 1991.

Ленин В.И. Гонители земства и аннибалы либерализма // В.И. Ленин. Полное собрание сочинений. Т. 5. М., 1959. С. 21–72.

Мещерский В.П. Князь Мещерский. Воспоминания. М., 2001.

——. Гражданин консерватор. М., 2005.

——. За великую Россию: против либерализма. М., 2010.

——. Письма к императору Александру III. 1881–1894. М., 2018.

Милютин Д.А. Дневник генерал-фельдмаршала графа Дмитрия Алексеевича Милютина. 1882–1890. М., 2010; 1891–1899. М., 2013.

Новиков А.И. Записки земского начальника. СПб., 1899.

Первые шаги русского империализма на дальнем востоке (1888–1903 гг.) // Красный архив. Т. 52 (1932). С. 34–124.（邦訳：佐々木揚編訳『一九世紀末におけるロシアと中国—『クラースヌィ・アルヒーフ』所収資料より』巖南堂書店, 1993 年，29–114 頁）

Переписка Витте и Победоносцева (1895–1905 гг.) // Красный архив. Т. 30 (1928). С. 89–116.

Победоносцев К.П. Тайный правитель Россий: К.П. Победоносцев и его корреспонденты: письма и записки 1866–1895, статьи, очерки, воспоминания. М., 2001.

Пресняков А.Е. Московский адрес Александру II в 1870 г. (Из переписки К.П. Победоносцева с И.С. Аксаковым) // Красный архив. Т. 31 (1928). С. 144–146.

Пыпин А.Н. Панславизм в прошлом и настоящем. М., 2002.

Романов Б.А. Россия в Маньчжурии (1892–1906). Л., 1928.

Русско-китайские договорно-правовые акты (1689–1916). М., 2004.

Самарин Ю.Ф. Православие и народность. М., 2008.

Соловьев В.С. Стихотворения и шуточные пьесы. М., 1922.

Соловьев Ю.Я. Воспоминания дипломата, 1893–1922. М., 1959.

Суворин А.С. Дневник Алексея Сергеевича Суворина. М., 1999.

——. В ожидании века XX: маленькие письма 1889–1903 гг. М., 2005.

——. Россия превыше всего. М., 2012.

Татищев С.С. Император Александр второй: его жизнь и царствование. 2 тт. М., 1996.

Телохранитель России: А.С. Суворин в воспоминаниях современников. Воронеж, 2001.

参考文献

本書は多様なテーマを扱っているため、利用した文献をすべて列挙することはできない。ここでは単行書を中心に、主として複数の節に関わる文献および著者が特に重要と考える文献のみを挙げる。

I　革命前に書かれたロシア語文献

（革命前に刊行された著作が近年刊行された著作集等に再録されている場合には，原則として新しい文献を挙げる）

Азиатская Россия. 3 тт. СПб., 1914.

Аксаков И.С. Отчего так нелегко живется в России ? М., 2002.

Боханов А.Н., Кудрина Ю.В. Император Александр III и императрица Мария Федоровна. Переписка. 1884–1894 годы. М., 2001.

Белоконский И.П. Земство и конституция. М., 1910.

Веселовскій Б.Б. История земства за сорок лет. 4 тт. СПб., 1909–1911.

Витте С.Ю. Самодержавие и земство. Штутгарт, 1901.

——. Сергей Витте. Воспоминания. Полное издание в одном томе. М., 2010.

Всеподданнейший отчет Приамурского генерал-губернатора генерал-лейтенанта Духовского. 1893, 1894 и 1895 годы. СПб., 1895.

Граве В.В. Китайцы, Корейцы и Японцы в Приамурье: отчет. СПб., 1912.（邦訳：南満洲鉄道株式会社庶務部調査課編『露亜経済調査叢書　極東露領に於ける黄色人種問題』大阪毎日新聞社，1929 年）

Гронский П.П. Теории самоуправления в русской науке // Юбилейный земский сборник. 1864–1914. СПб., 1914. С. 76–85.

Гурко В.И. Черты и силуэты прошлого: правительство и общественность в царствование Николая II в изображении современника. М., 2000.

Иорданский Н.И. Земский либерализм. 2-е изд. СПб., 1906.

——. Из переписки земских деятелей 70-х и 80-х гг.（Из архива В. Ю. Скалона）// Голос минувшего. 1915. No. 12. С. 208–227.

История Правительствующего сената за двести лет. 1711–1911 гг. Тт. 4–5. СПб., 1911.

Катков М.Н. Имперское слово. М., 2002.

——. Империя и крамола. М., 2007.

Кизеветтер А.А. На рубеже двух столетий: воспоминания, 1881–1914. Прага, 1929.

Кони А.Ф. Собрание сочинений в восьми томах. М., 1966–1969.

——. Закон и справедливость: судебные речи и статьи. М., 2013.

——. Нравственные начала в уголовном процессе. Избранные работы. М., 2018.

——. Записки и воспоминания. М., 2018.

Константин Карлович Грот как государственный и общественный деятель（12 января

ヤ行

ラ行

ハ行

マ行

タ行

ナ行

サ行

【地名・事項索引】

ア行

カ行

新渡戸稲造（1862–1933） 227

ハ行

パーヴェル１世（1754–1801） 124,127
パーズヒン，А.Д.（1845–91） 74
ハイエク，F. A. von（1899–1992） 114
バドマーエフ，П.А.（1851–1920） 198,199,218
バリャチンスキー，А.И.（1815–79） 26
ピアソン，C. H.（1830–94） 224,239
ビスマルク，O. von（1815–98） 7,32,40,41,47,142,143,151,177
ピョートル１世（1672–1725） 25,55,123,124,165
ファヂェーエフ，Р.А.（1824–83） 26,27,30,34,36,47,59,64,70
福沢諭吉（1835–1901） 154
プラトーノフ，А.П.（1806–1894） 53,54
プレーヴェ，В.К.（1846–1904） 85,113,116,117,173,222
プレハーノフ，Г.В.（1856–1918） 9,16
ブンゲ，Н.Х.（1823–95） 42,43,131
ペトルンケーヴィチ，И.И.（1843–1928） 61,62,68
ベロコンスキー，И.П.（1855–1931） 69
ボールジャー，D. C.（1853–1928） 226
ポゴーヂン，М.П.（1800–75） 29
ポチョムキン，Г.А.（1739–91） 160
ボック，W. von（1816–1903） 143
ポベドノスツェフ，К.П.（1827–1907） 5,6,16,31–33,38–41,43,44,47,65,73,74,85,86,93,106,107,115,117,130,131,134,148–150,153,156,165,168,171–173

マ行

マクシーモフ，Е.Д.（1858–1927） 106
マナセーイン，Н.А.（1834–95） 148,152
マハン，A. T.（1840–1914） 226,227
マリヤ・フョードロヴナ（1847–1928） 38,47,167
ミリューチン，Д.А.（1816–1912） 26,27,31,81,105,163,171
ミリューチン，Н.А.（1818–72） 111
ムラヴィヨーフ，М.Н.（1845–1900） 201,202,205,206
ムラヴィヨーフ＝アムールスキー，Н.Н.（1809–81） 179,182,234
メシチェルスキー，В.П.（1839–1914） 23,42,48,65,70,84,108

ラ行

リーヴェン，В.К.（1800 頃–1880） 144
李鴻章（1823–1901） 177,180,185–189,194,195,205,208,214,218
リシュリュー（公，第５代）（1766–1822） 169
レイテルン，М.Х.（1820–90） 58
レーニン，В.И.（1870–1924） 110
ローズヴェルト，T.（1858–1919） 226,227
ローゼンバッフ，Н.О.（1836–1901） 232
ロックヒル，W. W.（1854–1914） 205,206
ロバノフ＝ロストフスキー，А.Б.（1824–96） 186
ロリス＝メリコフ，М.Т.（1824–88） 5,16,62,63,69,70
ロンドン，J.（1876–1916） 240

ジョージ，H.（1839–97） 228
スヴォーリン，A.C.（1834–1912） 13，24，30，31，35，42，43，48，64，97，108，109，112，116，173，187，197，199，200，209，210，212，214，217，234，244，248，253
スヴォーロフ＝ルィムニクスキー，A.A.（1804–82） 53
スヴャトポルク＝ミルスキー，П.Д.（1857–1914） 173
スカロン，B.Ю.（1846–1907） 98
スコーベレフ，M.Д.（1843–82） 31，32，41，65，70
スタスュレーヴィチ，M.M.（1826–1911） 86，90，197
ストラーホフ，H.H.（1828–96） 34
ストルイピン，П.A.（1862–1911） 248
ストルーヴェ，П.Б.（1870–1944） 9，110
スペランスキー，M.M.（1772–1839） 51，164
スペンサー，H.（1820–1903） 224
スボーチチ，Д.И.（1852–1920） 195
スレルジツキー，Л.A.（1872–1916） 167
増祺（?–1919） 214
ソールズベリ（侯，第3代）（1830–1903） 177，203
ソロヴィヨーフ，B.C.（1853–1900） 23，206，207，210，211，229，230

タ行

ダーウィン，C. R.（1809–82） 224
タチーシチェフ，C.C.（1846–06） 98
ダニレーフスキー，H.Я.（1822–85） 34，198，229
チェーホフ，A.П.（1860–1904） 13，234
チェルカッスキー，B.A.（1824–78） 111
チェルニャーエフ，M.Г.（1828–98） 24，26，30，31，35，36，232，241
チェンバレン，J.（1836–1914） 203
チチェーリン，Б.H.（1828–1904） 59–62，69，80，81，83，87，94，96，97，99，104，105，114
チマーシェフ，A.E.（1818–93） 60
ドゥーニン＝バルコフスキー，И.Я.（1851–1906） 134
ドゥホフスコイ，C.M.（1838–1901） 13，183–186，189，190，192，193，236，237，243
ドゥルノヴォー，И.H.（1834–1903） 79，85，90，107，131
徳富蘇峰（1863–1957） 241
ドストエフスキー，Ф.M.（1821–81） 23
トトレーベン，Э.И.（1818–84） 162，170
ドラゴミーロフ，M.И.（1830–1905） 134
トルストイ，Д.A.（1823–89） 65，72–75，149，156
トルストイ，Л.H.（1828–1910） 13，23，48，128，150，166，167，170，199
トルストイ，C.Л.（1863–1947） 167
トルベツコイ，H.C.（1890–1938） 240
トルベツコイ，П.H.（1858–1911） 80
トルベツコイ，C.H.（1862–1905） 210–212
トロツキー，B.H.（1835–1901） 103

ナ行

ニコライ1世（1796–1855） 21，125–127
ニコライ2世（1868–1918） 3，31，44，46，47，85，93，108，116，135，153，159，166，173，186，189，191，197，201，209，218，219，230，247–249

226
エルモーロフ，А.С.（1847–1917） 79
大川周明（1886–1957） 240
大隈重信（1838–1922） 239
オボレンスキー，А.Д.（1855–1933） 102
オルローフ＝ダヴィドフ，В.П.（1809–82） 66
オンケン，J. G.（1800–84） 128

カ行

カウフマン，К.П. фон（1818–82） 163,170,179
カトコーフ，М.Н.（1818–87） 12, 24–28,33,35,41–43,48,65,66,70, 74,80,83,86,98,131,143
カプニスト，Д.А.（1837–1904） 183, 185,194
カルパコフスキー，Г.А.（1819–96） 179
ギールス，Н.К.（1820–95） 39–42,177
キンダー，C. W.（1852–1936） 195
グラドーフスキー，А.Д.（1841–89） 133
クラフチンスキー（ステプニャーク），С.М.（1851–95） 171
グリーングムト，В.А.（1851–1907） 42,86,98,197,203
クリュチェフスキー，В.О.（1841–1911） 37
グロート，К.К.（1815–97） 90,91,114
グロデーコフ，Н.И.（1843–1913） 190,196,232,233,241,243
クロパトキン，А.Н.（1848–1925） 165,166,171,192,222,230,231
クロポトキン，П.А.（1842–1921） 164,167,179,192
ゲリエー，В.И.（1837–1919） 90,91, 95,97,99,112,114
胡燏棻（1840–1906） 189
光緒帝（1871–1908） 180
高宗（1852–1919） 187
康有為（1858–1927） 205
コーニ，А.Ф.（1844–1927） 13,149, 150,248
ゴーリキー，М.（1868–1936） 48
コシェリョーフ，А.И.（1806–83） 58, 64,70
コプィトフ，Н.В.（1833–1901） 181
小村寿太郎（1855–1911） 3
ゴリーツィン，Г.С.（1838–1907） 167
コルクノーフ，Н.М.（1853–1904） 157
ゴルチャコーフ，А.М.（1798–1883） 31,39
コルフ，А.Н.（1831–93） 44,128,181, 236
ゴレムィキン，И.Л.（1839–1917） 3, 1379,85–87,90,93,97,101–110,134, 145,153,166,167,171,248,249,253
ゴロヴァチョーフ，А.А.（1819–1903） 68
ゴロフヴァストフ，П.Д.（1838–92） 68,70

サ行

左宗棠（1812–85） 180
サマーリン，Ю.Ф.（1819–76） 27,58, 59,62,92,144
サマーリン，Д.Ф.（1831–1901） 92
シーポフ，Д.Н.（1851–1920） 87, 92–96,105,109,113,165,247
シェルヴァシーゼ，Г.Д.（1847–1918） 167
シピャーギン，Д.С.（1853–1902） 85, 109,113,134
シモンズ，M.（1496–1561） 168
シュヴァーロフ，П.А.（1827–89） 26, 28,34,70,144

索　引

【人名索引】

ア行

アクサーコフ，И.С.（1823–86）　12，25，30，32，35，40，63，64，66，70，105
アクサーコフ，К.С.（1817–60）　12，105，111
アヌーチン，Д.Г.（1833–1900）　181
アブデュルアズィズ（1830–76）　30
アブデュルハミト2世（1842–1918）　200
アリベヂンスキー，П.П.（1826–83）　147
アルセーニエフ，В.К.（1872–1930）　243
アルセーニエフ，К.К.（1837–1919）　86，106
アレクサンドル1世（1777–1825）　51，124，127
アレクサンドル2世（1818–81）　5，16，23，24，29，31，39，53，62，63，72，73，86，89，129，134，142，144，146–148，156，159，163
アレクサンドル3世（1845–94）　5，6，16，32，33，37–39，41–44，46–48，63–66，71–74，83，85，86，90，130，131，133，135，144，146，148，149，151，153，156，163，171，177，178，182，193，198，199，201，247
イグナーチエフ，Н.П.（1832–1908）　30，31，64，65，70，73，181
伊藤博文（1841–1909）　218
ヴァシーリチコフ，В.И.（1820–78）　60，68
ヴァルーエフ，П.А.（1815–90）　38，39，59，62，66，67，72，73，148
ヴァルター，F.（1801–69）　143
ヴァルダーゼー，A. von（1832–1904）　209–211，220
ヴァンノフスキー，П.С.（1822–1904）　166，171
ヴィシネグラツキー，И.А.（1831–95）　43，44，48，107，181
ヴィッテ，С.Ю.（1849–1915）　2，3，6，7，9，10，13，26，43，44，48，72，75，77–79，81，83–87，102，104–111，113–117，142–144，153，167，173，174，182，183，186，187，189–202，205，206，208，217，218，222，247–249，252，253
ヴィルヘルム2世（1859–1941）　41，77，144，177，200，201，203，209，211，219，225，230
ウヴァーロフ，С.С.（1786–1855）　21
ヴェセローフスキー，Б.Б.（1880–1954）　54
ヴェニアミン（カレーリン，В.М.）（1824–1874）　147
ヴェリーギン，П.В.（1859–1924）　165，166
ウェルズ，H. G.（1866–1946）　226
ウフトムスキー，Э.Э.（1861–1921）　98，167，189，195，197–200，202，203，208，212，218，229
ヴレフスキー，А.Б.（1834–1910）　232
ウンテルベルゲル，П.Ф.（1842–1921）　235–238，243
エカチェリーナ2世（1729–96）　124，127，160
エッカート，J. von（1836–1908）　143，154
エルツバッチャー，O. J.（1870–1948）

竹中　浩（たけなか・ゆたか）

岐阜市生まれ。奈良大学社会学部教授。大阪大学名誉教授。法学博士（東京大学）。専門はロシア政治思想史。主著は『近代ロシアへの転換—大改革時代の自由主義思想—』（東京大学出版会、1999年）。編著に『言葉の壁を越える—東アジアの国際理解と法—』（大阪大学出版会、2015年）。

模索するロシア帝国

大いなる非西欧国家の一九世紀末

発行日　2019年9月30日　初版第1刷発行

著者　竹中　浩

カバーデザイン　遠藤　正二郎

発行所　大阪大学出版会
代表者　三成賢次
〒565-0871
大阪府吹田市山田丘2-7　大阪大学ウエストフロント
電話 06-6877-1614（直通）　FAX 06-6877-1617
URL　http://www.osaka-up.or.jp

印刷・製本　尼崎印刷株式会社

ISBN 978-4-87259-687-8　C3031